坚持和发展马克思主义，必须同中华优秀传统文化相结合。只有植根本国、本民族历史文化沃土，马克思主义真理之树才能根深叶茂。……我们必须坚定历史自信、文化自信，坚持古为今用、推陈出新，把马克思主义思想精髓同中华优秀传统文化精华贯通起来、同人民群众日用而不觉的共同价值观念融通起来，不断赋予科学理论鲜明的中国特色，不断夯实马克思主义中国化时代化的历史基础和群众基础，让马克思主义在中国牢牢扎根。

——摘自习近平在中国共产党第二十次全国代表大会上的报告

中国传统价值观的传承弘扬研究书系

中国传统价值观的传承

戴木才 等 著

广西人民出版社

教育部人文社会科学重点研究基地

湖南师范大学道德文化研究中心重大项目

"中华伦理文明新形态的内容体系研究"研究成果

国家社科基金重大项目

"结合时代要求继承创新中华优秀传统文化中的核心理念研究"

［批准号18VSJ081］研究成果

课题首席专家：

戴木才（清华大学马克思主义学院）

课题组主要成员（以姓氏笔画为序）：

田海舰（河北大学马克思主义学院）

陈志兴（南昌大学马克思主义学院）

赵同良（河北师范大学马克思主义学院）

袁文华（中山大学马克思主义学院）

袁和静（北京中医药大学马克思主义学院）

谢　葵（国际关系学院外语学院）

总 序

党的十八大以来，中国特色社会主义进入新时代，以习近平同志为核心的党中央对新时代传承弘扬中国传统文化提出了一系列重要论断，作出了一系列重大部署，是指导新时代坚守中华文化立场、传承弘扬中国传统文化、坚定中国特色社会主义文化自信的思想指南，是在全面建成小康社会基础上向第二个百年奋斗目标奋进、开启全面建设社会主义现代化强国新征程并担负起新的文化使命，在实践创造中进行文化创造，在社会发展中实现文化进步，不断铸就中华文化新辉煌，提高国家文化软实力的重要遵循。

党的二十大报告指出："坚持和发展马克思主义，必须同中华优秀传统文化相结合。只有植根本国、本民族历史文化沃土，马克思主义真理之树才能根深叶茂。中华优秀传统文化源远流长、博大精深，是中华文明的智慧结晶，其中蕴含的天下为公、民为邦本、为政以德、革故鼎新、任人唯贤、天人合一、自强不息、厚德载物、讲信修睦、亲仁善邻等，是中国人民在长期生产生活中积累的宇宙观、天下观、社会观、道德观的重要体现，同科学社会主义价值观主张具有高度契合性。我们必须坚定历史自信、文化自信，坚持古为今用、推陈出新，把马克思主义思想精髓同中华优秀传统文化精华贯通起来、同人民群众日用而不觉的共同价值观念融通起来，不断赋予科学理论鲜明的中国特色，不断夯实马克思主义中国化时代化的历史基础和群众基础，让马克思主义在中国牢牢扎根。"

"中国传统价值观的传承弘扬研究书系"是国家社科基金重大项目和教育部人文社会科学重点研究基地湖南师范大学道德文化研究中心重大项目的研究成果。本研究书系坚持把马克思主义基本原理同中国具体实际相结合、同中华优秀传统文化相结合，以新时代新征程传承弘扬中国传统文化为研究对象，以实现新时代中国传统文化的创造性转化与创新性发展为重点，深入挖掘中国传统文化尤其是中华传统价值观所蕴含的思想观念、人文精神、道德规范，结合新时代新要求传承弘扬创新中国传统文化，集中创新性地研究了传承弘扬中国传统文化和中国传统价值观的新时代要求，系统阐发了新时代传承弘扬中国传统文化的原则方法，深入批判了新时代传承弘扬中国传统文化中的主要错误思潮，深入系统研究了中国传统文化是中华民族的突出优势、中国传统价值观的源流发展及其定位、中国传统价值观的创造性转化、中国传统文化和中国传统价值观的传播方法和新时代传承弘扬中国传统文化的有效途径等，让中国传统文化展现出时代风采和永久魅力。

"中国传统价值观的传承弘扬研究书系"共包括《中国化马克思主义的传统文化观》《中国传统价值观的新命》《中国传统价值观的传承》三册。

《中国化马克思主义的传统文化观》一书，以马克思主义文化观和价值观为新时代传承弘扬创新中国传统文化及其价值理念的理论基础和重要遵循，将新时代以习近平同志为核心的党中央对中国传统文化作出的一系列重要论述与新时代传承弘扬创新中国传统文化的新要求有机统一起来，深入探讨了传承弘扬中国传统文化的理论基础、中国共产党传承弘扬中国传统文化的原则方法，创新性地阐发了传承弘扬创新中国传统文化的新时代要求和新时代传承弘扬创新中国传统文化的重要指针，深入批判了在传承弘扬中国传统文化过程中出现的多种错误思潮。

《中国传统价值观的新命》一书，以中国传统价值观的创造性转化为重点研究内容，系统阐发了中国传统价值观的源流发展、中国传统价值观的主要内容和中国传统价值观在新时代的定位，以"仁义礼智信"和"忠孝廉耻勇"等十个价值理念为例，结合时代要求深入开展了对其进行创造性转化和创新性发展的研究，赋予其新的时代内涵，从而实现中国传统价值观的创造性再生，为铸就新时代中华新文化和树立社会主义核心价值观自信、树立中国特色社会主义文化自信奠定深厚的历史根基。

《中国传统价值观的传承》一书，以"中国传统文化是中华民族的突出优势"为统领，系统阐发了中国传统文化与中国传统价值观的传播方法及其借镜，深入探讨了新时代传承弘扬中国传统文化和中国传统价值观的有效途径，站在历史与现实、时代与未来、理论与实践、中国与世界相联系的综合视角，站在中华民族走向世界、走向现代化、走向未来的高度，探索在全面建设社会主义现代化强国进程中传承弘扬中国传统文化及其价值理念的有效途径。

总之，本研究书系以马克思主义文化理论、中国化马克思主义的传统文化观尤其是以习近平同志为核心的党中央关于传承弘扬创新中国传统文化的一系列重要论述为指导，以系统研究阐发中国传统文化中的核心理念的创造性转化和创新性发展为重点，突出了传承弘扬创新中国传统文化的精髓要义，这对于更好地发挥中国传统文化在坚守中华文化立场、坚定中国特色社会主义文化自信中的重要作用，更好地发挥中国传统文化对培育践行社会主义核心价值观的重要滋养作用，更好地构筑中国精神、彰显中国价值、汇聚中国力量，具有重要价值和现实意义。

导 论

第一章 博大精深的文化体系

　　一 "文化"是以符号为表征的意义系统 / 15

　　二 理解"文化"的三个层次 / 17

　　三 传统文化的特点 / 21

　　四 中国传统文化的特质及其体系 / 22

第二章 中华优秀传统文化是中华民族的突出优势

　　一 连续不断的古国文明 / 31

　　二 中国传统文化的包容特质 / 47

　　三 中华优秀传统文化与中华民族精神 / 64

　　四 中国传统文化在近代为什么遭遇挑战？ / 71

第三章 以国家意识形态主导与推进文化发展

　　一 中国古代政治的"大一统"观念 / 87

　　二 中国古代的德政和德治传统 / 94

　　三 中国古代儒家思想的意识形态化 / 98

　　四 运用选官制度有效传播传统核心价值观 / 105

五　以政治决策推进推广核心价值观培育践行 / 109

六　中国传统核心价值观的重要启示 / 111

第四章　中国传统核心价值观的传播方法

一　形成一套知情意传有机统一的传播方法 / 119

二　以科举考试制度发挥主导作用 / 135

三　以身份规范体现中国传统核心价值观具体要求 / 146

四　以礼入法提供法制保障 / 173

五　中国古代家教家训家风的传承作用 / 189

六　将传统核心价值观基本要求生活化日常化 / 212

第五章　新时代传承弘扬中华优秀传统文化的有效途径

一　加强顶层设计和科学规划 / 227

二　重视发挥学校教育的主渠道作用 / 237

三　构建中华优秀传统文化传承发展产业体系 / 245

四　融入现代网络空间发展 / 254

五　重视家庭家教家风的传承作用 / 263

六　发挥传统节日和历史文物的载体作用 / 270

七　依靠法治推进社会主义核心价值观培育 / 276

参考文献 / 283

后　记 / 288

导论

在中国特色社会主义新时代，传承弘扬中华优秀传统文化和革命文化、发展社会主义先进文化，是全面建设社会主义现代化强国的客观需要，是建设中国特色社会主义文化、建设社会主义文化强国和提高国家文化软实力的重要内容。在漫长的历史发展进程中，中华民族不仅积淀形成了一个博大精深的思想文化体系，而且形成了有机统一的文化传播方法和传播途径。中华文化广泛体现于百姓日常生活，焕发蓬勃生机，展现独特魅力，成为凝聚中华民族的强大精神纽带，成为中华民族的突出优势。新时代发展社会主义先进文化、弘扬革命文化、传承中华优秀传统文化，需要借鉴学习这一文化传播模式。

习近平指出："提高国家文化软实力，要努力展示中华文化独特魅力。在5000多年文明发展进程中，中华民族创造了博大精深的灿烂文化，要使中华民族最基本的文化基因与当代文化相适应、与现代社会相协调，以人们喜闻乐见、具有广泛参与性的方式推广开来，把跨越时空、超越国度、富有永恒魅力、具有当代价值的文化精神弘扬起来，把继承传统优秀文化又弘扬时代精神、立足本国又面向世界的当代中国文化创新成果传播出去。要系统梳理传统文化资源，让收藏在禁宫里的文物、陈列在广阔大地上的遗产、书写在古籍里的文字都活起来。"①

《中国传统价值观的传承》一书，以中华优秀传统文化是中华民族的突出优势为统领，系统阐述中国传统文化博大精深的体系、中国传统价值

---

① 《习近平谈治国理政》第一卷，外文出版社，2018，第161页。

观的重要启示及其传播方法，探索新时代传承弘扬中华优秀传统文化的有效途径，站在历史与现实、时代与未来、理论与实践、中国与世界相联系的综合视角，站在中华民族走向世界、走向现代化、走向未来的角度，探索传承弘扬中华优秀传统文化的一系列重要问题。

对比理论界、学术界已有研究传承弘扬中华优秀传统文化的成果和状况，《中国传统价值观的传承》一书的理论创新，主要体现在以下几个方面。

一是系统阐发了中国传统文化是一个博大精深的文化体系。本书从"文化"是一个以符号为表征的意义系统、理解"文化"的三个层次和中国传统文化的特点出发，对中国传统文化的特质及其体系作出了提纲挈领的论述，认为中国传统文化是一种与中国传统农耕文明相契合的农业文化，是一种建立在血缘基础上的宗法文化，是一种以人生为基本主题的修养文化。

二是系统阐发了中华优秀传统文化是中华民族的突出优势。民族文化是一个民族区别于其他民族的独特精神标识。我国是世界上文明发达最早的国家之一，具有悠久的历史和灿烂的文化。习近平深刻指出，中华优秀传统文化是中华民族的突出优势，是我们最深厚的文化软实力。新时代的中国是历史的中国的延续和发展，只有很好地认识和把握中国传统文化，才能很好地认识当代中国的历史传统、基本国情和发展特色，选择正确的发展道路，进而增强中国特色社会主义道路自信、理论自信、制度自信和文化自信。

（1）深入研究了中国传统文化的包容特质。不同民族文化之间的交流交锋交融，是世界文明发展的常态，中华文明对其他文明的吸纳与融合是中华文化发展进步的重要途径。新时代传承弘扬中华优秀传统文化要顺应现代化与人类未来的文化发展趋势，有力推动人类文明发展进程，应该也能够作出自己的更大贡献。

（2）深入研究了中华文明为什么能成为一种连续不断的古老文明。中国传统文化在自身发展的历史过程中，有着一个鲜明的特质，那就是中华文明是世界上唯一未曾中断并延续至今的古老文明。中华文化内容丰富自成体系、中国传统核心价值积厚流光，中华民族的文化认同一以贯之。中国传统文化之绵延不绝，不仅与独特的自然环境有直接关系、与中国古代长期稳定的经济政治制度紧密相关，更与中国传统文化的自身特点密切相关。中华优秀传统文化是中华民族在世界文化激荡中站稳脚跟的重要根基。

（3）深入研究了中国传统文化与民族精神的内在联系。在五千多年文明发展的历史长河中，中华民族这个大家庭中的所有成员，在改造客观世界和主观世界的历史实践活动中，特别是在近现代反对西方列强外来侵略、争取民族独立和人民解放的伟大斗争中，形成了56个民族广泛认同的人文精神，共同遵循的价值取向、道德规范和包容多样的民族性格，形成了以爱国主义为核心，以"团结统一、爱好和平、勤劳勇敢、自强不息"为主要内容的民族精神和民族特质。爱国主义是中华民族精神的核心，团结统一是中华民族的立身之本，爱好和平是中华民族的天生禀赋，勤劳勇敢是中华民族的传统美德，自强不息是中华民族的精神血脉。

（4）深入研究了中国传统文化在近代为什么遭遇挑战。近代以来，由于中西文化直接全面接触碰撞交锋，中国传统文化几乎全面遭遇西方现代工业文明的挑战，中国的先进知识分子和志士仁人开始睁眼看世界，在"千年未有之大变局"中开始了对中国传统文化的深刻反思。中国传统文化在近代之所以遭遇挑战，生产力和科学技术落后是根本原因，政治制度滞后是重要原因，西方近现代工业文明的冲击是直接原因。

三是系统阐发了中国传统核心价值观的重要启示。中国传统核心价值观经历了一个从萌芽到确立并不断完善，进而又遭遇重大挑战和重大调整的过程，体现了中华民族独特的理论思维方式、实践建构方式、强化践行模式和独特传播体系与方法，为新时代建设社会主义价值体系、培育践行社会主义核心价值观提供了重要历史启示。核心价值观的培育与践行需要顺应生产方式和政治变革的发展需要，在文字上宜精炼简明易记易传，应建立一套理论化系统化的价值体系和道德规范体系作支撑，要有"礼法"的"硬约束"强化践行，并形成一套完整的核心价值观传播体系与方法。

四是系统阐发了中国传统价值观的传播方法。中国古代社会价值观的培育践行之所以比较成功，并在中国古代社会得以长期传承，不仅在于有着为封建统治阶级服务的明确培育目标、有着完备的建构体系和培育内容、有着中国传统文化的支撑和传承体系，还在于中国古代国家统治者对中国传统价值观的政治主导和大力推进。同时，中国古代传统价值观还有着一套完整的传播方法，具有一套独具特色的践行策略，从而取得了深刻而持久的效果。

（1）中国古代国家意识形态对传统核心价值观具有主导和推进作用。中国自古以来就有特别重视道德在治国理政和社会生活中的重要作用的政治传统和文化传统，甚至把道德提高到国家治理的根本方略，把"道之以德、齐之以礼"看作是根本的治国之道。中国古代的国家政权对道德的推行力度非常之大，极力使道德成为一种强大的社会规范力量，与法律制度构成十分有效的互补关系。中国古代政治的"大一统"观念、德政与德治的政治传统和中国古代儒家思想的国家意识形态化是主导与推进传统核心价值观的主要力量，中国古代选官制度对传统核心价值观的有效传播起到了制度化作用，中国古代国家政权的政治决策对中国古代的道德建设和核心价值观培育则起到了重要决策作用。

（2）中国古代形成了一套"知情意传"有机统一的传播方法。核心价值观是文化的灵魂，同时又以文化繁荣为支撑，博大精深的中国传统文化是承载和传播中国传统核心价值观的强大支撑，既教育强化又潜移默化，就像空气一样无处不在。中国古代把图书分为"经、史、子、集"四大类的方法，不仅是中国古代对图书的分类方法，基本上囊括了中国古代的图书类别，事实上也是中国古代传播传统核心价值观的一套完整体系和方法。"经"注重在理论学说中阐发和传播中国传统核心价值观，"史"注重在故事中诠释和传播中国传统核心价值观,"子"注重全方位多侧面诠释和传播中国传统核心价值观,"集"注重在情感认同中体认和传播中国传统核心价值观,这些都体现了中国传统核心价值观传播"知情意传"的有机统一。

(3)以科举考试制度为主体的官学教育起到了推动作用。受中国古代君主专制政治制度的影响,中国古代教育是一种教育与道德、与政治高度统一的教育模式,以科举考试制度为主体的官学教育对中国传统文化和传统核心价值观的传播发挥着主渠道作用。中国古代教育目标与中国传统核心价值观具有高度统一性,中国古代教育成为中国传统核心价值观传播的有力途径,中国古代国家政权构建了国家教育与社会教育相辅相成的教育体系,科举考试制度的实质是中国古代教育的儒家化,从而为中国传统文化及其核心价值理念提供了有力的教育支撑体系。

(4)中国古代的身份规范体现了中国传统核心价值观的具体要求。通过把人伦关系体系化、社会关系宗法化、身份规则礼制化,中国古代社会被笼罩在一种无处不在、无时不有的以各种人伦关系为基础的伦理氛围之中,上自皇帝、百官,下至庶民、奴婢,社会生活中的每一个人都有既定的政治地位和等级身份,每个社会成员都被嵌定在君君、臣臣、父父、子子和君臣、父子、夫妇、兄弟、朋友的不同"身份/等级"位置上,这些特定的"身份/等级"都被赋予了不同的道德标准和行为依据,规约着人们生活的方方面面,体现着传统核心价值观的具体要求,从而使每一个人都通过伦理角色和身份规范来传递中国古代的核心价值观。

(5)"以礼入法"为中国传统核心价值观的广泛传播提供了法制保障。中国古代"礼法结合"的文化传统和"以礼入法"的身份规则体系,使"礼法合治"对中国传统核心价值观的践行发挥了有力的强化作用,中国古代的"乡规民约"则对中国传统核心价值观在民间的广泛传播具有重要教化和强化作用。中国古代的"礼法结合"通过引"经"注"律",以儒家经义为思想原则对法律进行注释,反过来又通过法律实施将以"三纲五常"为主要内容的传统核心价值观推广为全社会的行为准则,既实现了"礼法结合",使中国传统核心价值观凭借法律的权威性和强制力得到制度保障,又使法律通过"礼"的渗透和道德教化为人们所普遍接受,成为全社会普遍认可并遵守的价值准则,并成为调整社会关系、维护社会秩序的行为规范和价值选择。

(6)中国古代家教家训家风对传统价值观具有传承作用。与中国古代自给自足的自然经济相适应,中国古代家庭除繁衍人口、组织消费之外,还是生产、教育单位,在组织生产、实施教育方面发挥着重要作用。中国古代家庭教育源远流长,自古以来就是一种教育形式,对推动中国古代家庭的巩固与发展、促进古代学校的产生与进步、传承和弘扬传统文化及其价值理念都有着久远而深刻的影响,对践行和传承中国传统核心价值观也发挥了不可忽视的重要作用。中国古代家庭美德是中国传统核心价值观的家庭化具体化,中国古代家庭教育对践行和传承传统核心价值观发挥了重要作用,中国古代家训对中国传统价值观起到了强化作用,中国古代家风对传统价值观则具有熏陶作用。

(7)将中国传统价值观的基本要求生活化日常化。中国传统价值观不仅在哲学、政治、教育、史学、文学、信仰等方面广泛渗透,规定了中国传统文化的发展方向,而且由于长期与社会生活结合,渗透到百姓具体社会生活中,逐渐沉潜于中国人的思想观念之中,主导了人们社会生活的价值取向,成为人们"日用而不觉"的东西,成为人们一种生产生活方式。中国古代社会以生活化的方式传播中国传统核心价值观,通过具象化、形象化、通俗化的方式传播中国传统文化和传统核心价值观,具有一种润物无声、春风化雨的陶冶作用。

五是系统阐发了新时代传承弘扬中华优秀传统文化的有效途径。随着近代以来中国社会发生的根本性变革,尤其是新中国的建立以及改革开放和社会主义市场经济的深入发展,中华优秀传统文化赖以生存的社会历史环境、经济基础和文化形态都发生了根本性变化。与此同时,随着经济全球化的广泛深入发展,外来文化不断利用各种传播途径传入中国,中外文化之间的交流交锋交融日益频繁,中华优秀传统文化必然遭遇时代的洗礼。只有站在历史与现实、时代与未来、理论与实践、中国与世界相联系的综合视角,站在中华民族走向世界、走向现代化、走向未来的高度,探索传承弘扬中华优秀传统文化及其核心价值理念的有效途径,才能在让中华优秀传统文化实现创造性转化和创新性发展,跟上时代潮流,实现现代化,为铸就中华新文化和树立中国特色社会主义文化自信奠定深厚的历史根基,为解决当今世界面临的世界性和世纪性难题贡献中国方案和中国智慧。

(1)新时代传承弘扬中华优秀传统文化必须加强顶层设计和科学规划。加强顶层设计和规划性、统筹性,是中国特色社会主义制度的重要优势,把中华优秀传统文化及其核心理念的传承弘扬发展工作纳入国家发展的顶层设计和科学规划,是新时代传承弘扬中华优秀传统文化及其核心理念的题中应有之义和重要途径。要将中华优秀传统文化的传承发展上升为国家发展战略,着力完善中华优秀传统文化传承发展的政策法规体系,加快中华优秀传统文化传承发展的立法进程,构建中华优秀传统文化传承发展的人才支撑体系,不断形成集全民传播、网络传播、国际传播于一体的中华优秀传统文化的传播新格局。

(2)新时代传承弘扬中华优秀传统文化要重视发挥学校教育的主渠道作用。在某种意义上,教育既是传统文化传承发展的历史产物,又是传统文化薪火相传的动力因素。中华优秀传统文化的传承发展必须高度重视发挥学校教育的主渠道作用,积极推动中华优秀传统文化进教材进课堂进校园。要分学段推进中华优秀传统文化教育,把中华优秀传统文化融入学校教育全过程。

(3)新时代传承弘扬中华优秀传统文化要构建中华优秀传统文化传承发展产业体系。传承弘扬发展中华优秀传统文化,不仅要考虑中华优秀传统文化以文化人的社会效益,也要顾及惠及国计民生的经济效益,大力推动中华优秀传统文化与现代文化产业相结合，努力把中华优秀传统文化资源不仅转化为文化软实力，而且转化为文化生产力，促进国民经济和社会民生的发展，这更是中华优秀传统传承发展的长远之计、有力之计。中华优秀传统文化是繁荣现代文化市场的重要资源，同时中华优秀传统文化的传承发展也需要文化产业体系做支撑，要推动中华优秀传统文化与现代文化产业体系相融合。

（4）新时代传承弘扬中华优秀传统文化要融入现代网络空间发展。在网络信息技术飞速发展的当今时代，网络空间已经成为亿万民众共同的精神家园，深刻影响着网民的思想观念、价值理念、思维方式和生活方式。伴随着网络信息技术的逐步普及，中华优秀传统文化传承发展也迎来了新的天地。中华优秀传统文化融入现代网络空间发展，既是网络空间时代传承弘扬中华优秀传统文化的必然要求，也是促进现代网络空间健康有序发展的迫切需要。现代网络空间是中华优秀传统文化传承发展的重要场所，要大力促进中华优秀传统文化的网络创作与传播，重视中华优秀传统文化传承发展对网络空间的滋养。

（5）新时代传承弘扬中华优秀传统文化要重视家庭家教家风的传承作用。中华民族自古以来就十分重视家庭教育，注重家教家风。中华优秀传统文化中蕴含了深厚的"齐家"思想，形成了以儒家经典为基础，以家训、家教、家规、家风等为载体的家庭教育体系，该体系反过来又成为中华优秀传统文化的鲜明特色。家庭家教家风是弘扬中国传统核心价值观的重要载体，家教家训家风是中华传统文化的重要组成部分，要建设、形成与新时代相适应的家庭家教家风。

（6）新时代传承弘扬中华优秀传统文化要发挥传统节日和历史文物的载体作用。对于一个国家和民族而言，传统节日和历史文物是其传统文化的深厚积淀和重要载体，集中反映了一个国家和民族最鲜明的文化特色，构成了涵养民族精神力量的不竭动力。要大力挖掘传统节日和历史文物的文化内涵，不断激活传统节日和历史文物的时代活力。既要注重把握传统节日和历史文物的"根",又要具有时代精神和社会风气的"神",要不断赋予传统节日和历史文物以新的时代要求、时代特色、时代内容和时代形式,使其与民众鲜活的现实生活韵律相一致、与进步的精神需求相协调,形成既有传统特色又有现代气息的文化传承体系。

(7) 将社会主义核心价值观融入社会主义法治体系。现代法治是维持现代社会公共秩序、调节社会的政治经济冲突、调节人际冲突等的基本手段,也是培育践行社会主义核心价值观最为有效的途径和手段。把社会主义核心价值观融入法治建设,既体现出社会主义核心价值观与法治建设应有的内在"默契"关系,更体现出德治与法治相结合达到的高度,体现出内在与外在、自律与他律、观念与行为的统一。在现代法治社会,社会主义核心价值观只有通过法律才能更好地起作用,社会主义核心价值观需要通过法律得到明确的规范,需要融入国家制度的设计之中,需要融入经济、政治、文化、社会、生态等社会发展的各领域,以及广大人民群众的日常生活之中。

第一章

博大精深的文化体系

"横看成岭侧成峰,远近高低各不同。不识庐山真面目,只缘身在此山中。"

用宋朝大文学家苏轼的《题西林壁》一诗来形容人们对文化的理解,应该是再恰当不过的了。伴随着人类文明的发展,一些大思想家很早就开始了对世界、对社会、对自然和对人本身的认识与反思,其中不乏对"文化"的真知灼见,而把"文化"单独作为一个研究对象来研究,还是近代以来,尤其是从19世纪末20世纪初人类学成为一个独立学科开始的。随着人类对世界的认识越来越丰富、深入,尤其世界历史进入近代以来,众多学科开始分化与独立,很多学科都是以人类社会的某一部分作为研究对象,其研究内容都与文化有着密切关联,因此不同学科从各自的视野去认识文化、定义文化,对"文化"这个概念的解读(文化是什么、文化包括什么)至今仍是众说纷纭。

一 "文化"是以符号为表征的意义系统

早在1952年,就有美国学者对此前80年间关于"文化"的各种定义进行了搜集与分类,最后归纳出164种关于"文化"的定义[1]。随着研究的

---

[1] A.L.Kroeber, C.Kluckhohn, Culture: A Critical Review of Concepts and Definitions (Cambridge: Harvard University Press, 1952: 149).

不断深入，统计认为，已出现的文化定义有二百余种或上千种[①]。即使同一学科从纵向的学科发展史看，对"文化"的认识也经历着一个不断变化、深化的过程，在不同时期会依据不同理论、不同视角、不同关注点形成对"文化"的不同认识。如果不基于特定学科视角，在学术界一般意义理解的基础上，我们倾向于把"文化"定义为"以符号为表征的意义系统"。

瑞士语言学家费迪南德·德·索绪尔被认为是结构主义的创始人，他把这种方法应用于对语言的分析，从而把符号学创建成为研究符号的一门科学。索绪尔把符号分为"所指"和"能指"两部分，认为"符号"是由"能指"和"所指"相连接所产生的整体。所谓"能指"，类似于表现形式，指意义表达的凭借，如声音、形象、文字、手势、指示牌、服装样式等；所谓"所指"指的是"能指"所包含的"意思"，即那些凭借所蕴含的意义、包含的"信息"，如概念、观念、价值、道理、理解等。对"符号"的意义的理解，必须在"符号"的相互关系去理解，如在相似的关系上或在对立的关系上去把握。

文化是一种由特定的社会群体创造的想象和意义的集合。[②]人之所以能学习，凭借的是人类独自发展出来的使用象征的能力，当最初的人类习得了使用象征的能力时，"文化"便萌芽产生了。象征就是用一种东西代表其他事物，人类在漫长的社会实践中，给各种各样的事物用不同的符号（把各种事物——主要是通过语音——与关于那一事物的"概念"——对应关联起来）来表示，并达成共识，从而使交流（意义共享）成为可能。因此，"文化"是基于群体内成员的意义共享。人类运用象征最多的是语言，我们用不同的发音代表不同的事物，因此，人们运用象征时，实际就是对一件事物赋予了意义，而且相应地达成共识，掌握并理解了这些意义。人们运用这套意义体系定义自己的世界、表达情感并作出判断。

[①] 邵汉明主编《中国文化研究二十年》，人民出版社，2006，第413页。
[②] 杰夫·刘易斯：《文化研究基础理论》（第2版），清华大学出版社，2013，第15页。

人自一出生就在与他人的互动中通过习得（社会化）这些象征和意义体系，并开始将其内化或整合为一种文化传统，从而文化得以传承并塑造着人。人之所以能适应并改造环境，并非像动物一样靠基因遗传来获得生存能力，而是靠后天的学习和人所习得的思维、情感、行为模式，以及种种经验、技能、知识代代相传。因此，"文化"也是人类的社会传承。"文化"是人的创造物，而人都是结群而居的，有些东西一经创造出来就会逐步为全体成员所接受及运用，当这个"事物"的意义成为大家的共识时，就成了这个群体共享的文化。

二　理解"文化"的三个层次

在对"文化"概念作出基本阐释之后，我们便能对中华优秀传统文化下一个定义。中华优秀传统文化即是中华民族在自己五千多年的历史发展中创造并传承下来的，彰显着自己民族特色、具有特定内容并为本民族所肯定和推崇的意义表征体系。对中华优秀传统文化的理解，应主要注意这样一些方面。

一是表现形式多样。从"文化"的定义我们知道，作为"符号"，它的表现形式必然是多种多样的。因此，中华优秀传统文化的表现形式也必然是多种多样、丰富多彩的，在某种意义上讲，是无所不包的。文化即人化，人化即文化，人创造的任何事物带有人的属性，其自然是文化的。我们常说中华文化源远流长、博大精深、多姿多彩，即从它丰富的表现形式而言。

如有著作在介绍中国传统文化时，就从民族源流（包括民族、汉字、汉语、民俗、婚俗、神话、社会发展）、学术思想（包括各朝代思想、哲学、儒学、道教、佛教、史学等）、社会文化（图书、新闻、中外文化交流、茶文化、酒文化、方术等）、典章制度（包括礼制、官制、法制、教育、科举、军事、邮驿、兵器等）、文学艺术（包括诗歌、散文、辞赋、小说、戏曲、音乐、舞蹈、美术、书法等）、科学技术（包括天文、地理、数学、物理、化学、园林、建筑等）、国计民生（包括经济、农业、工业、商业、金融、纺织、交通等）、民间生活（包括饮食、服饰、体育、旅游、杂技、游侠等）等方面全面去介绍，其所指"文化"其实就是人（群体、民族）在社会的各个领域的实践及其表现。

二是偏重于内容的综合性整合。虽然我们说中华优秀传统文化所包含的内容、表现形式是多种多样、丰富多彩的，但在一般意义上使用"文化"概念时，更多偏重于"文化"的整合性。既然文化包罗万象，也就意味着我们在使用"文化"这一概念时，它不是指单一的事物，而是指各种各样事物的"综合"，这种"综合"具有稳定性、群体性、深刻性。

所谓稳定性，指的是传统文化是人们在漫长的历史活动中逐渐形成并积淀下来延传至今的，具有相对稳定的结构和内容。

所谓群体性，是指传统文化是民族共同体一致认可接受的，可表现为一种取向相同的群体思维、群体行为模式和群体价值标准，它是群体特质的集中体现，也是群体中最具有影响力和权威的行为取向模式。

所谓深刻性，是指传统文化渗透于民族成员间的方方面面，有学者将其称为"文化的深层结构"，传统价值观念、思维模式、行为模式的固有指向性是传统文化的核心和深层结构，"百姓日用之而不知"，是传统文化的民族特质所在、基础所在、根本所在。

我们提到"文化"概念时，常是在"整体"的意义上来使用的——渗透于方方面面却"日用而不觉"的那一套比较稳定、一致的东西。

梁漱溟先生说："文化是什么东西呢？不过是那一民族生活的样法罢了。"[①]梁漱溟先生所说的这种"生活的样法"，自然包括多方面的内容，是各种"样法"的复杂综合体。因此，很多学者在给"文化"下定义时，

---

① 梁漱溟：《东西文化及其哲学》，上海人民出版社，2006，第24页。

隐含着这样一种意思——文化无所不包，是复杂内容的整体。在《原始文化》一书中，人类学家爱德华·泰勒给出了有关"文化"的定义，至今被视为经典之论，他认为：文化，或文明，从其广泛的民族学意义上而言，是一个错综复杂的总体，包括知识、信仰、艺术、道德、法律、习俗和人作为社会成员所获得的任何其他能力和习惯。[①]

《不列颠百科全书》将"文化"概括为人类知识、信仰和行为的整体，具体包括语言、思想、信仰、风俗习惯、禁忌、法规、制度、工具、技术、艺术品、礼仪、仪式及其他相关成分[②]，亦即文化概念意味着结构稳定性、深度、宽度、模式化或整合[③]。

三是偏重于精神层面。习近平指出："思想和价值观念是灵魂，一切表现形式都是表达一定思想和价值观念的载体。"[④]我们在使用"中华优秀传统文化"这一概念时，多是强调它的精神层面的内涵。虽然我们说"文化"的表现形式是多种多样的，但我们在谈到"传统文化"时更多的是注重它的精神内涵和精神属性。

如果从形式和内容的角度去认识，传统文化的"形式"表现在方方面面，呈现方式多种多样。但我们在认识和把握"传统文化"时，更注重的是"符号"背后隐含的"意义"，即"传统文化"的内涵，表现在思想、价值观念、人文精神、道德规范、风俗、心态、审美、情趣、制度、思维方式、行为方式、语言文字等之中，那些稳定的、一致的"深层结构"和价值取向等。"文化"——物质的精神性内涵与精神的物质表现形态两者往往是密不可分的，也很难区分它们的界限以及所占具体的比重。

"文化"就是"符号"，但毫无疑问，一个"符号"（比如住房、商场、

[①] 爱德华·泰勒：《原始文化：神话、哲学、宗教、语言、艺术和习俗发展之研究》，连树声译，广西师范大学出版社，2005，第1页。

[②] 《不列颠百科全书》（国际中文版）第五卷，中国大百科全书出版社，1999，第55页。

[③] 埃德加·沙因：《组织文化与领导力》（第4版），章凯、罗文豪译，中国人民大学出版社，2014，第15页。

[④] 《习近平谈治国理政》第二卷，外文出版社，2017，第351页。

纪念碑、戏曲、雕塑等）所侧重的物质的和精神的内容的比例是不同的，一所住房可能更侧重于它的实际使用功能（比如安全和舒适），在精神层面虽然也有所体现，但可能不是主要功能，比如东西方古建筑都体现了这一共同特征；而一座纪念碑则可能更侧重于它的精神层面的象征意义（如纪念先人、教育后人），实际的使用功则可能就没有多少。

在对"文化"的一般认识上，人们往往更看重精神层面丰富的文化形式，比如把"艺术"看成"文化的"，它通过种种表现形式（文学、戏剧、曲艺、绘画、雕塑、音乐、舞蹈、影视等），借助很少物质手段传达着丰富的精神内容。

从对"文化"的分类中，我们也可以看到人们对"文化"中精神层面的重视。很多学者把"文化"分为物质的、行为的、精神的（价值观层面）三类。物质文化即人的创造性劳动以物质形态的方式呈现出来的各种人造成果；行为文化是指在人与人的关系上所创造出来的特定交往方式，包括风俗习惯、规章制度、法律等；精神文化是指一个民族长期积淀所形成的稳定的社会心理、价值追求和精神气质等，这些内容涉及世界观、人生观、价值观、社会观、历史观、自然观等层面，很多学者把这种"精神层面"的、偏重于"价值观念"的内容看成是"文化"的核心内容。

余秋雨关于"文化"的定义，典型地反映出以上三个特点。他认为文化是一种包含精神价值和生活方式的生态共同体，它通过积累和引导，创建集体人格[①]。"生活方式"说明文化表现形式的多样性，"生态共同体"说明文化要素间的有机统一，构成一个系统整体，"精神价值"强调文化的精髓和核心在于精神层面的价值取向。"文化"有其自身巨大的独特影响，多是潜移默化地对人的塑造起着巨大的作用，中国人之为中国人，而有别于国外其他民族，文化是最重要的因素之一。中华文明历经五千多年

---

① 余秋雨：《北大授课：中华文化四十七讲》，北京联合出版公司，2012，第16页。

而从未中断，中国传统文化至今仍为中国人提供丰富滋养和无穷智慧，是塑造中国人的国民性的深刻根源之一。

三 传统文化的特点

一个民族的传统文化有着丰富的内涵，我们可以从延续性和超越性两个维度去把握。一个民族的传统文化在历史上形成并延传至今，是在历史和社会的时空坐标中传承与发展，既形成于过去又包含着现在，并开拓着未来。一个民族的传统文化的这种延续性，渗透于民族成员生活的方方面面，那些在历史上曾经出现但并没有保存下来的东西不能成为传统，也不能成为传统文化。

正因为它延传至今，为民族成员所继承，所以传统文化才具有群体性民族性，经过千百年的增减积淀形成稳定的文化模式。这种文化模式，构成一个民族的文化核心和深层结构，也是一种民族文化的特色所在、特质之处，是区别于其他民族文化的根本。这种文化模式表现在多个方面，如表现为传统价值观念的固有指向性，表现为群体中最权威的思维模式，表现为一个民族的社会心理等。从这个意义上说，传统文化构成了一个民族特定的存在方式，形成了一个民族的文化特质，如同基因之于人体，传统文化也以其特有的"遗传基因"融入每一个民族成员的血肉之中，在每一个民族成员中得到复制和再现，然而它又是深层的，构成一个民族的"集体无意识"存在。

一个民族的文化传统或传统文化流动于过去、现在和未来三个维度当中，形成一个民族生生不息、源源不断的生命之流。但从文化的超越性这一维度来看，传统文化并非一成不变、不可更改的，虽然它对于民族成员具有一种预成性的先验存在的性质（每个民族成员从出生那一刻起，就已经存在于母体文化之中），但人的文化存在是不定型的，人的发展面向未来充满了不确定性，有无限可能性，更重要的是，从唯物主义出发，文化是在人的实践活动中不断被建构的。

人类社会的历史发展是不可逆的，这一特征归根到底只能由人类个体的不可重复的创造性来获得解释。正是由于人的创造性，由个体首先发明创造的"新事物"不断影响泛化，最终为人们所认同，从而以类的形式被肯定下来，由此文化从简单到复杂、由低级向高级不断丰富、进步、发展。只有对传统文化做如是"超越性"把握，一个民族才不会忽视传统文化，把守卫传统文化当成凭吊古迹式的"抱残守缺"，从而看到传统文化对于一个民族的重要性，是一个民族的生命力所在；同时，也不会将传统文化看成是既成的僵化的不可变的"古董"，不顾时代的创新与发展，而压制传统文化的活力。文化是活的，就存在于当下并面向未来。

相对于外来文化来讲，传统文化是本土本民族文化，是从历史上延传下来的民族文化；相对于现代文化来讲，传统文化是指历史上形成发展并延传至今的既往文化。我国的传统文化，主要是指近代以前即鸦片战争以前延传下来的古代文化。

四 中国传统文化的特质及其体系

中国传统文化源远流长，从上古时代萌芽，在西周时期奠基，在先秦时期定型，繁荣和成熟于秦汉及之后的朝代，它于发展中不断丰富，虽吸纳过佛学的思想并于近代在"西学东渐"中借鉴吸收了世界各种文化因子，但中国传统文化是世界上唯一未曾中断的文化，延传至今。在本质上，中国传统文化是具有中华民族特色、风格、气派和传统社会特点的文化体系。

（一）中国传统文化是与农耕文明相契合的农业文化

这是中国传统文化的本质特征，是近代以来中西文化比较中凸显出来的一个最基本的民族特质。中国传统文化与近代以来西方文化的差异，在本质上是由自给自足的自然经济基础所决定的农耕文明、农业文化、封建主义文化，与商品交换的市场经济基础所决定的工业文明、工业文化、资本主义文化的差异。中国传统文化的形成、繁荣与发展是同中国封建专制政治制度的建立、巩固和发展相一致的。

人们通常把以自给自足的农业经济为主体的文明形态称作"农业文明"，以区别于产业革命以来以商品交换的市场经济为主体发展起来的"工业文明"。中国传统文化的主要内容，无论是民众的价值观念、思维模式、意趣偏爱、民风民俗、行为方式，还是作为传统文化精华代表的诸子百家思想，多数都与这种"耕作居于支配地位"、自给自足、社会分工不充分的农耕文明紧密相关。中国传统文化的一系列基本性格，其根源都深植于这样一种经济生活的事实之中。①

例如，中国的传统节日和二十四个节气，不同于许多其他民族的重要节日普遍都源于宗教，如春节、清明节、中秋节等皆来源于农事，由农业节气演化而来。农业生产与国民生活密切相关。因此，在以农业为生存根基的中国，尚农重本也就为国民心理的一大特色。农业在传统社会中具有举足轻重的重要地位，不仅思想家发展出"民本"思想，历代统治者也关心农事，以农业为根本，深知农业繁荣是固国宁邦的根基，甚至形成"重农抑商"的政策，这一传统也对后世形成巨大影响。民以食为天，务农要靠辛劳实干，务实而非务虚，说空话是无益的，"你怎么糊弄庄稼，庄稼就怎么糊弄你"，这就形成了中国人"重实际而黜玄想"的民族性格，正是这种民族性格发展了中国人的实用—经验理性，表现在思想家身上，就是较少关注超验层面的"彼岸世界"和纯思辨的理论研究等，中国人对意义的追求的"终极关怀"也始终在此岸世界，讲究"经世致用"。

"安土重迁"可谓是中国人根深蒂固的一个观念，即使在海外生活多

---

① 冯天瑜：《中国文化生成史》（上册），武汉大学出版社，2013，第388页。

年，总有"落叶归根"的故土情怀，与一些民族的定居他方殖民扩张观念形成鲜明对比。这种安土乐天的生活情趣，毫无疑问，是从农业文明中发展来的国民精神。

与农业文明相联系，在思维方式上，中国人发展出了循环论的致思模式。如所谓"天下大势，分久必合，合久必分"的国家兴亡观，金、木、水、火、土"五行相生相克"的思维公式，四时轮回、顺应自然的自然观，天道轮回、六十年一甲子的时间观等，可谓都是这种循环思维的表征。

农业生产的周而复始，居住的安土重迁，也慢慢发展出一种保守心态，对待变化"以静制动"，"以不变应万变"。因此，在日常生活中表现出循规蹈矩、好常恶变的心态，讲究知足常乐、乐天知命，认为这样才能"经久不衰"。

中国人崇尚中庸，少走极端，与祈求稳定长久的农业型自然经济紧密相关，被思想家发展成"中庸"的哲理。中国传统文化中的理想人格，不是独立自我的表现，而是"执两用中、不激不随"的谦谦君子。

（二）中国传统文化是建立在血缘基础上的宗法文化

血缘关系模式是中国人最普遍的一种社会关系模式和思维模式，是中国传统文化的又一鲜明特征。由血缘纽带维系着的宗法社会及其遗存和变种长期延续，此为中国社会史的一大特色。[1]英国历史学家汤因比曾说明古希腊人如何因为需要漂洋过海而由血缘社会转变为地缘社会，跨海迁移的一个显著特点是不同种族体系的大混合，因为必须抛弃的第一个社会组织是原始社会里的血缘关系，另一个显著特点是原始社会制度的萎缩。[2]他还指出，跨海迁移的苦难所产生的另一个成果在于政治方面，这种新的政治不是以血族为基础，而是以契约为基础。[3]这样以血缘关系为基础的

---

[1] 冯天瑜：《中国文化生成史》（下册），武汉大学出版社，2013，第469页。
[2] 汤因比：《历史研究》（上），曹未风等译，上海人民出版社，1966，第130页。
[3] 汤因比：《历史研究》（上），曹未风等译，上海人民出版社，1966，第132页。

宗法组织逐步解体，形成了以契约精神为基础处理人与人关系的一种新的组织形式。

中国传统文化的形成则与此不同，先民氏族社会虽解体，但血缘关系并未遭到破坏，而是保留了下来。宗法制由父系氏族制演化而来，成型于西周，"周人嫡庶之制，本为天子诸侯继统法而设，复以此制通之大夫以下，则不为君统而为宗统，于是宗法生焉"（王国维《殷周制度论》）。秦统一六国以后，郡县制取代分封制，但宗法制并未消亡，而是向社会组织转移，并与专制政治相结合。中国传统文化最基本的功能就是维持和强化作为宗法制度基础的血缘关系，因此处处显现着血缘关系的特色。汉儒、宋儒以"亲亲"为本，推及"尊尊"的伦理—政治观，与长期延续的家族宗法思想、宗法制度相匹配，构成中国传统文化的主流思想，影响深远。

严复曾说到，自秦以来，"君此土者不一家，其中之一治一乱常自若，独至于今，籀其政法，审其风俗，与其秀桀之民所言议思惟者，则犹然一宗法之民而已矣"（《社会通诠》译序）。宗法一体、家国同构，以此为基础处理人伦关系、人际关系、社会关系、国家关系的人际伦理、社会伦理、国家伦理，都是从血缘家族伦理演绎而来的。"忠君"源于"亲孝"，皇帝实际就是"国"这个大"家庭"的家长。

总之，血缘关系和宗法关系被赋予最重要的社会内容、政治内容，处理人与人的关系按血缘关系、宗法关系而定。这种血缘关系、宗法关系不断得到泛化，成为理解人与自然、人与人以及人与社会关系的基本模式。"老天爷""土地爷""财神爷""龙王爷"等称呼，使神灵、自然与人之间具有了特殊的"血缘关系"；"父母官""万岁爷"也使官民关系、君臣关系带上了血缘关系的色彩。"血亲"意识发展成为普适性的伦理道德，祖先崇拜、法祖尊统是宗法伦理的核心，"祖宗之法不可变"成为一种民族心态。"百善孝为先"，"孝道"成为一切道德规范的根本。

以维系血缘纽带为目的的"孝亲"说，是中国传统伦理的核心，形成有别于世界其他民族文化的独特的"德治主义"传统。管子曰："国有四维，礼义廉耻，四维不张，国乃灭亡。"（《管子·牧民》）孔子曰："道之以政，齐之以刑，民免而无耻；道之以德，齐之以礼，有耻且格。"（《论语·为政》）这是中国古代"德治主义"的精辟表述。

（三）中国传统文化是一种以人生为主题的修养文化

中国传统文化从血缘关系、宗法关系出发，重人伦、求和谐、盼安定，家国同构，人生道德修养（修身、养性、齐家、治天下）是主体内容。"止于至善"，对道德完善、人格完美的追求，成为中国传统文化的主要议题。孟子说"人皆可以为尧舜"（《孟子·告子下》），荀子强调"涂之人可以为禹"（《荀子·性恶》），王阳明提出"心中有良知，满街皆圣人"（《传习录》），这些论述都是在强调普通人可以在道德修养、人生修养方面达到"善"的最高境界。在治学方面，也是强调对"至善"的追求，司马迁说"欲以究天人之际，通古今之变"（《汉书·司马迁传》），张载提出"为天地立心，为生民立命，为往圣继绝学，为万世开太平"的人生命题。在文学，方面高度强调教化功能，讲究"文以载道"，史学往往以"寓褒贬，别善恶""惩恶扬善"为宗旨，教育更以德育为本，"首孝悌，次见闻"。

以儒家思想为主体和代表的中国传统文化，历来重视人生修养的重要意义和作用，认为构成生命现象与生命意义的基本要素是天、地、人"三才"。所谓"天"，是指万物赖以生存的空间，包括日月星辰的运转不息、四季的更替不乱、昼夜寒暑的依序变化；所谓"地"，是指万物借以生长的山川大地，以及各种物产资用；所谓"人"，是"万物之灵"，要顺应天地以化育万物，最终达到"神于天，圣于地"的理想境界。中国传统文化认为，"是以立天之道，曰阴曰阳；立地之道，曰柔曰刚；立人之道，曰仁曰义；兼三才而两之，故《易》六画而成卦"（《易经·说卦》）。"人"的存在意义跟"天"与"地"是一样的，故把"天、地、人"并称为"三才"。"人"秉承着"天、地"正气而生于世间，就应当效法天地的高厚覆载之德，用一颗仁义之心为社会大众作出贡献。

中国传统文化把这种对人生道德修养的重视置于伦理纲常之中,最终固化为宗法封建社会的"三纲五常":君为臣纲、父为子纲、夫为妻纲和仁义礼智信,强调向内求诸人格完善而不是向外求知于外物,从而构成了中国传统文化人生追求的基本内容。孔子曰:"君君、臣臣、父父、子子。"(《论语·颜渊》)所谓"君君",就是说做国君的要有做国君的样子,对下属要仁爱体恤,不能残暴无情,这是做君主的本分、资格和道德。孟子说:"君之视臣如手足,则臣视君如腹心;君之视臣如犬马,则臣视君如国人;君之视臣如土芥,则臣视君如寇仇。"(《孟子·离娄下》)所谓"臣臣",就是说做臣子的要有做臣子的样子,对国君要尽职尽责,不能玩忽职守,这是做臣子的本分、资格和道德;所谓"父父",就是说做父亲的要有做父亲的样子,对儿女要慈爱关怀,不能虐待遗弃,这是做父母的本分、资格和道德;所谓"子子",就是说做儿女的要有做儿女的样子,对父母要孝敬孝顺,不能忤逆叛逆,这是做儿女的本分、资格和道德。

儒家经典《礼记》提出的"亲亲、尊尊、长长",与孔子提出的"君君、臣臣、父父、子子",在精神实质上是一样的。"圣人南面而治天下,必自人道始矣。立权度量,考文章,改正朔,易服色,殊徽号,异器械,别衣服,此其所得与民变革者也。其不可得变革者则有矣:亲亲也,尊尊也,长长也,男女有别,此其不可得与民变革者也。"(《礼记·大传》)

为什么度量衡、礼乐、历法、服色、徽号、器械、衣服等可以与时俱进、发展变化,而唯独"亲亲、尊尊、长长"亘古不变呢?因为前者是物质层面的实用工具、文化产品、时尚服饰,当然越完善越好、越新颖越好、越先进越好,而后者是人精神层面的家庭伦理道德,因而当恒久不变。所谓"亲亲"是基于家庭血缘关系的亲人之间的相互亲爱,这是相对于父母而言的;所谓"尊尊"是基于家族血缘关系的后人对祖先的尊敬祭拜,这是相对于逝去的亲人而言的;所谓"长长"是基于家族血缘关系的晚辈对长辈的恭敬跪拜,这是相对于健在的长辈而言的。"亲亲、尊尊、长长"整句话的意思，就是要孝敬亲人、尊敬祖先、恭敬长辈，这是每一个人都应该遵守的道德规范，不能因为时代变化、政权更替、社会发展而改变。

　　道家包括后来传入的佛教，与儒家虽然主张有所不同，但追求修身养性、追求人格的完满等最高人生境界的议题却是共同的。道家主张通过修炼，就能得"道"成"仙"；佛教主张专注修养心性，就能得"道"成"佛"；儒家追求"天人合一"的最高境界。"修身齐家治国平天下"，既是中国传统文化的宗旨所在，也是人生修养的主要目标。而对于有关"人"之外界的事物的认识，在中国传统文化和传统价值观念中往往被置于"身外之物"、比较次要的地位，除所谓的"道"之外，均视为"雕虫小技"或"奇技淫巧"，不足挂齿。

第二章

中华优秀传统文化是中华民族的突出优势

习近平指出："中华民族有着深厚的文化传统，形成了富有特色的思想体系，体现了中国人几千年来积累的知识智慧和理性思辨。这是我国的独特优势。"[1]中华文明延续着中华民族的精神血脉，不仅过去是中华民族生生不息的重要动力，更是新时代中华民族发展所依赖的重要基础，对于这笔弥足珍贵的文化遗产，我们要倍加珍惜，既需要代代守护、薪火相传，又需要推陈出新、与时俱进。加强对中华优秀传统文化的保护、挖掘和阐发，实现其创造性转化和创新性发展，使中华民族的文化基因和文化传统与当代文化相衔接，与现代社会相协调，与现代文明相一致。经过批判扬弃和创新发展的中国传统文化，对于人类社会的未来发展和现代人的人文素质提升将显示出其所蕴含的普遍价值和时代意义。

一 连续不断的古国文明

在长期的历史发展进程中，华夏大地境内曾经存在过许多氏族、部族和部落，中国传统文化内部也存在着许多地域性、民族性的文化差异。在华夏文化的主导作用下，不同氏族、部族和部落的文化不断交汇，相互渗透，相互融合，海纳百川，兼收并蓄，最终在华夏文化的熔炉中熔铸成为多元一体的中华文化体系。在这一历史进程中，外来文化也曾大量传入中

---

[1] 《习近平谈治国理政》第二卷，外文出版社，2017，第340页。

国，但中华文化并没有被改变被异化，整体上一直保持着自身的稳定结构和民族特色，也正是这种不断交流吸收、博采众长，中华文化在稳定发展的基础上一直保持着发展的旺盛活力。这种独特的文化特质，使中华民族延续几千年，文化发展从未中断，中华文明成为世界上唯一连续不断的古国文明。

（一）世界上未曾中断的文明

在世界四大古老文明中，为什么唯有中华文明一次次战胜灾难、渡过难关，历经5000多年而绵延不断，创造了人类文明发展史上的罕见奇迹，成为世界上唯一没有中断的古老文明？其中一个非常重要的原因就是中华民族形成了为整个民族共同体共同认可、普遍接受、一脉相承且富有强大生命力的传统文化，为中华民族发展壮大、生生不息提供了丰厚思想道德滋养和强大精神支撑。中国传统文化在自身发展的历史过程中，有着一个鲜明的特质，即中国传统文化是世界上唯一未曾中断并延续至今的古老文明。中国传统文化是华夏民族的先辈们在披荆斩棘、开疆扩土中不断创造、丰富并传承下来的，是先辈们留给后代的丰厚遗产，曾长期处于世界的领先地位，为人类文明发展曾作出过巨大贡献。对于这些宝贵的文化遗产和精神财富，我们应倍加珍惜。

1.中华文化内容丰富自成体系

文化的表现形态是多种多样的，人们常用二分法将文化分为物质文化和精神文化两大类。而文化实际上是一个有机联系的系统体系，是物质的形态和观念的形态，经由语言和社会结构而组成的一个大系统。因此，它表现于多个领域、表现为多种形态，比如表现为认识类事物（哲学、思想、理论、观念、语言、科学、教育等）、规范类事物（信仰、信念、理念、道德、法律、习俗等）、艺术类事物（文学、艺术、美术、戏剧、音乐、舞蹈等）、工具类事物（人们所使用的各类生产工具、生活工具如衣食住行用具等）、社会组织类事物（经济组织、政治机构、政治制度、社会组织、乡规民约等）等方面。这些方面的文化因素相互影响、紧密联系，构成了中国传统文化博大精深的内容体系，既绚丽多彩，又协调统一，彰显着中国传统文化独特的风格和魅力。

中国的语言文字历史悠久，发展稳定，一脉相承，有着自身的特色。汉语汉字与中国文化有着紧密的联系，承载着中国文化的传承、发展与传播。汉语是世界上最悠久又最富稳定性的语言之一，是世界上使用人口最多的语言。文字是人类文明诞生的重要标志，中国文字大约起源于公元前6000年（属于新石器早期，由出土器物上的符号推断）至公元前2100年左右（夏商之际，小屯殷墟甲骨文成熟文字之前）。目前发现的最早的汉字是甲骨文，此后经金文、小篆、隶书，魏晋以后形成楷书，延传至今。汉字属于表意文字，不同于其他地区的古老文字或遗失或发展成表音文字，汉字几千年历史发展中从未间断，使用至今。虽然也有由线条到笔画的转变，原始图形性已淡化，但表意性仍然是其最突出的特点，是世界上最古老、最具系统性的表意文字。汉语和汉字是中华文化其他项目的重要载体，在一定意义上，汉语和汉字就是中国文化的基因密码，正如陈寅恪所言"凡解释一字，即是作一部文化史"，它包含着丰富的信息，由它的排列组合、建构，促成着中国文化的发展，又传播着中国文化。

中国古代文学是世界上最悠久的文化形式，它经历几千年的发展而从未中断，其取得的辉煌成就是人类文化遗产中的瑰宝。中国古代文学是中国传统文化中最突出最具活力的典型代表，深刻而生动地体现着中国文化的基本精神、美学精神和文化传统。"在每一个历史时期，中华民族都留下了无数不朽作品。从诗经、楚辞、汉赋，到唐诗、宋词、元曲、明清小说等，共同铸就了灿烂的中国文艺历史星河。"[1]中华民族的文艺创造力创造了辉煌的文学成就，不仅是我们民族的骄傲和自豪，也是中华民族屹立于世界民族之林的深厚底气，是中华文化自信的重要内容。与西方文学相比，中国古代文学具有鲜明的人文色彩和理性精神。注重"文以载道"，

---

[1] 《习近平谈治国理政》第二卷，外文出版社，2017，第350页。

通过诗文表达特定的价值观和思想，在古代主要表达儒家思想，这种"文以载道"几乎成为中国历史散文的共同准则，成为整个古代文学的基本精神。

中国古代的器物制造，以更直观、更形象的艺术形式，淋漓尽致地展现着中国传统文化的绚烂多彩。可以说中国器物发展的历史就是一部瑰丽奇巧、浑厚博大的中华文化发展史，每一件艺术珍品都是一段历史，每一件艺术瑰宝都闪烁着中华文明的火花，映衬着古代时期的社会环境、政治思想和审美内涵，浓缩着中国传统文化的精华。从远古时期精美的陶器到雄奇庄重和谐的青铜器，从寓意深刻的玉器到巧夺天工的中华瓷器，每一器物无不展现着中华民族的创造智慧，呈现着中华文化的独特艺术魅力。两周儒雅俊逸之风、汉唐雄浑壮美之势，两宋清丽柔婉神韵，明清绮丽伟岸气质，通过这些器物淋漓尽致地表现出来，其工艺之高超，领先世界。唐代的唐三彩，宋代以来蓬勃发展的陶瓷展现着中华陶瓷工艺的举世无双，不仅是当时陶瓷制作的巅峰，更是留给世人的艺术宝藏。

不仅器物如此，其他类以物质形态延存的艺术形式，如建筑、雕塑、园林、书法、绘画等，无不浸透着中华传统文化精深的意蕴，有的表达着中国古老的和谐统一思想，有的展示着天人合一、物我一体的境界，将中国人美好的愿望、理想、人文情怀生动地展示出来。中国艺术追求的最终境界是"和"，这正是中国文化基本精神的反映。

2.中国传统核心价值积厚流光

重伦理道德规范是中国传统文化的重要特征。在人类文明发展史上，虽然任何民族及其文化都有重视道德、宣扬道德的传统，但恐怕没有一个民族像中华民族这样极度重视道德，把道德放在文化系统的核心。

在中国传统农耕文明基础上结成的人与人之间的社会关系，主要是以血缘关系、宗法关系为核心建立起来的，在本质上是一种血缘、人伦、宗法关系。人与人之间关系的处理，主要是建立在人的伦理关系基础之上的，主要通过人们的情感信念为纽带来实现。因此，在社会生活中，伦理具有肩负实现有序秩序和调节处理人与人关系的至关重要的意义。"家国同构"的家庭—家族—社会—国家政治的社会结构，使得家庭伦理关系、家族宗法关系扩展上升为规范社会关系和国家政治关系的基本行为准则，家长制成为中国传统社会政治体制的基础。

家长制的实质，就是用血缘、人伦、家庭、家族、宗族的伦理关系和宗法关系的机制来进行政治统治，既是一种伦理政治，又是一种政治伦理，其他文化形态无不是以宗法为中心、以伦理为中心，从而在哲学观中并未形成西方那种客观理性的自然观，而是认为宇宙的本体是伦理道德的形而上学的实体，"天"也具有人格化的伦理色彩；文学艺术讲究"文以载道"，其"道"就是对"至善"的追求；对人的定义也是认为道德是人之为人的根本，是人与动物的根本区别所在；在对人的塑造、对理想人格的设计上，形成一种以道德为首要取向的价值追求。

中华民族在漫长的历史发展进程中，建构了一套完善成熟的道德价值体系和道德规范体系。这套体系无论是从内在的情感信念上，还是从外在行为的要求上，都发展出一整套很完备的德目，从而使中华传统美德成为中国传统文化的精髓，中国传统核心价值观又成为中华传统美德的集中体现。

比如孔子以"知、仁、勇"为"三达德"，以此为基础提出了礼、孝、悌、忠、恕、温、良、恭、俭、让等一系列德目。人们在践行中，慢慢形成了中华民族的传统美德，成为传统价值体系和传统道德规范体系中的基本内核，如"仁爱孝悌"是中华民族美德中最具特色的部分，"谦和好礼"使中国以"礼仪之邦"知名世界，"诚信友善"把"诚"看成是"天道"的根本，把"信"看成做人的根本，"知恩图报"讲究付出与奉献，滴水之恩当涌泉相报，"重义轻利"讲究追求公正与正义，把追求享受和利益放在次要位置，等等。中国传统道德规范体系是中国传统文化对人类社会文化多样性作出的突出贡献。

在中国社会漫长的历史发展进程中，中华民族形成了一种崇高的民族精神，中华传统美德起了十分重要的作用。中华民族建立起一种具有丰富内涵的道德价值追求和道德规范体系，形成了一种民族道德人格。正是这种民族道德人格的存在，当国家民族处于生死危亡的关键时刻，便涌现出无数敢于维护民族大义、勇于担当、不怕牺牲的仁人志士。这种对道德价值的追求，无论文人墨客，还是普罗大众，千百年来都矢志不渝、前仆后继，中华文明就是在人们的这种不懈的追求奋斗中，流传至今，长盛不衰。

3. 中华民族的文化认同一以贯之

民族是文化的主体，文化是彰显民族特色的载体。自古以来，在中国这片广袤开阔的地域上生活着不同的民族群体，百年来统称为"中华民族"。对中华民族的民族认同和对"中国"的国家认同，首先来自对共同生活的地域认同——我们都"居天下之中"——对"中国"的认同。"中国"原义为"中央之城"，指京师国都位于国境中央，后逐步引申为诸夏列邦（即中原一带）、中央之国等，多与"四夷"相对，指"四夷"围绕的中原地带。古人持"天圆地方"的观念，认为自己所在之地为"天下之中"。这个"中国"的概念，其地域是不断扩大的，西周时主要包括宋、卫、晋、齐等中原诸侯国，战国时期"七国"都纳入"中国"的范围。

"中国"原指华夏族活动的地理区域并兼具政治中心的涵义，后又派生出文化中心的涵义。如赵武灵王推行"胡服骑射"，赵国公子成驳斥反对。据记载："臣闻中国者，盖聪明徇智之所居也，万物财用之所聚也，贤圣之所教也，仁义之所施也，诗书礼乐之所用也，异敏技能之所试也，远方之所观赴也，蛮夷之所义行也。"（《史记·赵世家》）一句话，"中国者，礼仪之国也"，此后便成为人们使用"中国"这一概念的指称。

宋以后，"中国"的含义慢慢有"国家"的意义，元代已有自称本朝为"中国"的情况，但在明清时期还主要是在"华夷之辨"的意义上使用"中国"一词。鸦片战争后，在与西方资本主义列强的交往中，近代民族国家意义上的"中国"概念逐步取代"居四夷之中"的含义。中华人民共和国正式以"中国"作为国名的简称，得到国际社会的普遍承认。

对"华夏"的民族认同和对"中国"的国家认同，还来自对"中华民族"的认同。"中华"是"中国"与"华夏"复合词的简称，中国先人自认为居于"天下"的中心、中央，且文化发达，因此自称"中华"。"华"通"花"，意指文化灿烂繁荣发达，文化的含义原是"中华"一词的主要内涵。"中华者，中国也。亲被王教，自属中国。衣冠威仪，习俗孝悌，居身礼仪，故谓之中华。"（《唐律疏议》卷三）

步入近代后，"中华民族"渐渐指生活在中国的多民族之总称，尤其是在辛亥革命后"五族共和"观念深入人心。孙中山曾对"民族主义"做过深入阐释，认为"中华民族"乃是汉族与满、蒙、回、藏之人民相见于诚，合为一炉而治之，以成一中华民族之新主义[1]。中华民族虽然是一个近代概念，但"中国"自古就是一个统一的多民族国家，汉族与其他民族长期交流、不断融合。经过长期的民族迁徙和融合，形成汉族占多数，与其他少数民族共同生活的"多元一体格局"。正是这种多元中的统一、统一中的多元，使中华民族在繁衍、发展中不断交融，保持中华民族的生机活力，既有色彩缤纷的多样性，又有对中华民族的认同的一致性。正是这种来自长久历史的民族认同、文化认同，使中华民族发展至今，文化延绵不绝。

总之，无论是民族的融合，还是文化的融合，就这样在不断的互动中，中华文明未曾中断，并保持着自身鲜明的民族特色。正如许倬云先生所作的一个比喻：中国五六千年的内外变化，犹如各种不同的豆类被倒在一个锅内，不断地搅和成腊八粥，假如把他们磨成浆，则出现的将是混合的豆浆。[2]

---

[1] 《孙中山全集》第九卷，中华书局，1986，第118页。
[2] 许倬云：《说中国——一个不断变化的复杂共同体》，广西师范大学出版社，2015，第16页。

（二）中华文明源远流长的根本原因

中国传统文化是世界上唯一未曾中断并延续至今的古老文明。之所以源远流长、绵延不绝，原因是多方面的，概括起来，主要有如下几点。

1. 中华文明源远流长与独特的自然环境有直接关系

中华文明的形成与发展，连绵不绝、一以贯之，首先是与我国独特的自然生态环境有直接关系。虽然我们不同意"地理决定论"，但地理环境对其区域内的人类生活有着重大的影响却是毫无疑义的。越是在社会生产力不发达，人的改造自然的能力低下，受自然环境限制愈多、影响越大的状况下，更是如此。

地理环境以缓慢的、不明显的方式对人类最初的文化创造发挥着巨大影响作用。地形地貌、海陆分布、地理位置、气候温度、水文植被等制约着人的生产条件、活动范围、活动方式和生存方式，也影响着人的文化创造。我国疆域辽阔，地理位置较好，位于亚欧大陆板块的东部，东临太平洋，有着广阔的海岸线；地势西高东低，丘陵平原多分布在东部，环境适宜，西部有着大型高山高原盆地，青藏高原被称为"世界屋脊"，地理条件严酷复杂。我国大部分国土处于北温带，季风气候明显，大陆性气候强，气候类型多种多样。大部分地区温度和降水配合良好，为农业的发展提供了适宜的条件。黄河中下游地区，气候温和，雨量充沛，适宜耕作和生活，因此先民最终在这里生活繁衍、发展农业，使之成为中华文明的发源地之一。农业在我国不仅发展早，而且丰富完备，从根本上决定影响了中华文明的内容和特点。我国传统文化从本质上说是一种农业文化，中华文明在实质上是一种农耕文明，它的内容无论是物质的还是精神的，都是建立在农业的基础之上的。中华文明的传播也主要是随着农业的扩大而不断向四方扩展的。

长期作为东亚地区的经济中心和文化中心，中国传统文化延续至今，影响四邻，地理环境和地理位置同样是重要原因。在长期的历史发展过程中，中国传统文化一直处于世界领先地位，文明发展程度最高，我国周边的近邻如朝鲜半岛、日本列岛、中南半岛以及东南亚各地的文明程度，总体上落后于我国古代文明，因此在文化交流中未受其冲击和挑战，反而中国传统文化作为强势文化，向周边地区不断辐射和传播，形成了区域型更大的东方文化、东方文明。

正因为中国传统文化在古代从未受到强有力的挑战和产生重大危机，所以中国传统文化一直都稳定地发展着，历经数千年源源不绝。我国古代曾多次与北方游牧民族发生军事冲突，战争不断，然而少数民族文化最终在与中国传统文化的交流交汇交融中被同化。

至于与世界上其他文明的交流，在人类交通不发达的时期，也正是因为高山、高原、沙漠、海洋等地理因素的阻碍，使得不同文明间的交流苦难重重。由于经济政治条件制约及自身文化的原因，中华文化整体上有其保守的一面，也缺乏积极主动向外输出的动力，中外交流规模不大，外来文明传入困难，更不用说对本土文化造成较大影响了。这种状况一直持续到近代。

2.中华文明源远流长与中国古代长期稳定的经济政治制度紧密相关

中国古代农耕经济的稳定性和持续性是中国传统文化长期稳定和延续的经济基础。毛泽东曾说："中国自从脱离奴隶制度进到封建制度以后，其经济、政治、文化的发展，就长期地陷在发展迟缓的状态中。这个封建制度，自周秦以来一直延续了三千年左右。"[①]

在中国古代，朝代更迭不断，有内部分裂、战乱不断的时期，也有少数民族入主中原成为新的统治者，但是中华文明从未因战火而中断，未因朝代更替而覆灭，究其经济上的原因，农耕经济的稳定与发展是根本所在。

中国古代农业文明的产生不仅早，而且成熟完备，这既是中华文明得以兴盛的优势所在，又是后来制约其他经济新因素发展的阻碍。在中国古

---

① 《毛泽东选集》第二卷，人民出版社，1995，第623页。

代社会，农业是王朝统治的根基，因此统治者极度重视农业发展，严格限制人口流动，把农民牢牢固定在原地从事农业生产，重农抑商，制约了资本主义生产方式的产生和发展。

中国古代社会的政治体制对于保障农耕经济的稳定性和持续性也起到了重要作用。中央集权的君主专制制度和为其服务的官僚体系，并不鼓励商品经济的发展，许多政府决策抑制了商品经济新元素的产生和发展，从而使中国古代资本主义萌芽发展缓慢，中国古代经济政治在本质上一直变化不大，为其服务的文化也越来越保守固化，停滞不前，原地踏步。因为大一统的中央集权政体缺乏灵活的自我更新能力，使得中国古代历史形成了一种所谓"合久必分，分久必合"的"稳定与战乱"的周期性循环，王朝更替，周而复始。

当然，这种周期性的破坏和循环，也使中国古代经济社会文化在"周而复始"的"破坏—重建"中难以不断健康发展成长，更难以有实质性的新突破和实质性创新。新王朝建立，政策相对宽松，休养生息，社会相对比较安定，经济复苏，人口增长，日久生弊，政治腐败加重，民不聊生，社会矛盾激化，农民起义，社会经济遭到严重破坏，人口减少，改朝换代，百废待兴，进入下一个循环。这种周期性破坏和循环，严重遏制了中国古代社会经济的发展，也使得中国传统文化难有突破性发展，改变不大，因此持久地保持着"原貌"。

3.中国传统文化绵延不绝与自身特点密切相关

人并非像动物那样，依靠先天的生物性本能生存，而是靠后天习得的生产方式、生活方式和知识技能生活，这些都是通过文化熏陶、文化传承和风俗习惯来完成的。文化对人的这种塑造作用，是一个人从生物人到社会人的重要社会化过程，但把人塑造为一个什么样的人，不同的文化有着不同的目标。理解不同文化之间的差异，或区别不同民族之间的文化差异，一个重要途径就是看看它们各自有什么样的人性理想和教化方式。

中华文明在本质上是农耕文明，与西方文明相比，有着鲜明的特征。

其他文明固然也有农业生产,有农业文化,但中国农耕文明发展得更完备、成熟更早,正因为农耕文明成型过早,以至于压抑了其他文明类型如商业文明、工业文明、海洋文明等的发育。

比如,中国有漫长的海岸线,但并未能像西方那样发展形成一个发达的海洋文化和海洋文明;中国地域广阔、人口众多,由于中国古代实行"重农抑商"政策,也并未发展形成一个发达的商业文化和商业文明,而是始终停留在自然经济,自给自足。农耕文明最显著、最基本的特征就是追求稳定,因为生活的一切几乎都与土地密切相关,需要在固定的土地上进行生产生活,少有迁徙,人与土地紧密地捆绑在一起,因此定居、安居意识特别强烈,离开家乡被视为非常不幸的遭遇,眷恋家乡的"落叶归根"意识浓厚,费孝通先生把古代中国称为"乡土中国"正源于此。中国特有的"籍贯"概念反映着这种特点,对于经常迁徙的民族来说只有出生地的概念,而对于中国人来说"籍贯"就是出生地,因为常住在一个地方,因此"籍贯"的概念才有意义。

对于常年住在一地的中国人来说,"家"是个人生活的最长久的基本单位,以血缘关系联结处理人与人之间的关系也就再正常不过了,因此中国文化首先是一种血缘文化。对于农耕文明,地缘即血缘,中国古代社会秩序的建立首先就是以血缘关系为主要依据,血缘关系秩序成为其他一切社会秩序的基础和范本,即以血缘关系作为准则去衡量、处理、认识各种社会关系。所谓"家国同构",所谓"君君臣臣父父子子",把皇帝和臣子的关系看成是"父子"关系,把地方长官看成是"父母官",把师生关系看成父子关系,"一日为师,终身为父",等等;把"天"人格化,称为"老天爷",祈求神明"土地爷"保佑土地丰产,祈求神明"财神爷"保佑生产经营发财,等等。

有人把中国文化称为"熟人"文化,其根源也在于长住一地的街坊四邻也是以对待有血缘关系的亲人的心态与其交往,"熟人"间即使没有直接的血缘关系,也是以血缘关系的"哥哥""嫂嫂""叔叔""婶婶"等相称，形成"一家人"似的关系。即使跟陌生人打交道，也要把"陌生人"拉上关系，变成"熟人"后才好交往，见年纪大的称"老哥""大哥""大姐"，见年纪老的称"老伯""大妈""阿姨"等。因此，中国文化又是一种亲情文化，血缘文化的核心是亲情，"亲"即"近"，血缘关系越近，感情越深。

在中国古代"亲情文化"的塑造下形成的人情社会，"人情"体现在人际关系的方方面面。在这种"亲情文化"里，"情"是最重要的，而"理"次之，"法"再次之，所以中国古代对这三者的排序是"情理法"。居中国传统文化主体地位的儒家文化甚至把这种"情"作为人性的根本，以"仁"言之，"仁"的本义就是以血缘秩序为本，亲疏有别。教育以"文"化"人"，就是用后天的培养使人"成仁"，这就要学"礼"，"是故圣人作，为礼以教人，使人以有礼，知自别于禽兽"（《礼记·曲礼》），其实质是学习各种规章礼节，了解自己在社会秩序中的地位和角色，不要违背"亲疏有别"的等级秩序。

中国古代社会与国家的治国理政方式和管理方式，既不是一种法制社会与国家的治理方式，也非一种通常人们认定的"人治"社会与国家的治理方式，而是一种"礼法"社会的治理模式，故号称"礼仪之邦"。在中国，所谓"做人难"，无非是不能很好地处理"亲疏有别"的各种人际关系，"亲"的疏了不行，"疏"的亲了不行，亲疏得拿捏得度，否则就失了"礼数"。学礼，就是学习恰当做人，学会以恰当的方式待人接物。对于个人来说，首先要自己学会礼让，这就要求人有"德性"，要注重修德。因此，中国传统文化也就是一种伦理文化、德行文化。

由以上中国传统文化的种种鲜明特点可以看出，这种"血缘文化""乡土文化""亲情文化""德行文化"具有强大的约束力、凝聚力和亲和力，从而也使它具有强大的生命力传承力辐射力。"亲情"关系可以不断外推，从"家"扩大到宗、族、村、县、省、国家，"非我族类，其心必异"，这种文化心理具有超越时代、超越地域的巩固人与人关系的作用，使得中华民族生生不息，中华文明延传至今。

（三）在世界文化激荡中站稳脚跟的重要根基

一般而言，在社会剧烈变革的时代，传统文化常被视为一种阻碍社会发展进步的消极力量。恩格斯说："传统是一种巨大的阻力，是历史的惯性力"[1]，"在一切意识形态领域内传统都是一种巨大的保守力量"[2]。恩格斯虽然是从社会革命的角度来揭示"传统"的消极作用和影响的，但也给我们一种启示，即"传统"是一种非常强大的惯性力量。

在社会稳定发展的时代，"传统"作为一股不可忽视的巨大力量，是一个国家、一个民族进行一切活动的基础和前提，无论是想谋求剧烈变革期望改变它，还是想维护社会稳定秩序借助它，"传统"都是一种客观存在和不可能割断的历史链条。因此，必须要对"传统文化"具有全面客观的认识。中华民族要在世界文化的激荡中要站稳脚跟，就需要发挥中华优秀传统文化的重要根基作用。习近平说："博大精深的中华优秀传统文化是我们在世界文化激荡中站稳脚跟的根基。"[3]

1.中华优秀传统文化是中华民族得以生存的母体

关于"人"是什么，不同的思想家有不同的回答：人是理性的动物，人是有道德的动物，人会制造和使用工具，人会劳动、能实践，人能使用语言和符号，人是政治动物，人是社会关系的总和……如果用一种"大文化观"去关照人的本质，可以认为人是文化的动物，文化是人的特定存在。因此，从本体论看，文化就是人之为人、人得以生存发展的根基。

一个民族的传统文化，铸就了一个民族特定的存在方式，无论内容还是形式都表现着这个民族的特质。一个民族的传统文化是这个民族在长期的历史实践中积淀的思想观念、人文精神、道德规范和风俗习惯等，是"百姓日用之而不知"的集体无意识和民族心理，如同遗传基因决定和塑

---

[1] 《马克思恩格斯文集》第三卷，人民出版社，2009，第521页。
[2] 《马克思恩格斯文集》第四卷，人民出版社，2009，第312页。
[3] 《习近平谈治国理政》第一卷，外文出版社，2018，第164页。

造着生物有机体的种属和特征一样，传统的"文化基因"也决定和塑造着一个民族的类型和特色。

打个比喻，"文化"就如同人的内在生命。人厌恶自己的缺点，讨厌生病，但很少有人因此而轻弃生命。一个民族的传统文化就是一个民族的文化生命，就是这个民族的生命本身。一个民族如果没有了传统、没有了传统文化，也就没有了民族本身。中华民族自古就珍爱自己的传统文化，以"礼仪之邦""信而好古""文明古国"自居，一直将道德视为"安身立命""安邦兴国"的根本，一直将中国传统文化视如生命一般宝贵。须知轻蔑传统就是轻视自己，抛弃传统就是放弃自我。习近平说："抛弃传统、丢掉根本，就等于割断了自己的精神命脉。"[①]

2.中华优秀传统文化是中华民族文化自信的重要源泉

文化自信的重要性无需多言，正如自信是人立足之根本，文化自信也是民族立足世界之林之根基。习近平说："文化自信，是更基础、更广泛、更深厚的自信，是更基本、更深沉、更持久的力量"[②]。妄自菲薄，否定自己的历史，鄙夷自己的文化，抛弃自己的传统，无异于否定自己、轻视自己、放弃自己，这样的人必定是自卑的软弱的无助的，这样的民族注定是可悲的无力的渺小的。"历史和现实都表明，一个抛弃了或者背叛了自己历史文化的民族，不仅不可能发展起来，而且很可能上演一幕幕历史悲剧。"[③]

中华文化绵延发展几千年，曾长期领先于世界，我们的先辈曾创造出令世界叹服的多彩文化，这些优秀传统文化是我们应该无比珍惜的宝贵资源。一方面，中国传统文化是中华民族的文化基因，已渗透在我们的血液血脉中，它是我们认识世界理解事物的深层"背景"系统。中国传统文化作为一种巨大的无意识沉淀，作为中华民族既得的思维传统，以一种潜在

---

① 《习近平谈治国理政》第一卷，外文出版社，2018，第164页。
② 《习近平谈治国理政》第二卷，外文出版社，2017，第349页。
③ 《习近平谈治国理政》第二卷，外文出版社，2017，第349页。

的形式无形中制约着中国人的思维,我们每一个中国人都是以中国传统文化为既有思维框架来进行信息选择、加工和理解的。在此意义上,中国传统文化是中华民族的灵魂,否定自己的灵魂,无疑是从根本上否定我们这个民族,釜底抽薪,毁掉根基,何谈民族自信自立?

另一方面,尊重过去,继承传统,与吸纳、借鉴外来有益文化因素,与根据新的实践不断进行新的文化创新并非相悖冲突。创新永远是一个民族保持旺盛生命力的力量源泉和不竭动力。然而,也十分明显的是,创新也要以传统为基础,一种传统破易立难,当某种传统被有意或无意抛弃之后,另一种新的传统可能需要几代人继续努力才能形成。传统并不是"死"的,并不仅仅是陈列在博物馆里的先代遗物,传统是"活"的,它就存在于人们的日常生活中。利用已有文化遗产,进行二次创新,实现创造性转化和创新性发展,这也是创新中非常重要的一项内容。生搬硬套,照抄照搬外来文化,还可能造成"消化不良",引起新的"梗阻""病症"。

总之,绵延几千的中华文化,是中华民族立足时代、成就未来的深厚基础。在几千年接续奋斗中,中华民族走自己的路,创造和积累了博大精深的传统文化,"具有无比深厚的历史底蕴","中国人民应该有这个信心,每一个中国人都应该有这个信心"。①

3.中华优秀传统文化是中华文化的丰厚滋养

中华优秀传统文化历史悠久、博大精深,在中华民族的发展进程中发挥着重大作用和影响,在中国特色社会主义进入新时代的历史阶段,依然是中华民族汲取文化养分的重要源泉和重要资源。习近平指出:"中华文化源远流长,积淀着中华民族最深层的精神追求,代表着中华民族独特的精神标识,为中华民族生生不息、发展壮大提供了丰厚滋养。"②他还说:"在几千年的历史流变中,中华民族从来不是一帆风顺的,遇到了无数艰难困苦,但我们都挺过来、走过来了,其中一个很重要的原因就是世世代

---

① 《习近平谈治国理政》第二卷,外文出版社,2017,第339页。
② 《习近平谈治国理政》第一卷,外文出版社,2018,第164页。

代的中华儿女培育和发展了独具特色、博大精深的中华文化,为中华民族克服困难、生生不息提供了强大的精神支撑。"①

"问渠那得清如许?为有源头活水来"。时代在不断变化,发展从未停顿,但创新不能是空中楼阁,发展不能没有基础。"不忘本来才能开辟未来,善于继承才能更好创新"。

如中国古代社会"士"文化中所蕴含的人文精神,在今天依然有其合理价值。在漫长的封建社会,儒家思想占据统治地位,国家选拔人才的科举考试主要以"四书五经"等儒家经典为主,这就形成了中国古代文人特有的"修身、齐家、治国、平天下"的人生抱负和修身思想,这种"士文化"彰显的是一种具有中国特色的人文精神,今天仍然是当代知识分子以及领导干部加强道德修养、提升思想境界可资凭借的优质资源。中国古代文人常怀有一种坚韧不拔的"从道"精神,"士志于道"(《论语·里仁》)。孔子云:"天下有道,丘不与易也。"(《论语·微子》)坚持正道自然是十分不易的,无比艰难,因此士人更应该坚定信念,坚韧不拔,不畏艰苦,勇于弘道。"士不可以不弘毅,任重而道远。仁以为己任,不亦重乎?死而后已,不亦远乎?"(《论语·泰伯》)"人能弘道,非道弘人。"(《论语·卫灵公》)孔子的"从道""弘道"思想对中国传统人文精神产生了重要影响。

中国古代许多重要思想家、仁人志士都以"从道""弘道"为己任。孟子云:"居天下之广居,立天下之正位,行天下之大道。"(《孟子·尽心上》)董仲舒提出"正其义不谋其利,明其道不计其功"(《汉书·董仲舒传》)。"道"的内容,在封建社会时期有其时代的局限,但这种无所畏惧的"从道""弘道"精神,却成为中华民族自强不息、勇于斗争的一个重要动因。

近代以来,在国家安危、民族存亡之际,无数志士仁人前仆后继,扶

---

① 《十八大以来重要文献选编》(中),中央文献出版社,2016,第119页。

大厦之将倾，挽狂澜于既倒，解危济困，安邦救国，敢于突破旧制，勇于改革创新，可以说都是中国传统文化中这种"从道""弘道"精神的真实写照。司马迁说"究天人之际，通古今之变，成一家之言"，张载言"为天地立心，为生民立命，为往圣继绝学，为万世开太平"，是中国古代知识分子所追求的万世不朽的神圣使命，激励一代又一代有志之士成为社会的脊梁。范仲淹"先天下之忧而忧，后天下之乐而乐"的担当精神，林则徐"苟利国家生死以，岂因祸福避趋之"的无畏气概，至今都应当是现代知识分子和文人志士的精神鞭策。

二 中国传统文化的包容特质

民族文化是一个民族区别于其他民族的独特精神标识。世界四大古老文明唯有中华文明有序传承、延绵不断、发展至今，根本原因在于中华文化的精神特质，特别是中华文化的包容特质。

中国疆域辽阔，不仅具有鲜明的地理环境特征——高山高原平原盆地，江河湖泊海洋无所不包，地形地貌复杂，气候多种多样，而且自古以来是一个多民族国家、多宗教的国家。新中国成立后，在对全国多个民族进行识别的基础上正式确认56个民族，宗教主要有佛教、道教、伊斯兰教、天主教、基督教等，同时少数民族大多有自己的宗教信仰，鲜明地体现了一种"无所不包"的地理特征和文化特质。

中华民族自古就以"观乎天文以察时变，观乎人文以化成天下"（《周易·贲卦·彖传》）为己任，"包容天下"和"胸怀天下"的特质使中华文化兼收并蓄、生生不息，具有强大的生命力、聚合力、融合力和同化力。历史证明，这种包容特质和同化功能，不仅使中华文化在与其他文化的交流融合中保持着稳定，而且即使在强势文化面前也能因时而变，因势而为，既与时俱进，又不失民族特色。

(一)不同民族文化之间交流交锋交融

人类社会发展在文化上的一个基本特征,就是文化的民族性、多样化和丰富性。文化是人类适应自然、改造自然和改造社会的产物,始终处于不断变迁、发展的过程中,具有明显的传承性、发展性和时代性。有比较才有鉴别,有比较才能看到异同,民族文化的民族性和时代性是不同的民族文化在比较的基础上来获得的规定性。这种鉴别和比较,既来自同一文化自身变化的异同比较,又来自不同文化之间交流的异同比较。

文化的民族性,是指一个民族共同体的文化从整体上看与其他民族共同体的文化相比较所表现出来的独特性、相异性。它体现着不同民族共同体的文化之间的差异性和不可通约性。我们已经指出,文化是一个"综合性的整体",它无所不包,可以表现为多层面、多样式的种种因素,这些相互联系的要素构成一个"有机体",构成一个文化共同体不同于其他文化共同体的文化模式。所谓文化模式,是一个文化体系,有其特定的文化内核(有学者称之为文化原型、深层结构、文化基因、文化核心等)。

不同民族各自所具有的种种主客观因素,就是以这一文化内核为基础来进行独特的文化创造,也由此构成了这一文化内核的民族性的历史基础。

从纵向上看,文化的民族性体现的是这一文化内核前后一贯的同一性和普遍性,即在历史长河中尽管文化有增益删减的变化,但因为文化内核保持着稳定性、连贯性,使得文化共同体在历时性的嬗变中始终保持着前后一贯的一元化特征。从横向上看,文化的民族性反映的则是这一文化内核异于其他文化共同体的特殊性、多样性、相对性。不同的文化共同体都有自己的民族性,因此,从不同文化共同体相比较的意义上看,民族性是独特的、不可替代和不可通约的。

文化的时代性,是指一个文化共同体在历史发展变化中所体现出来的阶段性特征,表现为文化在历时性的演变过程中的不同时间阶段的代谢和变更。历史的发展是不可逆的、不可重复的、向前发展进步的。一个文化共同体在其发展变化中的每一时段，都会表现出一种特有的阶段性特点，即时代精神。我们常说历史是有方向的，总是向前的，今胜于古，在这个意义上文化也是进化的，今不同于往。因此，文化才有先进和落后、进步与保守之分，文化的时代性体现着这种变化和不同。

从纵向上看，文化的时代性体现的是同一文化共同体前后变化的不同性和特殊性，即现实、历史并非一成不变的，文化因此也是变化发展着的，前后有别。从横向上看，文化的时代性反映的则是一个文化共同体与其他文化共同体的相通性、统一性、共同性，即不管什么样的文化，都有共同的地方，有着共同的发展规律，比如都是发展变化着的、都是有方向性的、都表现为特有的时代精神等。因此，与文化的民族性相对，文化的时代性反映的是同一文化自身在历时性的发展过程中呈现出来的特殊性和多样性，在异体文化比较中的普遍性、通识性和一元性。

文化的民族性和时代性，是相互统一、相辅相成的。如果只看重其中一个方面而忽略另一个方面，在实践中则容易走向极端。比如曾经盛行一时的欧洲文化中心主义思想，这种理论认为任何文化都是按照一种模式发展，即由低级到高级机械地按一种路线演化。这种文化进化论只看到了文化的时代性却忽略了文化的民族性，否认其他文化的特殊性和独立价值。

另一种观点与之相反，认为不同文化之间完全是独立的、特殊的，文化无所谓好坏优劣，没有一个可用于文化比较的普遍尺度。这种文化相对论只看到了文化的民族性，看到了不同文化之间的特殊性、差异性，却忽略了文化的时代性，不承认文化有先进落后之分、进步保守之别，不认为文化有发展进步的前进方向。无疑，这两种对待文化的观点都是偏狭的、片面的，在实践中也是有害的，极易造成一个民族文化僵化或滞后。

当然，从理论上分析和理解文化的民族性和时代性及其统一，在逻辑上并不难，学术界对此也几乎没什么分歧。但问题的难点在于，文化的民族性和时代性是如何相互作用的，如何促成了文化的变化发展？实际上，文化的民族性和时代性的统一从来都是在文化的现实变化发展中实现统一的，是在动态的交互作用进程中完成的。从矛盾观点出发，我们说文化是发展变化的，其发展变化的动因就来自于二者的对立统一。文化的民族性和时代性并非一个稳定的均衡结构，二者之间地位也并不是相等的、均衡的，而是有一方处于主导地位，一方处于支配地位，但这种地位并不是固定不变的，二是可以相互转化的，正是二者之间的对立统一、相互作用，构成了文化进步发展的动因和动力。

对于不同文化共同体来说，因为各自发展演进历史的非同步性，造成了不同文化共同体在历时性发展中的阶段性差异，这种差异也就造成了文化之间的一种势能差。当两种文化在现实中相遇交流碰撞，因为两种文化的影响和地位是不一样的，高势能的文化总是向低势能的文化输出和传播。例如，马克思在论述资本主义生产方式开拓世界市场、不断向世界其他民族扩张时就说，资产阶级凭强大的物质力量"把一切民族甚至最野蛮的民族都卷到文明中来了"，"它迫使它们在自己那里推行所谓的文明"[1]。

例如，在具体谈到英国对印度的侵略时，马克思这样说："不列颠人是第一批文明程度高于印度因而不受印度文明影响的征服者。他们破坏了本地的公社，摧毁了本地的工业，夷平了本地社会中伟大和崇高的一切，从而毁灭了印度的文明。"[2]即便生产力落后的民族凭借武力征服先进民族，但在文化上也往往是先进民族的文化同化落后民族的文化，这种情况已被我国历史多次所证实。

在中华民族生活这块土地上，几千年来我们可以看到无数场民族的混战，可以看到除了汉族以外还有少数民族政权，如匈奴汗国、突厥汗国、鲜卑（北魏）、契丹（辽）、女真（金）、党项（西夏），特别是蒙古（元）、满（清）的统治。费孝通先生说："农业区与牧区及农耕民族与游牧民族发展带分野清楚，而又天然地相互依赖，互相补充。同时也表现出不同民

---

[1] 《马克思恩格斯文集》第二卷，人民出版社，2009，第35页。
[2] 《马克思恩格斯文集》第二卷，人民出版社，2009，第686页。

族之间,甚至同一民族不同地区之间社会发展的显著不平衡。"①

然而,由于中国传统文化历来主张"和合""和为贵",中华民族历来主张爱好和平,例如"国泰民安""睦邻友邦""和而不同""化干戈为玉帛""天下太平""天下大同"等思想观念和价值理念,在国家政治制度层面又追求"大一统",就是要有统一的国家、统一的政权、统一的制度、统一的法律、统一的文化等,追求协和团结、长治久安,反对分裂动荡。在这样的"和合文化"和"大一统"思想中,通过文化的传播与融合,通过社会经济的发展,各地域各民族对中华文化的认同程度越来越高,同时对丰富和发展中华文化内涵的贡献也越来越大。在几千年的混战历史中,在战争与和平相处之间逐渐融合,西汉的匈奴、东汉的西羌、唐的突厥,乃至"五胡乱华"、五代十国、金、辽、元、清等,最终都被主张"大一统""华夷一体""四海之内皆兄弟"等思想理念的先进的中华文化和中国国家意识所同化。"华夏""中国"等概念不仅成为汉族统治者的国家称号,而且也成为进入中原的其他少数民族统治者共用的国家称号,更富文化意味的是,当少数民族获得对"华夏""中国"的统治权时,都以"大一统"的实践者自居,并接受中华文化和继承中原王朝的政治制度。

例如,清朝雍正皇帝利用中国传统文化中的哲学思想、理想信念、价值理念、人文精神和道德规范为清朝政治统治的合法性作辩护,认为满人因"德"而拥有天下,清朝乃"天下一统,华夷一家"的王朝,故不得以"华夷而有殊视",亦不得以"华夷而有异心",对中华民族传统的"华夷观"做了全新阐释,以维护和发展大清王朝的"大一统"局面,对那些凸显"华夷有别"和片面鼓吹民族歧视、煽动民族仇恨的言论予以抨击与遏制,对我国传统的"大一统"观念做出了历史性推进和最大限度的实践,使大清王朝成为一个疆域辽阔的"大一统"封建王朝。

马克思对此种情况也曾十分肯定地指出:"野蛮的征服者,按照一条

---

① 费孝通:《中华民族多元一体格局》,中央民族大学出版社,1999,第114页。

永恒的历史规律,本身被他们所征服的臣民的较高文明所征服。"[①]一方面,强势文化因是以民族性为载体去传播和扩散的,因此民族性会得到强化和巩固,另一方面弱势文化虽然会遭受一定的冲击、变革,但也是以民族性为基础来吸纳、接受异体文化的,民族性并非会随着外来文化的到来而消亡,而是会有一个相当长的吸收发展过程,自身那些符合时代性的文化也会保存下来。

中国近代以来中华文化的发展演变过程,已经以事实证伪那些曾经流行一时的"完全西化论"和"国粹派"主张,中华文化不可能完全变成西方文化的形式,中国传统文化依然发挥着重大影响。当然,近现代的中华文化在与西方文化的碰撞中,吸收了很多外部先进的文明成果,绝非中国传统社会的文化形态。文化的民族性与时代性之间的张力结构,使得不同文化之间的交流交锋交融过程呈现为一种既相互对立排斥又相互吸引渗透的双向作用。

总之,因为文化自身的特性和特质,人类社会不同民族之间的文化交流交锋交融其实是一种非常广泛的现象,一个民族的文化总是把各种不同文化中的"好东西"转化成自己的东西,才能使民族文化的血脉不因"分分合合"而中断。人类以往经常发生的悲剧和人类历来所反对的是,一个民族或国家总是凭借暴力和强制措施来压迫、歧视、迫害另一个民族或国家,以强制的方式消灭、铲除另一个民族的文化,毁灭、消除另一个民族文化的民族性。

在中华文化的多元背景下,"和"的可能在其中起到了关键作用,总是能在保持民族文化个性的前提下,使各自不同的民族文化能够和谐相处。中华文明主张世界各民族无论大小强弱都是平等的,民族之间的文化交流应该是在各民族文化相对完整独立、和平共处的基础上进行。只有在平等的基础上,世界文化才不仅会因不同的文化差异而丰富多彩,而且各

---

① 《马克思恩格斯文集》第二卷,人民出版社,2009,第686页。

个国家和民族的文化相互交流融合、共同促进，从而呈现多元和谐的发展局面。也正是这种豁达乐观、贵和持中的态度，使中华民族能以一种宽广博大的胸怀对待外来文化，以一种海纳百川的气度吸纳不同文化。正如费孝通所言，各种文化应相互尊重，和谐共处，"各美其美，美人之美，美美与共，天下大同"。

（二）中华文明对其他文明的吸纳与融合

一个国家和民族的文化发展，离不开与其他国家和民族的文化交流与融合。人是流动的，文化也不可能是封闭的，人流动到了哪里，文化就会流动到哪里。哪里有人，哪里就会有文化的际会和交流。从考古资料中可以看到，中华文明自其诞生后，就因不同区域而表现出丰富的多样性特点。

据目前的考古资料，我国最早的文化"夏"，实际上起源于南方，大禹墓在今天的浙江绍兴，宁波则有河姆渡"稻"文化的遗址，之后进入中原。"商"与"夏"并不是同一个民族，而是另一个游牧民族，在取代了"夏"以后也一再迁徙；"周"更是在中原西边黄土高坡上的一个民族，据考证应该是"羌"族的一支。所以，"华夏"民族一开始就是不同的民族在融合，版图在扩大，文化在融合中继承。至殷商西周，中国文化已经逐步开始具有自己的特色。"周"实际上也是处于各部族、民族的包围之中，所谓东有夷，北有狄，西有戎，南有蛮，而周自称华夏。周朝确立了宗法制度，作为中华文化重要源流之一，其对以后的中华文化发展的影响深入到各个层面。周代创建"礼制"以规范上下尊卑等级，我国古代"礼"文化即创制于西周。

春秋战国更是一个民族大融合的时期。秦与戎、齐与夷、赵与狄、楚与蛮之间的相互融合，在春秋战国这个"礼崩乐坏"的时代，我国文化迎来第一次质的飞跃和大发展，进入对后世我国文化发展有决定性影响的"轴心时代"。诸子百家，著书立说，互相借鉴，阐发不同，推动我国文化发展进入高峰，推动了华夏族的最终形成。

秦汉以后,在实现"大一统"的基础上,我国古代统治者不仅致力于地域内经济、政治、法律上的统一,而且致力于思想文化上的统一。以中原定居农业文化为中心,中原文化在我国历史发展进程中多次与北方的草原游牧文化和南方山地游耕文化多方面交汇融合,中华文化从而在稳定的发展过程中保持着生机和活力。

北方游牧文化与中原农业文化是有很大差别的。游牧民族居无定所,以游牧为生,民风彪悍,善骑射,英勇善战。中原王朝与北方游牧民族曾进行过多次战争,有些少数民族政权凭借军事上的优势,也曾入主中原,成为新朝主人。无论是和平时期的"茶马互市"的经济文化交流,还是"不教胡马度阴山"的防御和斗争,各种文化常常互相学习。中原人学习游牧民族的骑射技术,吸取不同文化,粗犷强劲的游牧文化为一向稳定的农耕文化注入了强大动力,使其保持着一定的活力。游牧民族也学习接受更高级形态的中原文化,经过长期的文化冲突与融合,诸多少数民族消融于以汉族为核心的民族熔炉和文化同化。

南方山地游耕文化也具有诸多不同于中原文化的特征,中央政府一般积极推行教化政策,有力地推动了汉族先进生产方式和先进文化在南方的传播。正如有学者所言,汉唐两代致力于完成统一大业,把千余年来中国各地区各民族孕育着的大统一要求变成现实,但是与元代相比,汉唐统一的规模要小得多,元朝虽然只统治了近百年,但蒙古贵族集团"以马上得天下"的元朝疆域空前广大,它的大一统局面得到了中华各民族的承认和肯定。[①]朱元璋称帝后,对元朝戡定朔方、抚有中夏和混一南北的历史贡献也曾给予高度评价,对其顺天应时的"华夷咸服"、对元朝前期民族交融和多民族国家良好的政治局面予以积极肯定。他说:"自古帝王临御天下,中国居内,以制夷狄;夷狄居外,以奉中国。未闻以夷狄居中国治天下者也。自宋祚倾移,元以北狄入主中国,四海内外罔不臣服。此岂人

---

① 马大正:《中国边疆研究论稿》,黑龙江教育出版社,2002,第146页。

力？实乃天授。彼时君明臣良，足以纲维天下。"（《明太祖实录》卷二十六）

中华文化不仅在各民族文化的相互交流融合中不断发展，而且在与外来文化的接触碰撞中不断使自己保持着旺盛的生机活力。中外文化第一次大交汇应当数汉唐时期佛教文化在我国的传播。佛教体系之宏大和思辨之巧妙，与中国文化有着极大不同，但也极大地吸引着中国士人和普通百姓，佛学的传入对中国古代哲学以至整个中华文化都起了巨大启迪作用。汉唐时期是中华文化兴隆昌盛的黄金时期，因为国力强大，中国人以一种高度的文化自信姿态，对外来文化抱持一种开放态度。因自身文化成熟稳定，所以能以一种有所选舍的方式吸纳异域文化因素，为我所用而不伤根本。正是因为以一种开放姿态不断接受外来文化的新因素，所以中华文化能以一种动态交流碰撞融合保持发展活力而不断发展进步。汉唐时期，中国吸收了大量外来文化，这种宏大气魄和胸襟至今仍令人惊叹。

中华文化与外来文化的第二次大交汇，开端于16世纪末。明万历年间，耶稣会士来华传教，他们带来了西洋科学、哲学、艺术，迥异的文化内容曾引起当时一些中国士人的由衷叹服。欧式几何及其演绎推理对中国古代思想界来说是一种别致精巧的思维方式，世界舆图使中国人开阔了视野，尤其是天文等科学知识的精确度更是大大有利于中国的历法制定……清朝皇帝康熙还请耶稣会士给自己讲授几何、测量、代数、天文、物理、乐理以及解剖学知识，无奈明清之际思想桎梏日趋严密，那种锐意进取的开拓进取精神日益衰减，代之以闭关锁国、故步自封、夜郎自大的文化封闭心态，中西文化交流的机遇也随着大清帝国的与外隔绝而悄然错过。1840年鸦片战争的爆发，西方帝国主义列强用坚船利炮强行轰开了清王朝紧闭的大门，自此欧洲近代文化便随资本主义的入侵而大量涌入中国，其规模和速度远超以前，我国近代经济社会及其文化体系迅即发生重大变化，中国传统文化也开始了其痛苦而又迎来新生的现代化转化过程。

尤其值得特别指出的是，在中国传统文化的近代化、现代化进程中，不断吸纳世界优秀的文明成果，激活我国传统文化的积极因素，对西方文化的集大成者——马克思主义的接受与中国化，堪称中华文化不断综合创新的典范。马克思主义中国化，就是将马克思主义基本原理与中国基本国情和具体实际相结合、与中华优秀传统文化相结合，这种结合不仅包括把马克思主义基本理论融入近代以来我国半殖民地半封建社会的民族解放和国家独立、国家富强和人民幸福的历史使命，也包括把马克思主义基本理论融入我国优秀传统文化，渗入中国新文化的精神血脉。马克思主义中国化取得了极大成功，产生了适合我国国情的中国化马克思主义理论，先后形成了毛泽东思想，中国特色社会主义理论体系包括邓小平理论、"三个代表"重要思想、科学发展观和习近平新时代中国特色社会主义思想。

恩格斯在对于如何学习马克思主义的问题上，就曾讲过："我们的理论是发展着的理论，而不是必须背得烂熟并机械地加以重复的教条。"[1]江泽民把马克思主义的理论品质概括为与时俱进，认为马克思主义本身就是一个开放的体系，是一个随着时代发展而不断发展着的理论体系，如果只僵化固守它的一些针对当时历史条件提出来的观点，无疑是教条主义地理解马克思主义。实事求是、解放思想、与时俱进是马克思主义的精髓。马克思主义是博大精深的理论体系，弄清什么是马克思主义，不在于记住它的一切结论和细节，而在于把握它的鲜明特点和基本理论品质[2]。

新时代坚持马克思主义指导思想，就是要结合我国基本国情和具体实际，运用马克思主义基本立场观点方法去解决新时代中国特色社会主义发展进程中遇到的新问题新挑战，做到"一个中心，三个着眼于"。习近平说："我们一定要以我国改革开放和现代化建设的实际问题、以我们正在做的事情为中心，着眼于马克思主义理论的运用，着眼于对实际问题的理论思考，着眼于新的实践和新的发展。"[3]马克思主义中国化的巨大成功，

---

[1] 《马克思恩格斯文集》第十卷，人民出版社，2009，第562页。
[2] 邢贲思：《什么是马克思主义 怎样对待马克思主义》，《求是》2009年第5期。
[3] 《习近平谈治国理政》第一卷，外文出版社，2018，第9页。

为正确处理好我国传统文化与外来文化的关系，提供了十分有益的启示。

（三）现代化与人类未来的文化发展趋势

人类社会进入近代历史以来，"现代化"这一术语被多个学科及日常用语所引用，用来描绘自资本主义工业革命以来世界各国正在发生的社会剧烈变迁和文化转型。我们虽然在理论上很容易正确地看到，所谓"现代化"并不是指西方发达国家那种模式所取得的成就及其变化发展的过程，世界上各个国家和民族都有自己的现实国情和特殊的发展道路，世界文化的多样性是发展的常态，非发达国家或发展中国家没有必要也不可能按照西方发达国家这一种模式搞"全盘西化"，唯西方马首是瞻。但是，现实并非按照人们的理想状态发展的。伴随着地理大发现，西方国家进入工业社会，资本主义开始向全世界各地扩张殖民，其中也必然伴随着残酷的殖民地化的过程，伴随着殖民文化的侵入过程。正如马克思所描绘的那样："资产阶级，由于一切生产工具的迅速改进，由于交通的极其便利，把一切民族甚至最野蛮的民族都卷到文明中来了。它的商品的低廉价格，是它用来摧毁一切万里长城、征服野蛮人最顽强的仇外心理的重炮。它迫使一切民族——如果它们不想灭亡的话——采用资产阶级的生产方式；它迫使它们在自己那里推行所谓的文明，即变成资产者。一句话，它按照自己的面貌为自己创造出一个世界。"[①]

当某个群体原有文化不得不与一个更强大的文化频繁而直接地接触时，其内部往往会发生急剧的变化。这种变化往往是武力征服、政治经济扩张、有权势外来群体大规模入侵本地，使其文化结构遭到严重破坏的结果。今天世界上几乎所有地方，都曾受到西方强势文化的严重影响，或主动或被动地改变原有传统，反抗、吸收乃至无奈接受西方文化中的一些因素。这是无法否定的历史事实。有些民族会依然坚持自己的一些传统，外来文化与本土传统文化经由创造性转化而合成为一种新的文化形式；有些

[①] 《马克思恩格斯文集》第二卷，人民出版社，2009，第35—36页。

民族则会抵制反抗，甚至以革命的形式反对外来文化的入侵，但仍然不可能完全摆脱其影响。

近代以来全世界的总体趋势是，西方文化一直占有绝对优势，很长一段时间以来，世界上所谓的"现代化"转变，其中隐含的内在逻辑就是希望向西方发达国家看齐。

现代化进程包括多个方面的内容和要素，它们之间相互联系，是一个有机的整体。如技术发展，传统知识和技术让位于主要是从西方工业文明而来的科学知识和技术应用；农业发展则由原先的自给自足的自然经济转向商品经济、市场经济，人们不再为满足自己的需要去耕种，而是为了交换，农产品生产越来越依赖市场经济体系；工业化是用机器代替了人工生产；城市化是人口从农村转向城市；信息化则由于通信技术的快速发展，电子产品和新媒体越来越介入社会各领域，深刻改变了人们的生活方式……可以说发达国家之外的第二世界、第三世界的国家都处于剧烈的政治、经济变迁以及文化转型之中。这种全球化进程把地球变成地球村，世界各国联系越来越紧密，自然资源、商品、人力、金融资本、信息都在进行全球性的运转。

在全球化的背后，是这样一个残酷事实：工业化世界中那些中等和上等阶层的生活水平，是建立在对不可再生资源巨大的消耗基础之上的，世界上那些少数富裕阶层享用和控制着这些珍贵资源中的绝大部分，这种发展是不可持续的，它带来了大量全球性问题：温室效应带来的全球变暖、能源的巨大消耗和滥用、生态环境的破坏和污染、人口膨胀、全球贫富差距变大、生物多样性遭到严重破坏、国际恐怖主义、区域冲突和暴乱、核威胁……

无论是现代化的优势，还是带来的全球性问题，逐渐把人类变成一个"命运共同体"。一方面，世界因为通信、运输和贸易等方面技术的高速发展，使得各类信息、地域文化、音乐、电影、餐饮迅速向世界各地传播，地球上各种不同的文化正有同质化的趋势。一些人乐观地认为，一个普适性的世界性文化在未来是可以预见的;另一方面,由于当今世界人们的互动更加频繁,发生严重冲突的可能性也大大增加了。美国学者塞缪尔·亨廷顿在其著作《文明的冲突与世界秩序的重建》中明确提出,冷战后时代世界政治的一个主轴将是西方的力量和文化与非西方的力量和文化的相互作用,世界上最重要的国家大多出自不同的文明,因此未来可能逐步升级为更大规模的战争的地区冲突是那些来自不同文明的集团和国家之间的冲突。[1]

然而,文化的民族性与时代性,始终是一个国家和民族文化发展进程中的一对重要矛盾关系,人类未来的文化发展趋势将是世界各国文化之间不断交锋交流交融的过程,不同文化之间的冲突对抗和相互吸收融合都是不可避免的。历史潮流浩浩荡荡,滚滚向前,文化潮流必然适应历史潮流,为人类社会生产方式的发展进步趋势所决定。一方面,在全球化的背景下,世界各地各民族的文化,必然面临着更多外来文化的压力,在不同文化直接的接触碰撞当中,各民族会更加重视自身独特的文化遗产,看到并强化自己与其他族群的文化差异性。另一方面,任何民族和国家要发展进步,都不会也不可能拒绝对自身发展的有利因素包括文化要素,会通过借鉴、吸收、转化等方式,把外来文化中的有益因子融合到自己民族的文化体系当中。先进与落后、进步与保守也许有时分不出高下,但历史迟早会以不可阻挡或不可逆转的方式昭示先进和进步的前进方向。

全球化是一个复杂的动态过程,包含了具备地域性、民族性、时代性、多样性等多层次大范围的文化交锋交流交融的过程,在这种动态的互动过程中,冲突与融合将一直持续贯穿其始终,先进的终将取代落后的,进步的终将取代保守的,或者两者相互融合共生新兴的文化形态。

然而,应当指出的是,对未来世界的文化发展,我们应该秉承一种相互尊重、相互包容、以和为贵的文化态度,让世界各国、各民族的多样性

---

[1] 塞缪尔·亨廷顿:《文明的冲突与世界秩序的重建》,新华出版社,2010,第7页。

文化在交锋交流交融的自然历史发展过程中进化演变，由社会的进步发展趋势所决定，而不应当采取一种残酷打击甚至灭绝替代的文化态度。应当坚持世界文化多元主义的观点，坚决维护一个国家中及不同国家之间各种文化共存，让每种文化都有其存在的理由，使其价值得到充分彰显，每个国家和民族都有接受其他国家和民族不同文化的自由的权利与义务。应当反对利用经济上、政治上、军事上的优势和特权强制性地向其他国家和民族输出文化形态，不同国家和民族之间的文化交流应当建立在平等对话、自由表达的基础之上，在和平的前提条件下让世界各个国家和民族进行自我选择和自我发展。任何国家和民族的文化都应该有自己选择去适应环境的变化，去发展自己的文化，去顺应人类社会的进步发展的机会，而不应该是在外部的强权强制下被迫改变。

全球性问题需要全世界各个国家、各个民族紧密团结起来，相互合作解决。因此，未来人类社会的进步发展需要一种全球人类共享的具有普适性的全球性文化作为和平共处的基础，这是显而易见的。这种共同的国际性或者说世界性、全球性文化认同，需要综合全世界不同国家、不同民族之间不同的宗教、不同的信仰、不同的语言、不同的精神追求中的共同、共约、共通部分和元素，应当是世界上各个国家、各个民族都能接受的文化上的"最大公约数"。它需要在尊重世界上各个国家、各个民族不同的文化之间存在的文化差异性的前提下，找出其中的同一性或共同性部分。

例如，1993年在美国芝加哥举行的世界宗教议会大会通过并签署的《走向全球伦理宣言》指出："我们所说的全球伦理，并不是指一种全球的意识形态，也不是指超越一切观存宗教的一种单一的统一的宗教，更不是指用一种宗教来支配所有别的宗教。我们所说的全球伦理，指的是对一些有约束性的价值观、一些不可取消的标准和人格态度的一种基本共识。"按照德国神学家孔汉思的解释，这种"全球伦理"应当是"由所叙宗教所肯定的、得到信徒和非信徒支持的一种最低限度的共同的价值、标准和态度"。

在时任联合国秘书长德奎利亚尔的倡导下，联合国世界文化与发展委员会在1995年呼吁建立一种由共同的伦理价值和原则所组成的"全球伦理"；由世界上30个政府首脑组成的"互动委员会"在1996年呼吁制定一套"全球伦理标准"，以应对在21世纪人类所面临的全球性问题；联合国教科文组织在1997年启动了"普遍伦理"研究项目，并于同年分别在法国巴黎和意大利那不勒斯召开国际会议，共同探讨建立全球性普遍伦理理论与实践问题，尽管至今尚未达成一致意见和共识，但对全球性、世界性、国际性的共同文化问题进行了十分有意义的探索。

中华文化作为曾为世界文化发展作出重大贡献的重要文化资源之一得到高度肯定，孔汉思说："世界伦理项目的顺利推广能够给未来的全球和平提供希望，而中国的伟大人文传统的精髓——人道、互信、和谐，给世界伦理提供了强大的精神力量。"

中华优秀传统文化通过创造性转化和创新性发展，应当为当代全球性问题的有效解决和人类社会的文明发展作出更大的贡献。比如，中国古代的"天人合一"思想，虽然也有董仲舒之类的"人副天数"的比附之说，但从整体上看，中国传统文化强调人与自然和谐统一，是重视人的行为与自然相协调，追求道德理性和自然理性的一致，显示着中华先人对主客体之间、主观能动性与客观规律之间关系认识的思想智慧，对于正确处理自身与自然的关系具有重要启示作用，与西方文化关于人与自然关系的认识有着根本区别。

在进化论和"人类中心论"观念指导下，随着西方工业化、市场化的推进，特别是随着现代科学技术兴起，人类的生产能力获得空前提高，人类控制自然、征服自然、改造自然的手段越来越多样，人类逐渐取得了对大自然的"主导"地位，自然成为人为操纵和改造的对象和被利用的工具。技术主义的盛行使原本受控于人的技术变成了目的本身，而人作为目的反而成为技术的手段，这种生存方式越来越背离自然，也越来越背离人性，科学技术对大自然的干涉导致了全球性生态环境问题的普遍出现，显示着非人性或人性被异化的一面。

中国传统文化关于"天人合一"的思想认识，有助于人类处理自身与自然的关系。人本来是属于自然的一部分，人不能违背自然发展规律而生存，不能超越自然承受能力去开发自然、掠夺自然、破坏自然，只能在顺应自然的前提下利用自然，与自然和谐共生。"天人合一"的思想认识，对于解决当今世界由于技术化、工业化、市场化和无限制地开发自然、征服自然、掠夺自然和破坏自然所带来的生态失衡等严重后果，具有重要启迪意义。

再如中国传统文化中的"贵和尚中"的人文精神，对于解决世界争端、处理复杂关系也具有重要促进作用。贵和谐，持中道，是中国传统文化的基本精神之一，中华民族之所以具有博大的开阔胸怀，能以海纳百川的气度吸纳外来文化，"贵和尚中"的人文精神是重要原因之一。西方文化尊重个性发展，看重个体差异和区别，人与人之间的关系容易走向对抗、冲突和斗争，竞争无处不在。孔子讲"礼之用，和为贵"，"君子和而不同"，这个"和"并非是不要差异性，而是在保持多样性的前提下，各个事物协调相处，求同存异。这种主张无疑有利于不同思想、不同派别、不同民族之间的相互联系，和而不同，多样统一，兼容并包。

"贵和"与"持中"紧密联系，"喜怒哀乐未发谓之中，发而皆中节谓之和。中也者，天下之大本也；和也者，天下之达道也。致中和，天地位焉，万物育焉"（《中庸》）。所谓"中"，就是指要保持事物合适的度，即不偏不倚，而不能"过犹不及"，即不能过度，也不能不及。"中"也是一种对待事物的态度，既不狂也不狷。保持"中道"是达到和谐的根本途径。

"贵和持中"思想作为中华文明的精髓之一，虽然因应用不当有随波逐流、不敢斗争的方面，但它的积极作用和影响还是主流。它使中国人向往和谐、珍惜和平、不走极端，这对实现社会稳定、处理国与国之间的关系，以及不同国家和不同民族之间的文化交流交锋交融，无疑有着积极的指导价值。

在中华文化中儒释道三教合一,儒法结合、儒道互补、儒佛相融、佛道相通,对外来宗教也极为包容,显现了中华文化"有容乃大"的宏大气魄。"太和"是中国传统文化追求的一种最高境界,是一种所谓的终极的、至高无上的和谐境界。"万物并育而不相害,道并行而不悖"(《中庸》),万物各顺其自然发育成长,事物各得其所而不相互妨碍,不仅道出了事物发展和谐共生状态,也道出了不同国家、不同民族之间文化和谐共生的美好理想。

习近平说:"中华文明是在同其他文明不断交流互鉴中形成的开放体系。从历史上的佛教东传、'伊儒会通',到近代以来的'西学东渐'、新文化运动、马克思主义和社会主义思想传入中国,再到改革开放以来全方位对外开放,中华文明始终在兼收并蓄中历久弥新。亲仁善邻、协和万邦是中华文明一贯的处世之道,惠民利民、安民富民是中华文明鲜明的价值导向,革故鼎新、与时俱进是中华文明永恒的精神气质,道法自然、天人合一是中华文明内在的生存理念。"①

从人类未来的文化发展趋势看,中华优秀传统文化应该也能够作出更大贡献。"自古以来,中华文明在继承创新中不断发展,在应时处变中不断升华……中国的造纸术、火药、印刷术、指南针、天文历法、哲学思想、民本理念等在世界上影响深远,有力推动了人类文明发展进程。"②传承弘扬中华优秀传统文化就是要按照新时代新要求推动其创造性转化和创新性发展,激活其生命活力,"把跨越时空、超越国度、富有永恒魅力、具有当代价值的文化精神弘扬起来,让收藏在博物馆里的文物、陈列在广阔大地上的遗产、书写在古籍里的文字都活起来,让中华文明同世界各国

---

① 习近平:《深化文明交流互鉴 共建亚洲命运共同体——在亚洲文明对话大会开幕式上的主旨演讲》(2019年5月15日),《人民日报》2019年5月16日。
② 习近平:《深化文明交流互鉴 共建亚洲命运共同体——在亚洲文明对话大会开幕式上的主旨演讲》(2019年5月15日),《人民日报》2019年5月16日。

人民创造的丰富多彩的文明一道,为人类提供正确的精神指引和强大的精神动力"[①]。

三 中华优秀传统文化与中华民族精神

"人"是"文化塑造"的核心,中国传统文化在对"人"的认识和塑造上有独特之处。例如,儒家思想是我国传统文化的主流,它创造了我国传统社会中一种伦理型的价值体系和理想人格,提出了"圣人""贤人""仁人""志士""君子"等理想人格的多种说法,其中最典型、影响最深远的是"君子人格",以老子、庄子为代表的道家学说提出了以"真人"为标准的理想人格,以韩非子为代表的法家学说提出了以"能法之士"为标准的理想人格,以墨子为代表的墨家学说则提出了以"强者"为标准的理想人格,甚至还有以陶渊明为代表提出了"玄学"理想人格等。一个民族和国家的文化所要塑造的"理想人格",表现在思想层面就是人所追求的超越性精神价值即"大道",体现于个体成员身上则表现为民族和国家的集体人格,也就是民族性格和国家精神。

(一)民族精神是民族文化的精华

一个民族和国家的文化的最终作用及其成果,是对民族共同体成员和国民集体人格的塑造,即鲁迅所说的"国民性",引导人们树立牢固的民族共同体意识和国家共同体意识,培育具有本民族特色的哲学思想、人文精神、道德规范,形成具有本土特色的历史观、民族观、国家观、文化观和人生观。民族精神是一个民族在长期的历史发展进程中体现出来的富有生命力的哲学思想、理想信念、人文精神、道德品质和坚定志向,是一个民族在长期的历史活动中积淀下来的最深层的民族心理和民族性格,是民

[①] 习近平:《在联合国教科文组织总部的演讲》(2014年3月27日),《人民日报》2014年3月28日。

族文化的精华。在漫长的繁衍生息过程中，一个民族逐渐形成的渗透在其哲学思想、理想信念、人文精神、思维模式、伦理道德、风俗习惯、心理素质、语言文字中的共同价值理念和价值追求，是民族精神的核心和灵魂。

民族精神反映了一个民族的精神文明成果，是一个民族赖以生存和发展的精神动力和精神支撑，是民族文化最集中、最本质、最深刻的体现。民族精神是民族文化中固有的并延绵不断的一种历史传统和文化传统，是促使一个民族繁衍生息、不断前进的精神力量，是集中体现一个民族的共同体意识和"精神家园"。

中华民族的民族精神，是以汉民族为主体，由几千年来最终形成的56个民族共同组成的中华民族世代相传，贯穿于悠久历史、熔铸于灿烂的中华文明，渗透于精神血脉之中的思想观念、人文精神、道德规范和性格特征，以及所蕴涵的生命力、凝聚力、开拓力与创造力，是中华民族共同信念理念和共同价值追求。

在五千多年的历史长河中，中华民族大家庭的成员在改造客观世界的实践活动中，特别是近现代在反对外来侵略、争取民族独立和人民解放的斗争中，形成了中华民族广泛认同的人文精神、共同价值取向、道德规范，形成了以爱国主义为核心的团结统一、爱好和平、勤劳勇敢、自强不息的民族性格和精神特质。

（二）爱国主义是中华民族精神的核心

在中华民族绵延发展几千年的历史长河中，爱国主义始终是激励中华民族自强不息的强大力量，始终是中华民族精神激昂的主旋律。维护民族独立和领土完整，关心社稷民生，各民族团结统一，为报效国家而英勇奋斗的精神品格，始终是中华民族的文化传统。

中华民族的爱国主义，植根于祖国大好河山和光辉历史，虽然随着时代变迁而有不同内容与形式，但深切热爱祖国的民族心、民族魂始终未曾改变过，热爱、忠诚、报效国家几千年来一直是中华民族深厚的思想感情和历久弥坚的精神支柱,成为中华民族精神的主旨、核心和灵魂。《礼记》曰"天下为公",大同社会的美好理想激励着无数志士仁人为之奋斗、拼搏乃至献身,屈原的《离骚》深含眷恋故土、忧国忧民、报国无门的爱国悲情,贾谊的《治安策》主张"国耳忘家,公耳忘私",无不彰显中华儿女把祖国利益、民族利益、社会利益放于首位,心怀天下百姓,把个人命运融入民族和国家命运的强烈信念理念和浓重情感。杜甫的"安得广厦千万间,大庇天下寒士尽欢颜",陆游的"位卑未敢忘忧国",范仲淹的"先天下之忧而忧,后天下之乐而乐",文天祥的"留取丹心照汗青",林则徐的"苟利国家生死以,岂因福祸避趋之",徐锡麟的"只解沙场为国死,何须马革裹尸还"等,无不显示着为国家、为民族奉献的凛然正气、真挚情怀和献身精神,反映着中国人民强烈深厚、无私崇高的爱国情感和实际行动。

爱国主义始终是中华民族维系祖国统一、凝聚民族团结的民族心、民族魂。习近平说:"爱国主义始终是把中华民族坚强团结在一起的精神力量","这种精神是凝心聚力的兴国之魂、强国之魂"[①]。爱国主义是中华民族的精神基因,深深植根于中华儿女心中,维系着华夏大地各个民族的团结统一,激励中华儿女为祖国发展繁荣而不懈奋斗。

(三)团结统一是中华民族的立身之本

中华民族自古以来就是一个多民族不断融合、团结统一的国家,从遥远的古代起各民族之间就建立起了经济、政治、文化的紧密联系,共同开发华夏大地,形成了幅员广阔的统一国家,悠久的中华文化成为维系国家统一、民族团结的牢固精神纽带和文化心理基础。"团结统一"深深烙印在中华民族的共同体意识之中,各民族之间一直存在着强烈的民族认同感、民族归属感和民族自豪感,都以自己是"龙的传人""华夏儿女"而自豪,有着一种捍卫国家统一、维护民族团结、反对民族分裂的整体感、

[①] 《十八大以来重要文献选编》(上),中央文献出版社,2014,第235页。

责任感和使命感，成为中华民族光荣的文化传统和共同的民族心理，成为56个民族像石榴籽一样维系中华民族这个大家庭的精神纽带和文化基因。

习近平说："在几千年历史长河中，中国人民始终团结一心、同舟共济，建立了统一的多民族国家，发展了56个民族多元一体、交织交融的融洽民族关系，形成了守望相助的中华民族大家庭。"[1]在长期的历史发展中，中华民族这个"大家庭"用实际行动谱写了一曲又一曲捍卫国家统一、维护民族团结、反对国家分裂的颂歌。从秦朝建立统一的中央集权国家以来，中华民族虽然有着分合离聚的历史轮回，但总体上一直是一个统一的多民族国家。

历史告诉我们，国家统一、民族团结则政通人和、百业兴旺、社会稳定，国家分裂、民族纷争则丧权辱国、人民遭殃。团结统一的民族精神使中华民族具有很强的民族认同感、凝聚力和向心力，在维护国家领土完整、民族团结统一和捍卫国家主权、民族尊严、反对分裂方面发挥重要作用，既是中华民族虽然饱经沧桑仍保持旺盛生命活力的重要精神支柱，又是新时代中华民族成就民族复兴千秋伟业的精神力量。

（四）爱好和平是中华民族的天生禀赋

中国自身地域辽阔，民族大家庭中由56个民族组成，而且疆域边界线漫长，与很多邻邦相连。中华民族历来与邻为善、和睦相处，以爱好和平著称于世，被誉为"礼仪之邦"。中国传统文化"以和为贵""和而不同"的文化精神，与人为善、"己所不欲，勿施于人"的价值理念使和睦相处、和衷共济、睦邻友好、协和万邦的心理行为深深植根于中华民族的历史发展之中，爱好和平是中华民族的固有天性。

在中华民族的发展进程中，爱好和平不仅成为各民族、各民族成员之间互帮互助、团结统一、携手共进的内聚力和向心力，而且成为与世界上其他民族、国家友好交往、休戚与共的心理基础和行为方式。中国古代社

---

[1] 习近平：《在第十三届全国人民代表大会第一次会议上的讲话》（2018年3月20日），《人民日报》2019年3月21日。

会尽管战乱频仍，但大趋势是归于和合统一。

中华民族爱好和平的天生禀赋是与崇尚"以和为贵""天下为公、天下大同"的价值理念紧密相连的。先秦时期我国就提出了"亲仁善邻，国之宝也"的思想，反映了中华民族自古以来就希望世界大同、天下太平、同各国人民友好相处的思想观念和行为准则。孔子曰："有朋自远方来，不亦乐乎！"（《论语·学而》）"君子和而不同""协和万邦""亲仁善邻""讲信修睦""四海之内皆兄弟""天时不如地利，地利不如人和""海内存知己，天涯若比邻"等哲学思想和人文精神，表达了中华民族在处理民族和国与国关系问题上的海纳百川的宽宏胸怀，深深地扎根于中华民族的传统文化之中。

在中国历史上，中华民族与世界上其他民族相互学习，友好往来，共同推动着人类文明的进步和发展。玄奘印度取经、鉴真东渡扶桑、郑和七下西洋……这些典型事例鲜活反映了中华民族善于和勇于与毗邻异域的民族、国家进行文化交流、开展对外贸易、进行国际合作的历史事实，充分体现了中华民族爱好和平的天性。

中华民族历来具有主持正义、反对侵略的光荣传统，也是爱好和平的生动体现。中国传统文化崇尚德化，"和"与"中"是中国传统文化精神的两个重要范畴，"以和为贵"，以和为美，反对暴力和战争，视"不战而屈人之兵"为"上上策"，倡导"兼爱""非攻"，主张道法自然，热爱和平。中华民族对待其他民族从不采取敌视态度，更不主张刀兵相见，而是强调以仁政"陶冶万物，化正天下"，对外友好，以诚相待，注重执两用中、执中致和，在民族交往中增强文化共识，促进民族融合与合作。

（五）勤劳勇敢是中华民族的传统美德

在长期改造自然、改造社会的历史实践中，中华民族历来以勤劳勇敢闻名于世。艰苦的自然条件和严酷的社会斗争使中华民族锻炼和培育出了一种勤劳勇敢、不屈不挠的奋斗精神和创新精神，中华民族不仅用勤劳的双手创造了绵延五千年而不衰的古老中华文明，也铸就了中华民族不畏艰险、艰苦奋斗、百折不挠、踔厉奋发的优秀品质。在中华民族的道德规范体系中，勤劳勇敢是中华民族最早形成的道德品质、伦理精神、行为特点和民族性格，贯穿于中华民族几千年来生产斗争和社会生活的各个领域。在中华民族的集体道德意识、道德情感和道德意志中。

勤劳是一切事业成功的保证，是兴家、兴业、兴国的立世之本，是众德之首、万善之源。如"艰难困苦，玉汝于成"，"一粥一饭当思来处不易，半丝半缕恒念物力维艰"，"业精于勤，荒于嬉"，"勤则难朽，逸则易"，"民生在勤，勤则不匮"，"克勤为邦，业广唯勤"，"历览前贤国与家，成由勤俭败由奢"等，这些立身立业立国古训，至今仍是我们这个民族的重要准绳。

勇敢一直是中国传统文化崇尚的美德，强调"智仁勇"三达德，"不畏强御""勇者无惧"，强调"勇于义而果于德，不以贫富、贵贱、死生动其心"，认为"有义之谓勇敢，故所贵于勇敢者，贵其能以立义也"，要求人们面对强权暴力要有无所畏惧的精神，要有为追求真理、坚持正义而置个人荣辱、贫富、生死于度外，赴汤蹈火、在所不辞的大无畏精神，突出地体现在贯穿中华民族古今的蓬勃朝气、昂扬锐气和浩然正气。有勇气才能敢于斗争，只有勇敢才能排除万难，克敌制胜。毛泽东同志说："独有英雄驱虎豹，更无豪杰怕熊罴。"

勤劳和勇敢是紧密相联的。在改造自然的生产斗争和改造社会的阶级斗争中，要想如愿以偿、达到理想的彼岸，既要有勤奋耕耘、艰苦奋斗的品格，又要有勇敢拼搏、排除万难去争取胜利的精神和勇气。

一代又一代中华儿女勤勤恳恳，勇于拼搏，艰苦奋斗、不屈不挠，成为中华民族战胜艰难险阻、披荆斩棘、一往无前的精神脊梁。习近平说："在几千年历史长河中，中国人民始终心怀梦想、不懈追求，我们不仅形成了小康生活的理念，而且秉持天下为公的情怀，盘古开天、女娲补天、伏羲画卦、神农尝草、夸父追日、精卫填海、愚公移山等我国古代神话深刻反映了中国人民勇于追求和实现梦想的执着精神。中国人民相信，山再高，往上攀，总能登顶；路再长，走下去，定能到达。"[1]

（六）自强不息是中华民族的精神血脉

自强不息是中国传统文化的精华，也是中华民族精神的精髓，深深地熔铸在中华民族的精神血脉和文化基因之中，几乎成为中华民族精神的永恒性烙印。

翻开中华文化的神话小说和历史典籍，可以看到自强不息的中华民族精神不仅浸染在大量传说、神话、文学作品和史料记载之中，而且为历代文化所承传绵延，为中华民族广泛认同并发扬光大。"天行健，君子以自强不息。"君子法上天刚健、运转不息之象，而自强不息，进德修业，永不停止。可以说，哪里有中华文化，哪里就涌动着自强不息的精神品格。因此，自强不息、与时俱进自古就是中华民族的鲜明行为特质，受到无数有识之士、仁人志士的重视和倡导。"孔颜乐处"，孟子"富贵不能淫，贫贱不能移，威武不能屈"，司马迁"究天人之际，通古今之变，成一家之言"，范仲淹"先天下之忧而忧，后天下之乐而乐"，张载"为天地立心，为先民立命，为往圣继绝学，为万世开太平"等，集中反映了中华民族自强不息、积极进取的顽强生命力，坚忍不拔、百折不挠的开拓精神。

自强不息的奋斗精神和行为品质，是激励中华民族勇往直前、奋发图强、勇于战胜各种困难而去争取胜利的强大精神支柱，孕育了中华民族伟大的创造精神，在几千年的历史上不仅没有在历史的惊涛骇浪中沉没，而且成为屹立在世界东方的伟大民族。这种自强不息的奋斗精神和行为品质体现为建设辽阔秀丽的大好河山，体现为开垦物产丰富的广袤良田，体现为群星闪耀的诸子百家，体现为风雅颂、诗词曲，体现为影响世界的四大发明，体现为各种有形无形的文化遗存，体现为中华民族的生产生活方式、风俗习惯等。

习近平说："在几千年历史长河中，中国人民始终革故鼎新、自强不

---

[1] 习近平：《在第十三届全国人民代表大会第一次会议上的讲话》（2018年3月20日），《人民日报》2019年3月21日。

息，开发和建设了祖国辽阔秀丽的大好河山，开拓了波涛万顷的辽阔海疆，开垦了物产丰富的广袤粮田，治理了桀骜不驯的千百条大江大河，战胜了数不清的自然灾害，建设了星罗棋布的城镇乡村，发展了门类齐全的产业，形成了多姿多彩的生活。中国人民自古就明白，世界上没有坐享其成的好事，要幸福就要奋斗。"①

四　中国传统文化在近代为什么遭遇挑战？

在人类历史发展进程中，中国传统文化是世界上第一代原生文化中唯一流传至今且未曾中断的文化，今天依然充满活力，方兴未艾。但自19世纪中叶以降，相对于西方一些资本主义国家相继完成工业革命，兴起现代化的工业文明，源于农耕文明的中国传统文化显得落伍了，受到西方现代工业文明的强烈冲击。

15世纪以来，通过文艺复兴运动和启蒙运动，西方资本主义萌芽破土而出，18世纪英国率先开始工业革命，昭示着世界进入现代工业文明的新时代。虽然明、清王朝在公元1500—1800年间仍然保持着经济总量世界第一的"天朝"气派，但相对于资本主义工业文明发展快车展现的勃勃生机，自外于世界近代化进程的中国实际上渐渐被甩在后边。清王朝自视为"天朝上国"，闭关锁国，对世界发展形势、对自身发展面临的危机知之甚少，仍沉浸在"天朝物产丰盈，无所不有"的"天朝上国"美梦之中，自认中国乃天下唯一"礼仪之邦"，华夏之外即为"夷狄"，"荒服之外，无非藩属，悉我从仆"。这种故步自封的夜郎自大，随着鸦片战争英国的坚船利炮的入侵而宣告美梦破灭。自此，中西文化直接全面接触碰撞交锋，中国传统文化几乎全面遭遇西方现代工业文明的挑战，中国的先进知识分

---

① 习近平：《在第十三届全国人民代表大会第一次会议上的讲话》（2018年3月20日），《人民日报》2019年3月21日。

子和志士仁人开始睁眼看世界，在"千年未有之大变局"中开始了对中国传统文化的深刻反思。

（一）生产力和科学技术落后是根本原因

中国传统文化源远流长、博大精深、自成体系，在近代却遭遇到了西方文化的强力挑战。这一重大挑战，是伴随着近代资本主义的直接侵略而来的。毛泽东说："直到十九世纪的中叶，由于外国资本主义的侵入，这个社会的内部才发生了重大的变化。"[1]近代中国传统文化所遭受的这种重大冲击，原因是多方面的，但生产力和科学技术落后无疑是其中的根本原因。

唯物史观认为，社会存在决定社会意识，经济基础决定上层建筑，生产力决定生产关系，生产关系关系决定思想关系。在分析人类社会的发展规律时，唯物史观认为："是从社会生活的各种领域中划分出经济领域，从一切社会关系中划分出生产关系，即决定其余一切关系的基本的原始的关系。"[2]物质生产决定、制约着整个社会生活的一般过程，是全部社会生活的基础，是理解全部社会历史的钥匙。"物质生活的生产方式制约着整个社会生活、政治生活和精神生活的过程。不是人们的意识决定人们的存在，相反，是人们的社会存在决定人们的意识。"[3]社会的发展受多种因素影响，但最根本的决定力量是社会的物质生产方式。

在追问社会发展的根源和决定性力量时，马克思主义唯物史观又进一步把物质关系（生产关系）归结为物质生产力，认为物质生产力是历史发展的最终决定力量。

生产力系统包括劳动者、生产资料和生产对象，其中劳动者（人）无疑是最核心、最重要的因素，马克思把它称为"最强大的一种生产力"，

---

[1] 《毛泽东选集》第二卷，人民出版社，1995，第626页。
[2] 《列宁专题文集——论辩证唯物主义和历史唯物主义》，人民出版社，2009，第158—159页。
[3] 《马克思恩格斯文集》第二卷，人民出版社，2009，第591页。

列宁则把它称为"全人类的首要的生产力"。但是，人的生产能力最直接、最显著的外在标识是生产工具，如人类的各种发明创造和科学技术，"它们是人类的手创造出来的人类头脑的器官；是物化的知识力量"[①]。生产工具是社会生产力发展水平的客观标志，显示着人类征服自然、改造自然的能力及其水平。生产工具尤其是科学技术的每一次大跃进大进步，都标志着人类的生产能力发展到了一个新高度新阶段。生产工具是人制造出来的，展现的是其背后人的创新创造能力和科学技术水平达到的高度，科学技术渗透于生产力系统的各个要素之中，无论是生产工具的改进和创新、新工艺的设计和提高，还是劳动者的劳动技能、科学素质的提高，亦或新劳动对象的开发和利用，均依赖科学技术的创新发展进步。

正是因为科学技术在生产力系统中占有特别重要的地位，马克思经典作家往往以"科学技术"为生产力的典型代表来谈生产力问题，邓小平则直接指出"科学技术是第一生产力"。因此，从这个意义上讲，近代中国之所以落后挨打，中国传统文化之所以遭遇巨大挑战，最直接的原因就是科学技术的落后，而最根本的原因则源于生产力的落后。

中国传统社会虽然有着很多重要的科技发明，并长期处于世界的领先地位，但是并未发展出现代科学体系。最典型的例子就是中国古代的"四大发明"。造纸术、指南针、火药和印刷术这四种发明虽然也对中国古代的经济、政治、文化的发展产生了巨大推动作用，但是，"四大发明"经由各种途径传至西方后产生各种广泛、深刻的应用，才对世界文明的发展史产生了史无前例的巨大推动力和深远影响。马克思说："火药、指南针、印刷术——这是预告资产阶级社会到来的三大发明。火药把骑士阶层炸得粉碎，指南针打开了世界市场并建立了殖民地，而印刷术则变成新教的工具，总的来说变成科学复兴的手段，变成对精神发展创造必要前提的最强大的杠杆。"[②]

[①]《马克思恩格斯全集》第四十六卷（下），人民出版社，1980，第219页。
[②]《马克思恩格斯全集》第四十七卷，人民出版社，1979，第427页。

李约瑟编著的15卷本的《中国科学技术史》，第一次比较全面地反映了中国古代在天文、历法、数学、农学、医学、地理学等众多科技领域取得的举世瞩目的成就，但同时也发出了"李约瑟之问"或"李约瑟难题"——在公元前一世纪到公元十六世纪之间，古代中国人在科学和技术方面的发达程度远远超过同时期的欧洲，但为何近代科学没有产生在中国，而是在十七世纪的西方，特别是文艺复兴之后的欧洲？

"李约瑟难题"至今都是学术界不断提及和讨论的话题。有学者指出，近代科学技术之所以产生于西方文化，原因在于西方特有的环境和文化传统，它有两种基因和土壤作为先决条件[①]。这两种基因，主要是指希腊的理性科学基因和基督教文化基因。理性科学基因为决定近代科学技术出现的根本基因，希腊科学有其特定的内容和致思方式，其典型代表是演绎数学、形式逻辑和体系哲学，数理科学是希腊人的独特创造，而非古代其他文明所具有；而希腊科学最终在西方于近代转化为近代科学，则与基督教的洗礼以及中世纪后期复杂的思想革命密切相关，甚至可以说，没有基督教就没有近代科学，即基督教文化基因。"两种土壤"是指技术革命的土壤和社会革命即资本主义革命的土壤。简而言之，西方近代科学之所以产生于西方，与其特有的社会历史发展的环境和独特的文化传统直接相关。

对于中国为何没有最终在近代自发地产生近代科学，可列举的理由很多，几乎可以把中西的任何重要的不同都可以看作是制约中国近代科学发展的因素。如果站在文化的视角，大而化之地列举最终决定性的原因，应该说是中国传统文化内核的根本价值取向和追求旨趣与西方文化有着根本有别。正如冯友兰所言：中国没有科学，是因为按照她自己的价值标准，她毫不需要。什么是人？什么是理想的人？如何达成这样的理想人性和理想人格（人生的价值和意义）？这是任何一种文化的核心问题，尤其是中国传统文化的核心问题。

---

① 吴国盛：《什么是科学》，广东人民出版社，2016，第278页。

罗素也曾提到，西方文化长于科学方法，中国文化则长于健全的人生观。他认为，中国传统文化的旨趣根本不在科学、民主等这些东西，而在于追求怎么做人、怎么成人、怎么成为圣贤，西方的理性知识传统与中国古代的宗法伦理传统是完全不同的两种传统。中国传统文化视伦理道德为文化的内核和生命，具有明显的线性传承发展特点，有着强烈的伦理观念、道德意识和道德规范，把伦理道德视为安身立命之本、文化生命之源，而西方文化的理性科学的认知方式，可以把一切事物都作为分析的对象而去解释、反思、重构、批判、变革，西方文化也呈现一种断层性特征，表现为后者不断对前者的"否定"和"发展"的超越取向。

中华文明源于农耕文明，她的文化基因是血缘宗法关系。传统农耕社会很自然地建立了以血缘关系为主要依据的伦理秩序、文化秩序和社会秩序，即血缘宗法秩序，血缘宗法秩序成为其他一切社会秩序的基础和范本。血缘宗法文化的核心是亲情。所谓"情"，主要是指一种以血缘关系为基础决定的亲疏远近的关系，最亲近的是直系亲属，首推亲子之情，一切亲情都是亲子之情的扩展和外推。在亲情文化中，"情"最重要，"理"次之，"法"再次之。儒家思想之所以在中国传统社会发展的几千年中最终取得在中华文化中的主体地位，在于它把"情"看作人性的根本，以"仁"概而言之，正如孟子所言："仁也者，人也。合而言之，道也。"（《孟子·尽心下》）何为"仁"？简言之，就是"爱"，"仁者爱人"（《孟子·离娄下》）。这种"爱"，究其实质，无非是按照血缘宗法关系确定的亲疏有别的等级秩序。

中国传统文化中的伦理道德规范，基本上是按照血缘宗法原则对一切非血缘的社会关系进行血缘化处理而得出的结论。但如何确立这样一套"亲亲、疏疏"的差序关系及其格局毕竟是一个难题，因此就要教化，教育人如何"做人"，这就是"人"之"文"，所以就要学"礼"。孔子曰："克己复礼为仁。一日克己复礼，天下归仁焉。"（《论语·颜渊》）所谓"礼"，就是指各种典章制度和伦理观念、道德规范体系，究其实质就是要求人们在学习各种礼节、礼仪、典礼中，认识到自己在血缘宗法等级社会生活中的地位和角色，知道谁亲谁疏，恰当处理各种关系，不越礼，不逾矩，既不能过分，又不能不及。

因此，中国传统文化的内核实质上是一套"仁—礼"之学，是一种礼学、伦理学，而非理性认知科学，追求纯粹的"理性之思"不是中国传统文化的旨趣所在。所以，没有这种理性科学的思维基因，在中国传统社会中产生不了近代科学也就是很自然的事情了，这也是造成中国在近代科学技术上的不发达，成为近代中国落后的根本原因。

（二）政治制度滞后是重要原因

毛泽东曾运用唯物辩证法和唯物史观来分析经济、政治、文化三者之间的内在联系。他说："一定的文化（当作观念形态的文化）是一定社会的政治和经济的反映，又给予伟大影响和作用于一定社会的政治和经济；而经济是基础，政治则是经济的集中的表现。这是我们对于文化和政治、经济的关系及政治和经济的关系的基本观点。"[①]马克思主义唯物史观关于经济、政治、文化之间内在关系的认识，也是我们认清近代以来中国传统文化面临西方文化挑战问题的科学基础。

一个国家和民族的文化发展状况，是受其经济基础决定的和受其政治上层建筑制约的，生产方式和经济发展水平以一种更为根本、更为基础的方式或直接或间接地影响和制约着政治和文化的发展，有如地理风貌、生态气候对动植物的影响。当然，这种影响也是相互的、双向的，政治和文化又都是相对独立的发展系统，政治也会影响经济、文化的发展，文化也会影响经济、政治的发展，就如同某一物种繁衍过度或濒临灭绝而造成当地环境改变、生态失衡一样。毛泽东曾直言："中国历代的农民，就在这种封建的经济剥削和封建的政治压迫之下，过着贫穷困苦的奴隶式的生活。农民被束缚于封建制度之下，没有人身的自由。地主对农民有随意打

---

① 《毛泽东选集》第二卷，人民出版社，1995，第663—664页。

骂甚至处死之权,农民是没有任何政治权利的。地主阶级这样残酷的剥削和压迫所造成的农民的极端的穷苦和落后,就是中国社会几千年在经济上和社会生活上停滞不前的基本原因。"[1]

相对政治对经济的影响而言,政治对文化的影响更直接更显著。邓小平基于对"文化大革命"的深刻反思,曾对制度建设的重要性有过非常深刻的阐述。他指出,我们党之所以产生各种错误,其原因是多方面的、复杂的,但领导制度、组织制度问题更带有根本性、全局性、稳定性和长期性[2],制度因素更重要。中国封建社会几千年的历史发展,高度中央集权的君主专制制度越来越缺乏张力和弹性,自我封闭,致使统治者保守固执、夜郎自大,统治也愈加残酷、严苛,造成整个社会越来越缺乏活力,犹如一潭死水,至晚清时期形成"万马齐喑究可哀"的局面。

中国传统社会的政治制度史大体可分为两段。从西周到春秋这个时期,是以血缘宗法制为基本原则的政治结构,战国时期礼崩乐坏,以宗法制为基础的分封制遭到破坏;自秦汉以后至清朝灭亡这个时期,演变为以宗法制为社会基础的"君权至上"的官僚制政治结构。所谓"宗法",是指调整家族关系的一种制度形式,中国传统社会以家庭、家族为中心,按血统、嫡庶来组织、统治社会。它源于氏族社会末期的家长制,国家的产生、君主制的形成,都依据血缘关系分为大宗和小宗。君主是最高统治者,被称为大宗,其职权地位由嫡长子继承。嫡长子的弟弟们则被封为诸侯,被视为小宗。诸侯、卿大夫、士等层级的权力和地位的分配,亦是按照嫡长子继承制,诸侯相对于"君主"是小宗,但相对于卿大夫又是大宗,大宗与小宗之间有着君臣(上下)的隶属关系,其强调的是前者对后者的支配以及后者对前者的服从关系。

秦王嬴政统一六国后,创立皇帝制度,皇权至高无上,天下事无论大小皆取决于上,权力集中在皇帝手中,大权独揽,通过"三公九卿"统治

---

[1] 《毛泽东选集》第二卷,人民出版社,1995,第624页。
[2] 《邓小平年谱(1975—1997)》(上),中央文献出版社,2004,第663页。

全国，建立起君主专制中央集权制度。以"三公九卿"为主的中央政府各级官员，各自负责相应事务，既互相配合又互相制约，由皇帝任免，对皇帝负责。在地方上，秦统一六国后，在全国推行郡县制，分封制彻底瓦解，郡县等地方长官由皇帝直接任免，负责征发兵役，征收赋税，管理徭役，管理人民等。这套以君主为首的官僚制度，虽然后来的各朝各代都有所变化，但基本结构大体未变。

中国传统社会的这种政治结构，是一种以宗法制为基础，以宗族伦理为本位，以官僚制为骨架，以君权至上为核心的封建专制主义结构[1]。王亚南先生概括了中国传统社会政治制度的三个特征（"性格"）：一是延续性，与中国传统社会经济、文化相得益彰；二是包容性，即所包含范围甚广，不独是政治领域，而是涵盖伦理、宗教、法律等方面；三是贯彻性，即其影响广泛深远，如"官本位"思想深入骨髓[2]。的确，中国传统社会的这种政治制度是与中国传统社会的经济结构相统一、相适合的，其一经形成就会以一种客观的存在反作用于中国传统社会，影响深远。

在历史上，这种政治结构也起过积极作用，有利于中国"大一统"的专制政治统治，但步入近代以后，相对于新兴的西方政治制度来讲，其弊端也是非常突出的。概括而言，主要体现在：

一是君权至上，民生凋敝。这种政治制度的突出特征是皇帝大权独揽，皇帝是最高统治者，皇帝的意志就是最高的法律和最终的决定权。为了治理国家，虽然皇帝及其为其服务的中央官僚机构会颁布很多法律条文，但这种统治本质上是一种"人治"。在这种政治体制下，皇权独大，社会力量必然不兴，其他势力很难对皇权形成有效的权力制约。正如英国阿克顿勋爵所言，"权力导致腐败，绝对的权力导致绝对腐败"，不受监督和制约的权力其行使必然带有个人意志的随意性、扩大化，社会团体和人民群众就成为各级权力任意宰割的无奈羔羊，导致民生凋敝。"朱门

---

[1] 李宗桂：《中国文化导论》，广东人民出版社，2002，第73页。
[2] 王亚南：《中国官僚政治研究》，中国社会科学出版社，1981，第38—39页。

酒肉臭，路有冻死骨"是这种政治制度下的必然结果，中国历史成为权势者争斗的舞台，百姓无可奈何，可谓"兴，百姓苦；亡，百姓苦"。

二是破坏规则，表里不一。在皇权政治制度下，权力被统治阶层所"独占"，法律成为统治者实现君主意志的"私用工具"，权力运行表现出随意性、无程序性、无规范性的特点。这种"人治"除了造成民生积贫积弱，还造成对各种制度规范的严重破坏，使得已有制度如同虚设，即可能因为得到权力而"一人得道，鸡犬升天"，也可能"犯上"惹怒龙颜，而"一人事犯，诛灭九族"。虽然中国古代为防范官吏违法失职，曾制定大量有益的法律法规，但这些法律法规在"皇权至上"面前不堪一击，可以被随意破坏，个人权益毫无保障，人人自危。官场、社会上"潜规则"盛行，人的行为严重名实不符、表里不一，"知"与"行"不统一，也难于统一。

三是正义不彰，弊端丛生。正如邓小平所言："制度好可以使坏人无法任意横行，制度不好可以使好人无法充分做好事，甚至会走向反面。"[1]他还说："制度问题不解决，思想作风问题也解决不了。"[2]在封建皇权专制政治制度之下，为了生存，为了升迁，人人唯上是从，"寒素清白浊如泥，高第良将怯如鸡"，正义、公平不能伸张，大多数人明哲保身、唯利是图，黑白颠倒、是非不分，使得原本很多出发点很好的制度设计在实践中"变形""走样"，失去原有功能。

例如，科举制度的发明有着很多优点，被西方学者誉为中国的"第五大发明"，这种制度对优秀人才的选拔、下层向上层的流动，对官僚体系保持一定的活力有着非常重要的推动作用。但"覆巢之下，焉有完卵"，这种看似很公平的人才选拔制度，在中国传统社会的政治结构之下，在实际运行中并不能充分发挥它的优势，最终成为维护专制王权的工具，卖官鬻爵、营私舞弊猖獗。八股取士，使读书人耗费一生精力于四书五经中，

---

[1] 《邓小平文选》第二卷，人民出版社，1994，第333页。
[2] 《邓小平文选》第二卷，人民出版社，1994，第328页。

将读书视为当官发财的唯一途径，不仅造成人才的巨大浪费，而且束缚摧残了人们的思想，只有极少数人投身于科学技术，从而使中国科学技术落后，这是重要原因之一。

总之，为着政治统治的巩固、为了皇权政权的把持，中国古代统治阶级会通过制度设计保证其利益的最大化和统治的稳固，也因此着力把控和操持思想文化和意识形态，限制打击一切被认为不利于皇权的思想和认识，这必然会禁锢人们的思想，束缚学者的思想创新、理论创造，抑制人的生命活力。社会缺乏进步的生机活力，中国封建皇权政治犹如一艘伤痕累累、摇摇欲坠的旧船，数千多年来，几乎没有实质性的发展跃升。当驶入近代历史，面对西方资本主义政治文明残暴的惊涛骇浪，中国传统皇权专制制度连同中国传统文化一道遭遇巨大挑战，也就不可避免。

（三）西方文明的冲击是直接原因

毛泽东曾指出，"如果没有外国资本主义的侵入，中国也将缓慢地发展到资本主义社会"，但是，历史没有假设，也不可能按照假设重新创造历史，"由于外国资本主义的侵入，这个社会的内部才发生了重大的变化"[①]。外国资本——帝国主义的侵略，不仅是造成近代中国一切灾难祸害的总根源，也是造成中国传统文化危机的直接原因。对此，国外学者也有着相同的结论，即当代中国变革转型的根本原因，主要源自西方的新兴力量与本土传统习惯及思维方式之间的冲突互动[②]。

中国传统社会的经济、政治、文化是在相对封闭的环境中缓慢地发展着的，几千年没有实质性的发展变化。这种状况的根本改变，发生于1840年鸦片战争以后。因此，近代中国传统文化受到严重挑战，显然是受到西方文化冲击的结果。地理大发现后，历史开始成为世界历史，地理上的天然阻碍已经变得并非不可逾越，世界格局开始发生大变化，西方四处开拓殖民地，东方成为他们殖民的目标。清朝时期外国使节不断访问中国，要

---

① 《毛泽东选集》第二卷，人民出版社，1993，第626页。
② 费正清：《中国：传统与变迁》，张沛、张源、顾思秉译，吉林出版集团，2008，第3页。

求通商传教有十余次,但都被清朝皇帝无一例外地选择严格限制中西往来,以守"夷夏"之界。以保守的对策对付进取的政策,这种中西之间的态势就是鸦片战争后一系列变化的基础和原因[1]。鸦片战争英国军舰的炮声震惊了大清王朝,林则徐亲眼目睹了英军的船坚炮利,在风云激荡下成为"开眼看世界"的第一人。一批先进的知识分子开始睁眼看世界,了解西方,《海国图志》《瀛环志略》等著作的出现标志着中国文化近代化的开始。

第二次鸦片战争后,出现了近代中国一些反映初步改革思想的著作,如洪仁玕的《资政新篇》、郑观应的《救时揭要》、冯桂芬的《校邠庐抗议》等,革新思潮萌发。一批与西方列强有过接触的清朝高官重臣发起了"洋务运动",他们以"自强"为口号,隐含着中华民族对西方列强的民族抗争,"自强"以图"御辱"开始成为自觉意识。"洋务运动"以军事工业为第一步,意在模仿西方军事技术以求"自强"。京师同文馆的设立,标志着中国近代意义上的教育事业的开始。"洋务运动"苦心经营的成果毁于中日甲午战争,表面上看北洋水师在船舶吨位、速度、火力上都略逊于日本,但武器装备差距的背后是两国不同的社会政治之间的差距。

甲午战争中国的失败,极大地刺激了中国人民,正如梁启超所言,"唤起吾国四千年之大梦,实自甲午一役始也",中华民族的民族共同体意识具有整体意义的觉醒由此开始。之后"维新改良"的思潮喷涌而出,一批具有改革意识的知识分子分析"洋务运动"失败的原因,总结该如何学习西方。他们认识到:"变法之本,在育人才,人才之兴,在开学校,学校之立,在变科举,而一切要其大成,在变官制。"[2]维新派曾经主张学习英国和日本,在中国实行君主立宪制度,大力批判封建专制主义,宣传西方资产阶级政治学说,提倡民权,形成了中国近代第一次思想解放的潮

---

[1] 陈旭麓:《近代中国社会的新陈代谢》,中国人民大学出版社,2012,第34页。
[2] 梁启超:《论变法不知本原之害》,《中国近代史资料丛刊》,《戊戌变法》(三),1957,第19—20页。

流。他们办报纸，立学会，宣传西方"新学"思想，废除科举制度，创办新式学堂，使文化教育发生了重大转变。然而，维新改良、戊戌变法的失败，使革命思潮逐渐成为时代主流，以国内新式学堂师生和留日学生为主体成长起来的新式知识分子群体开始形成，他们力主学习"西学"，并用鲜明的时代语言来直接表达资产阶级的新思想。

辛亥革命推翻了清王朝，但其后经历了袁世凯和张勋两次复辟，旧有势利依然顽固强大，中国先进的知识分子的认识不断深化，认为其根本原因在于旧有的顽固观念难以改变。以陈独秀、李大钊等为代表的先进知识分子掀起了以改造"国民性"为主要目的的新文化运动，中国传统文化的变革进入到观念层面的革新、革命阶段。新文化运动的先驱们认为，欲实现中国根本之改变，最终取决于国民意识的转变。因此，要革除旧的思想观念、价值观念和道德观念，以新的思想观念、价值观念和道德观念代替之。他们借用西方的思想观念、价值观念和道德观念作为批判中国旧传统、旧思想、旧道德的武器，重视人的个性解放、人格的独立，喊出了"科学、民主"的鲜明口号。中国传统文化是一种伦理型文化，伦理道德居于核心地位，因此，新文化运动把推翻旧伦理、旧道德作为革命重点，把"伦理的觉悟""道德的觉悟"看成是"吾人觉悟最后之觉悟"，响亮地提出"打倒孔家店"，推翻旧道德，提倡新文化。新文化运动有其时代性的巨大进步意义，但也表现为强烈的反传统倾向，造成一定程度上的现代文化与传统文化的断裂。

总之，近代中国传统文化的巨大转变，最直接最主要的原因就在于受到西方文化的冲击，因为要挽救民族危机，救中国人民于水深火热之中，我们不得不向西方学习。孙中山说："革命的这种风潮，是欧美近来传进中国的。中国人感受这种风潮，都是爱国志士，有悲天悯人的心理，不忍国亡种灭，所以感受欧美的革命思想，要在中国来革命。"[①]毛泽东善于总

---

① 《孙中山全集》第十一卷，中华书局，1986，第268页。

结经验，总是以一种历史的眼光去分析问题，在说明问题之前常常提及近代中国历史的发展状况，认为这是最基本的国情。他说，"认清中国的国情，乃是认清一切革命问题的基本的根据"①，"要救国，只有维新，要维新，只有学外国"，"那时，求进步的中国人，只要是西方的新道理，什么书也看"，"国内废科举，兴学校，好像雨后春笋，努力学习西方"，"这就是十九世纪四十年代至二十世纪初期中国人学习外国的情形"。②

---

① 《毛泽东选集》第二卷，人民出版社，1993，第633页。
② 《毛泽东选集》第四卷，人民出版社，1993，第1469—1470页。

第三章

以国家意识形态主导与推进文化发展

中国自古以来就有特别重视道德作用的政治传统和文化传统，甚至把"道之以德、齐之以礼"看作是根本的治国之道，强调"德者，本也"（《礼记·大学》），"德，国家之基也"（《左传·襄公二十四年》）。中国古代国家政治对道德的推行力度非常大，极力使道德成为一种强大的社会规范力量，与法律制度构成十分有效的互补关系。在中国传统文化和传统道德的产生、形成和发展进程中，以"三纲五常"为主要内容的中国传统核心价值观逐渐形成，成为中国古代国家的正统思想和意识形态，得到广泛传播和弘扬。中国古代统治者对中国传统核心价值观的政治主导和大力推进，是中国传统核心价值观得以在全社会弘扬和践行的决定因素。深入探讨中国古代国家对传统核心价值观的主导和推进，科学总结其规律，对新时代坚持社会主义核心价值体系、培育和践行社会主义核心价值观具有重要借鉴意义。

一 中国古代政治的"大一统"观念

我国古代思想文化中的"大一统"观念、中国传统核心价值观的意识形态化，是我国古代政治"大一统"观念的思想基础和文化基因，早在我国先秦时期就萌发了王权的政统和法统观。传统中国社会的形成来源于血缘宗法关系，以自给自足的自然经济为经济基础，以血缘宗法关系为基点形成社会生产关系和社会结构，从而成为决定我国古代政治上层建筑和思想上层建筑的生产方式。"大一统"观念与自然经济和血缘宗法关系存在天然的内在联系，从我国古代的"宗藩入嗣"当中可以清晰地看到这种由自然经济和血缘宗法关系所决定的"大一统"观念对我国古代政治、文化所起的决定性作用。

从我国最早的文字记载看，夏启继承其父禹为帝建立第一个国家，其基础就是建立在氏族宗法和宗教神权之上，"天子"掌握着氏族以及国家建立后的宗教、政治、思想的绝对权威，不仅在政治上是"君主"，而且也是氏族的"家长"，在宗庙祭祀时更是宗教的"大祭"。周朝时则逐渐建立起了"君统"与"宗统"合一的国家政治体制，"王统"观念日趋成型，由"君主"来统治有血缘宗法关系的所谓"天下"百姓就成为天经地义的事情，而不必解释统治的正当性合法性。《诗经》曰："溥天之下，莫非王土；率土之滨，莫非王臣。"(《小雅·北山》)《左传》曰："封略之内，何非君土？食土之毛，谁非君臣？"(《左传·昭公七年》) 夏商周三代时期的这种王权"大一统"虽然不是后来君主专制政治意义上的皇权"大一统"，但说明"大一统"观念在我国源远流长。

我国春秋战国时期虽然社会动乱，却造就了一个"百家争鸣"的思想文化繁荣的时代。诸子百家虽然身处乱世，各家思想也各有不同，甚至分歧迭出，但都在规划着"天下"未来的"一统"社会或"大同"社会，对"大一统"观念有着广泛共识。他们不仅将原有的"大一统"观念系统化、理论化，而且还增加了新内涵。老子在《道德经》中，提出了他的哲学思想，主张以"一"为本，"道生一，一生二，二生三，三生万物"(《道德经·第四十二章》)。孔子心中的理想帝王握有"一统天下"的政治权威，他说："天下有道，则礼乐征伐自天子出；天下无道，则礼乐征伐自诸侯出。"(《论语·季氏》) 孔子针对"礼乐征伐自诸侯出"和"陪臣执国命"的混乱局面，提出了"礼乐征伐自天子出""君君、臣臣、父父、子子"的"天下有道"的理想社会。

先秦儒家思想的代表人物孟子、荀子也对此进行了深入阐述。孟子则提出"天下定于一""民无二王",他说:"君仁臣义,君民同乐,风尚淳朴,百姓亲睦,天下定于一。"(《孟子·梁惠王上》)"天无二日,民无二王。"(《孟子·万章上》)荀子更是把"君主"看作是"礼义之始""天地之参""万物之揔""民之父母",他说:"天地者,生之始也;礼义者,治之始也;君子者,礼义之始也。为之,贯之,积重之,致好之者,君子(之始)也。"(《荀子·王制》)"君主"与天地、与万物、与百姓的关系是:"天地生君子,君子理天地。君子者,天地之参也,万物之揔也,民之父母也。无君子则天地不理,礼义无统,上无君师,下无父子,夫是之谓至乱。"(《荀子·王制》)

《吕氏春秋》是我国古代较为系统地阐发国家"大一统"思想观念的著作。《吕氏春秋》认为,天下兴亡、国家治乱、经济盛衰,与能否建立一个统一的国家,统治者能否拥有至高无上的政治权威直接相关,国家兴旺、社会稳定、经济繁荣的根本前提就在于"王者执一"。"王者执一,而为万物正。军必有将,所以一之也;国必有君,所以一之也;天下必有天子,所以一之也。"(《吕氏春秋·执一》)国家混乱、社会动荡、经济衰敝,都是因为没有统一的政治权威:"天子必之一,所以抟之也。一则治,两则乱。"(《吕氏春秋·执一》)《吕氏春秋》所主张的君主一统,是一种真正的政治统一,既不是诸侯割据,也不是诸侯国的松散联盟,而是建立在各个诸侯国共同利益基础上的统一国家,是以"天子""君主"至高无上的政治权威作为统一国家主权的象征。因此,在统一国家的范围内,不仅要建立共同的经济市场、建立统一的法令政策体系,而且要以不齐为齐,建立思想文化上的共识和共同基础。"有金鼓所以一耳也,同法令所以一心也。"(《吕氏春秋·不二》)认为"一则治,异则乱;一则安,异则危"(《吕氏春秋·不二》)。

管仲也是我国春秋战国时期比较系统阐发"大一统"观念的思想家。管仲认为,"天下之乱""国家之乱""家庭之乱"根源都出于"天下两天子""国有二主""家有二父",他说:"使天下两天子,天下不可理也:一国而两君，一国不可理也；一家而两父，一家不可理也。"(《管子·霸言》)"夫令，不高不行，不抟不听。尧舜之人，非生而理也；桀纣之人，非生而乱也。故理乱在上也。"(《管子·霸言》)在此基础上，管子提出"大一统"的思想理论基础，他说："主尊臣卑，上威下敬，令行人服，理之至也。"(《管子·霸言》)他甚至还提出了实现"大一统"的具体步骤，他说："天子出令于天下，诸侯受令于天子，大夫受令于君，子受令于父母，下听其上，弟听其兄，此至顺矣。"(《管子·君臣》)管子认为，自上而下的政令统一是国家政治秩序"大一统"的重要保障："衡石一称，斗斛一量，丈尺一绰制，戈兵一度，书同名，车同轨，此至正也。"(《管子·君臣》)。

"大一统"一词最早见于《公羊传》："何言乎王正月？大一统也。"(《公羊传·隐公元年》)徐彦疏曰："王者受命，制正月以统天下，令万物无不一一奉之以为始，故言大一统也。"东汉经学家何休注解《公羊传》，认为所谓"大"乃为"推崇、重视"之意而非"大小"之"大"之意，"一"为"元"之意，"统"为"始"之意。"元者，气也，无形以起，有形以分，造起天地，天地之始也。"(《解诂》)所谓"一统"乃指"元始"之意，即根基、基础的意思，是万事万物（包括国家、政治、社会）的本体。

也就是说，所谓"一统"是指国家、政治、社会自下而上地归依于一个形而上的本体，从而使国家、政治、社会获得一种超越的存在价值；所谓"大一统"就是强调受命改制的根基、基础，即重视重建政统和法统的根本和形而上依据。因此，所谓"大一统"，不是指地理上的辽阔疆域的"统一"，不是指建立一个地域宽广、民族众多、高度集中、整齐划一的庞大帝国，也不同于现代意义上以一个最高权力中心自上而下进行国家、政治、社会范围内的集中统一治理，更多的是指在国家政治上的政令统一、经济制度上高度统一和思想文化上高度集中。

在我国古代政治实践进程中，"大一统"的观念最终由秦王朝统一六国后最终变成了现实,"海内为郡县,法令由一统",在中国大地上建立了统一的中央集权国家政权,车同轨、书同文、行同伦以及统一度量衡等,汉武帝进一步"罢黜百家,独尊儒术",奠定了中央集权国家的统治思想,实现了思想一统。从秦始皇开始我国的"大一统"观念一直延续到清朝,"天下之事无大小皆决于上"。唐代颜师古在注释"大一统"时说:"一统者,万物之统皆归于一也……此言诸侯皆系统于一,不得自专也。"

有了"大一统"的国家政权,必须要有适应这种"大一统"国家统治的"大一统"思想,只有上下统一才能保证法制号令、规章制度、道德规范自上而下畅行。汉代董仲舒系统阐发了君主专制政治统治下的"大一统"思想。他从本体论和实践论、形而上和形而下两个方面论述了国家、政治、社会的"大一统"是天地古今之道,是天经地义、万古不变的真理。他说:"《春秋》大一统者,天地之常经,古今之通谊也。"(《汉书·董仲舒传》)董仲舒论证"大一统"思想的根本要义在于"一元",在他看来,《春秋》最重"元"。那么,何为"元"呢?董仲舒认为:"谓一元者,大始也。"(《春秋繁露·玉英》)"唯圣人能属万物于一而系之元也。"(《春秋繁露·重政》)董仲舒所说的"元",已经从春秋战国的"王权"政治时代进入到秦汉"大一统"后君主专制的"君权"政治时代,他认为"元"就是指皇权时代的"君",即皇帝。所谓"元"就是"始",秦始皇是我国的第一个皇帝,乃称"始皇帝",秦始皇作为"元""始",乃"灭诸侯,成帝业,为天下一统"(《史记·李斯列传》)。"汉承秦制",董仲舒所建构的"大一统"观念乃为建构大汉帝国君主专制政治的政治秩序和社会秩序,乃为君主皇权的至高无上提高正当性、合法性基础,所谓"《春秋》所以大一统者,六合同风,九州共贯也"(《汉书·王吉传》)。

董仲舒还通过"天人感应"学说来为"皇权至上"提供合法性支撑,他说:"天子受命于天,诸侯受命于天子,子受命于父,臣受命于君,妻受命于夫,诸所受命者,其尊皆天也。"(《春秋繁露·顺命》)在"天子受命于天"的假说基础上,进而推导出"天下受命于天子""天命不可违"

"君权至高无上"的结论。他说:"唯天子受命于天,天下受命于天子。一国则受命于君。"(《春秋繁露·为人者天》)

为论证"君权至上"和"君权不可违",董仲舒还提出"天下之乱"皆源于"无以持一统",他说:"今师异道,人异论,百家殊方,指意不同,是以上亡以持一统;法制数变,下不知所守。"(《汉书·董仲舒传》)而"天下治乱"的根本则在于"统纪可一",他说:"臣愚以为诸不在六艺之科、孔子之术者,皆绝其道,勿使并进。邪僻之说灭息,然后统纪可一而法度可明,民知所从矣。"(《汉书·董仲舒传》)他把"顺君命"看作是"天下大治"的根本:"君命顺则民有顺命,君命逆则民有逆命。故曰:'一人有庆,兆民赖之。'此之谓也。"(《春秋繁露·为人者天》)

由于"大一统"观念在我国源远流长,同时又适应了我国古代自然经济的经济基础以及建立在此基础上的君主专制政治统治的需要,董仲舒提出的"大一统"天经地义的思想观念便得到我国古代统治者的强烈认同,同时又通过思想、文化、教育、科举考试等途径逐步灌输给人民,从而成为维护君主专制政治统治、维护国家统一、维护民族团结的神圣不可侵犯的理想和信念。

我国古代的"大一统"思想不仅体现在国家的疆域、经济、政治、政策、文化、观念、道德、社会治理等方面,而且跨越了民族、种族的界限,贯穿于中国古代整个历史发展进程的始终,成为中华民族深厚的思想基础、共同的精神理念和源远流长的文化根基。因此,起源于中国先秦儒家的"大一统"思想观念,便成为几千年来中国古代政治和社会文化的主导思想,成为中国古代政治统治者制定政策、维护国家意识形态的"元典精神"和根本价值取向。董仲舒提出以"三纲五常"为主要内容的中国传统核心价值观,与中国古代的自然经济基础及其建立其上的上层建筑相适应,便为中国古代统治者所采纳,"罢黜百家,表彰六经""独尊儒术",儒家思想和"三纲五常"被广泛推行,从而深入人心,像空气一样无所不在。

我国古代的"大一统"观念，体现在思想意识文化领域，其初衷是将儒家等诸子各家思想划分出本末、主次，以儒家为本，将其作为主流意识形态和君主专制政治治理天下的依据，其最初意义并不是要钳制其他思想，实行文化专制。但在历史的发展过程中，"大一统"这一形而上思想被应用到形而下的政治、文化、社会层面，"大一统"的信仰和观念逐渐被赋予政治、文化和意识形态的含义，成为中国古代社会实行文化专制主义的思想理论基础。

以秦汉为例，秦朝"焚书坑儒"，尚法而治、依法施治，立法涉及经济、政治、文化、社会生活等各个方面，法治思想和观念得以随着各项法律条文深入到民间社会。秦朝灭亡后，汉朝统治者总结秦亡的经验教训，弃法重儒，为实现"大一统"的需要，汉武帝接受董仲舒提出的"罢黜百家，独尊儒术"的治国之策，采纳糅合道家、阴阳家思想的新儒学思想，加强君权专制和中央集权，建立并完善了系统的封建伦理道德规范。同时，汉武帝起用儒者参政，将儒家经典设为国家规定教科书，教育为儒学所垄断；兴办太学，在全国各郡设立学校，初步建立了地方教育系统，儒学得到推广。在汉代统治阶级的大力推动下，儒学在汉代取得"独尊"地位，逐渐成为中国传统文化的主流思想。

古代中国，各项政策若要有效推行和最终落地，必须通过各级官吏的执政实践去实现。基于此，与国家主流意识形态和各项统治政策相一致的官吏选拔制度和严密体系，便成为推行中国古代统治阶级价值观念的最有力杠杆，而以"三纲五常"为核心价值观的儒家思想便成为选拔的根本标准。也就是说，中国古代在政治上、文化上的"大一统"，对以"三纲五常"为主要内容的中国传统核心价值观在我国古代社会的传播，起到了至关重要的决定性作用。

二　中国古代的德政和德治传统

中国古代的德政和德治传统，是中国传统核心价值观意识形态化的政治推动力量。中华民族自古以来就重视德政和德治，特别重视人伦道德。儒家伦理道德一直是中国传统文化的主流，儒家从"为政以德"的政治主张出发，强调道德和道德教育在治国安民中的作用，中国古代也因此体现出源远流长的"以德为先"的德政思想和趋善求治的政治取向。

孔子继承和弘扬了周公"以德配天""敬天保民"的伦理政治思想，明确提出了"为政以德""以德治国"的政治主张。"为政以德""以德治国"是孔子针对法家提出的"以法治国"而提出的政治见解，既是儒家的政治理想，又是孔子的道德思想。他说："为政以德，譬如北辰，居其所而众星拱之。"（《论语·为政》）孔子认为，如果只以行政、法律的手段来管理、治理国家，用刑法来惩治犯罪，那么百姓虽然暂时避免犯罪，但是内心并没有耻辱感；如果用德行教化的手段来管理、治理国家，用道德、礼制来约束和规范社会行为，那么百姓内心才会有耻辱感并且认同而改正自己的行为。行政、刑法是具有强制性的，百姓由于惧怕而遵从，未必心悦诚服，只能起到一时的震慑作用，收到一时之效。他说："道之以政，齐之以刑，民免而无耻。"（《论语·为政》）如果通过道德教化，让百姓自觉遵守道德原则和礼制规范，通过提高人的道德水平，才能达到长治久安的效果，达到垂拱而治的理想境界。他说："道之以德，齐之以礼，有耻且格。"（《论语·为政》）孔子还提出了"远人不服，则修文德以来之"（《论语·季氏》）的对外邦交和边疆治理思想。

在孔子"为政以德""以德治国"思想的基础上，孟子提出了"以仁义治天下""得民心者得天下"的政治主张和"仁政"学说，要求把"仁"落实到国家和社会的具体治理之中。他说："桀纣之失天下也，失其民也。失其民者，失其心也。得天下有道：得其民，斯得天下矣。得其民有道：

得其心，斯得民矣。"(《孟子·离娄上》)孟子把"仁政"学说与实行"王道"政治紧密联系起来，主张实行"王道"政治，反对"霸道"政治，从而使政治清平，人民安居乐业。他认为，人皆有"仁爱"之心，即"不忍人之心"、同情心，"国君之道"的起始和关键一环就是发现、保持并扩充这种"不忍人之心"，将之施于"政事"就成为"不忍人之政"。他说："人皆有不忍人之心。先王有不忍人之心，斯有不忍人之政矣。以不忍人之心，行不忍人之政，治天下可运之掌上。"(《孟子·公孙丑上》)因此，只有推行"仁政"才能治理天下，百里小国只要施行"仁政"，"省刑罚，薄税敛"、重视发展农业生产等，天下百姓也会归之而王。"地方百里而可以王。王如施仁政于民，省刑罚，薄税敛，深耕易耨。壮者以暇日修其孝悌忠信，入以事其父兄，出以事其长上，可使制梃以挞秦楚之坚甲利兵矣。"(《孟子·梁惠王上》)

孟子认为，只要推行"仁政"，修德行教，使"仁爱"之心推而广之，就能巩固国家经济、政治、社会的基础，即使是坚甲利兵也能战而胜之。否则，不推行"仁政"则天下难治。孟子主张以"仁政"统一天下，进而治理天下。提倡"以德服人"的"王道"政治，反对以力服人的"霸道"政治，批评暴力、反对战争，是孟子"仁政"思想的基本出发点。但同时孟子也认为，国君行"圣王之道"仅有"不忍人之心""善心"仍不足以治理好国家和社会，"不忍人之心""善心"只是一种道德意识和道德情感，而治理国家、平治天下还必须有一套相应的政治法律制度，并体现了"以德治国"与"以法治国"相结合的思想。他说："徒善不足以为政，徒法不能以自行。"(《孟子·离娄下》)

汉代以"孝"治天下，汉代政治统治者视"孝"为立身之本，"廉"为从政之方。选举具有"孝""廉"品质的儒士充任国家官吏，以符合以宗法制家庭为单位的分散的小农经济与"大一统"的中央集权专制政治相结合的汉王朝的统治需要。当时，汉代的社会经济以农业、手工业为主，基本生产方式是以家庭为单位的自给自足的农业和手工业生产。在这种家庭小生产模式下，父权家长是宗法制家庭的最高权威，而维持父权家长权威的基本观念形态就是"孝"。

"孝"作为维护中国古代宗法制家庭的基本原则，其外延是"忠"，即忠君。国君是天下的"君父"，"天子作民父母，以为天下王"。孝敬父母是忠于国君的发端，忠于国君是孝敬父母的扩大。"忠"与"孝"是中央集权的封建国家最高的道德价值。选拔具有孝行的士人充当国家官僚机构中的官员来治理国家，国家就有了稳定秩序。伦理与政治相结合，这就是汉帝国的统治模式，也是自汉以降近2000年来中国封建社会国家的政治统治模式。可以说，汉代统治者主要是通过岁举"孝廉"科的杠杆来支撑"大一统"的封建帝国。

由此可见，我国古代的儒家文化是一种德性文化，是一种"以德为本"的重德和"以德摄智"的文化。儒家思想在汉代被确立为国家的意识形态，从而占据主导地位，因此在我国古代的经济、政治、文化、社会各领域，以及哲学思想、人文精神、道德规范、历史文学和教育思想中，儒家思想始终贯穿其中，而且儒家的伦理道德思想也影响了方方面面。儒家思想所倡导的"为政以德""以德治国"的政治思想，扬善抑恶、褒善贬恶、追求崇高的价值追求，向往理想的君子人格，涵养美好的精神情操等，成为我国传统文化的主导思想，大到为君治国之道、君臣之道、君民之道、邦交之道，小到个人修身之道、为人处世之道，儒家思想都成为我国古代一贯崇尚的重要思想。

我国古代儒家的德治思想和德政传统，首先对我国古代的政治统治者提出了特别的道德要求，认为统治者的道德修养既是普通百姓效仿的榜样，又是关系到国家政治清明和社会稳定的重要前提。正是因为儒家思想崇尚伦理道德，我国传统文化特别重视"内圣外王"之道，在政治上崇尚"为政以德"和"以德治国"，主张实行"王道"和"仁政"，以"君王"成为一个道德上的"完人""真人"和"圣人"作为目标。孔子云"君子之德风，小人之德草"（《论语·颜渊》），就是说为了使全国人民都有道德，君主首先应当有道德。管子也认为，所谓"德"就是做出榜样、供人效仿，"所谓德者，先之之谓也。故德莫如先，应适莫如后"（《管子·枢言》）。

我国传统文化更是把"治国"与"修身"紧密结合起来，认为"治国""平天下"必须先"修身""齐家"，只有先成为一个道德高尚的人才能把国家治理好、把社会治理好。"大学之道，在明明德，在亲民，在止于至善。"（《大学》）并"三纲八目"为主要内容提出了一整套"修齐治平"的道德修养方法，所谓"三纲"即明德、亲民、止于至善，所谓"八目"即格物、致知、诚意、正心、修身、齐家、治国、平天下。"古之欲明明德于天下者，先治其国。欲治其国者，先齐其家。欲齐其家者，先修其身。欲修其身者，先正其心。欲正其心者，先诚其意。欲诚其意者，先致其知。致知在格物。物格而后知至，知至而后意诚，意诚而后心正，心正而后身修，身修而后家齐，家齐而后国治，国治而后天下平。"（《大学》）通过"三纲八目"的道德修炼才能合乎"道"，合乎"道"才能成为一个高尚道德的人，才能治理国家和治理社会。在为人处世中，我国传统文化也要求加强个人道德品质修养、完善道德人格，以"君子""圣人"为理想境界。

"天行健，君子以自强不息；地势坤，君子以厚德载物。"（《周易·象传》）这两句话鲜明而生动地表明了我国传统文化对人生态度、立身精神和道德境界的理想追求，一个人既要有自强不息、奋发进取的创新创造精神，又要有设身处地为他人着想、爱人如己的仁厚博大情怀。一个人既要踔厉奋发、兢兢业业，又要宽厚仁慈、乐群友善，以至用"爱心"来对待一切有生命的东西。"民吾同胞，物吾与也。"（张载《西铭》）

三　中国古代儒家思想的意识形态化

统治阶级为了形成社会秩序而建立国家，从而用政治权力对社会加以控制。维持国家政治权力运作模式的工具，不外乎是国家权力与思想文化。国家政治权力是刚性的、有形的工具，而思想文化则是软性的、无形的工具，两者相辅相成。在一定意义上说，对社会加以控制更需要用思想文化来整合社会各个阶级阶层，国家政权只有通过国家机器和思想文化的双重控制，才能实现国家和社会的安稳有序。至于何种思想成为一个国家的主导思想，则取决于这种思想文化与社会生产力水平、与国家政治制度的适应性。若一种思想文化实现了与政治制度的结合，确立了主体地位，就成为国家的意识形态和主导思想。

任何一个国家都有自己的意识形态和主导思想，也就是这个国家的统治思想，即马克思、恩格斯所说的"任何一个时代的统治思想始终都不过是统治阶级的思想""处于统治地位的思想""主流思想"。国家意识形态的最大特点，就是对思想、道德、文化的主导性，在一个社会中居主导地位，是"被大多数人接受或奉行的思想"。

儒家思想成为国家的意识形态和社会的主导思想，经历了一个长时期的演变发展过程，儒家思想的国家意识形态化是我国传统核心价值观得以巩固、传播和法治的思想理论基础。古代中国的统治者很早就注意到道德在统治中的重要性。

秦始皇统一六国后"别黑白而定一尊"，选择了法家作为国家单一的指导思想，最后以失败告终。汉朝建立后，经过一段时间的黄老之治，终于选择了儒家思想，"罢黜百家，独尊儒术"。两汉时期是儒家思想国家意识形态化的决定性时期。魏晋以后，一直到唐，儒家思想虽然占据主导的显要位置，但儒家思想毕竟是具有平和、忠恕和包容精神的学说，或可说是一种最不像意识形态的"意识形态"，所以并不"独尊"，同时也允许了其他思想的存在，本土的道家与外来的佛教也都在中国历史上占有重要的一席之地，中国古代的思想文化形成了"一体多元"的格局。

宋朝是中国古代文化发展的一个大转折点，最重要的体现即在于确立了国家的文官体制，以及与之相配套的国家教育、科举体制。在教育内容上，选择了宋儒的新儒学作为国家意识形态，通过科举教育活动，推广到全社会，从而确立了牢固的意识形态统治，用儒家"伦理纲常"牢牢控制人的行动。明朝可以说是在宋朝的基础上，进一步强化了儒家思想在国家中的主导地位。清代则继承明代，将儒家思想的意识形态作用发挥到极致。

在汉武帝时期，董仲舒通过"天人感应"学说，阐述了"天人三策"的儒家思想理念，利用"阴阳五行"思维模式将儒家思想中的血缘宗法伦理道德和道家中的"阴阳五行"学说融为一体，顺应我国古代自然经济社会生产力水平要求和君主专制政治制度的发展需要，建立了一套以"阴阳五行"为本体的"三纲五常"学说。他以"天"为人类社会的形而上依据，认为"天有阴阳，人亦有阴阳"（《春秋繁露·同类相动》），从而"变天地之位，正阴阳之序"（《春秋繁露·精华》），建构起一个"天人合一""天人合德""天地人三才"的宇宙运行模式，使"王道之三纲，可求于天"（《春秋繁露·基义》），从而为产生于血缘人伦关系的儒家伦理道德思想提供本体论基础。这本身是对孔子之后儒家思想的坚持和发展，但是董仲舒对传统儒家思想的创新之处在于，他将儒家世界观与君主专制政治制度联系了起来，将统治者的"君权"建构在"天道"的"神权"基础之上，"王者欲有所为，宜求其端于天"（《汉书·董仲舒传》），从而在"天人感应"的架构中展开了对君主专制政治制度的系统阐述，为我国古代社会寻找到精神寄托，不仅框定了西汉的国家意识形态格局，也使"天人合一"观念影响深远。

如果说以董仲舒为代表的汉代儒家有关"天人感应""阴阳五行""三纲五常"学说多少带有一些迷信色彩的话，那么到了宋代，儒家对这种思想特色的阐发则进一步系统化理论化神圣化。同汉代儒家一样，宋代的儒家也无不运用"天人感应"、"阴阳五行"学说来论证儒家"仁学"理论，无论周敦颐、程颐、程颢还是朱熹，都没有脱离这一窠臼。

程颐、程颢试图在"阴阳""气""道""理"之间找到一种内在联系，从而为"三纲五常"的伦理纲常提供本体论基础。他说："阴阳，气也。气是形而下者，道是形而上者。"（《二程遗书·第十五》）但因为"道外无物，物外无道"（《二程遗书·第四》），故"离了阴阳更无道"（《二程遗书·第十五》），"盖天地间无一物无阴阳"（《二程遗书·第十八》），从而认为"万物只有一个天理"（《二程遗书·第二》），"天地之化，虽廓然无穷，然阴阳之度，日月寒暑昼夜之变，莫不有常，此道之所谓中庸"（《二程遗书·第十五》）。

朱熹也是在"阴阳""气""理"之间找寻伦理纲常的本体论基础，他认为"太极生阴阳，理生气也"（《太极图说解》），"如天之生物，不能独阴必有阳，不能独阳必有阴，皆是对"（《朱子语类》），从而得出"鬼神不过阴阳消长而已。亭（成）毒（熟）化育，风雨晦冥，皆是"（《朱子语类》）的结论。

陆九渊则直接以"五行即阴阳"为理论基础阐发社会的伦理纲常。他说："故太极判而为阴阳，阴阳即太极也。阴阳播而为五行，五行即阴阳也。"（《大学春秋讲义》）他认为"旧者，阳也。阳为君，为父，为夫，为中国"（《大学春秋讲义》）。

尽管周敦颐、程颐、程颢、朱熹、陆九渊等对"阴阳"的看法有着"形而上"与"形而下"的区别，但是他们都把"阴阳"视为宇宙之间永恒不变的规律和真理，其最终目都是用自然的规律即"天理"来为社会的伦理纲常法则作论证，以确保"纲常""名教"永恒不变。这样一来，中国传统文化便不像西方文化，无需"上帝"告诫，无需"鬼神"参与，无需"宗教"祷告，只需人们"格物致知""正心诚意"，努力发现自然已有的"天理"，努力挖掘内心固有的"良知"，便可以达到"致中和""道中庸"的道德境界，处理好人世间的"阴阳"关系即伦理纲常，从而使有限的感性生命得到无限升华，并与无尽的人类历史和无限的天地宇宙融为一体。宋代儒家在改造、转化和创新汉代儒家关于外在宇宙模式的同时，还建构了一个主体的内在心性结构，使二者彼此相通，具有一定的准宗教意义。

宋明以降，理学之所以能成为国家的统治思想，实现空前的意识形态统一化，还在于它走出了一段以学术思想之身份向国家化、政治化、社会化转型的独特历程，即自身的理论能够适合时代的需要。根据理学家们的主张，理学作为一种新儒家，有信仰、有经典，有"形上"理论，也有"行下"行为规范，在中国古代统治者看来，自然能够成为统治国家的最佳思想工具。理学的治国理论成熟于宋明时期，这一理论的核心，是追求社会政治的稳定，宋明理学家的"平天下"，即天下平，是儒家思想的最高目标。宋明理学治国理论的成熟，表现为对《大学》的重视。

中国古代的理论家构筑自己的理论，往往喜欢依托古人的理论，宋明理学理论的构筑正是一个典型。宋明时期的国家理论，集中体现在对《大学》的发挥上。《大学》原为《礼记》中一篇文章，它在宋明时期之所以被提升到十分重要的位置，正是为了系统阐述宋明理学家的治国理论。程颐认为《大学》是"初学之德入门也"。朱熹则认为"学问须以《大学》为先，次《论语》，次《孟子》，次《中庸》"（《朱子语类》）。据此，朱子编定《四书集注》，这成为宋明时期与"五经"并立的基本理论著作。继朱熹之后的理学传人真德秀写了《大学衍义》，首次系统论述了理学家的治国纲领。明代的邱濬又加以发挥，写成了《大学衍义补》。前者偏重"内圣"，后者偏重"外王"。司马光的治国理论是宋明时期的代表，他正是按"修齐治平"理论来构筑治国理论的。至此，理学家的治国理论正式确立。

按照理学家们的论述，宋明时期的治国理论主要有两部分：一是"治道"，指"修、齐、治、平"；二是"治法"，指"三纲五常"。但在二者之中,"治道"又重于"治法","治法"为"道之用"。程颐、程颢提出:"修身齐家以至平天下,治之道也;建立纲纪,分正百职,顺天揆时,创制立度,以尽天下之务,治之法也。法者,道之用也。"(《二程集·河南程氏粹言》卷一)

这是一套典型的国家治理理论,继承和弘扬自孔子以来的儒家道德修养学说,其灵魂是"修己治人"。孟子提出:"天下之本在国,国之本在家,家之本在身。"(《孟子·离娄上》)宋代理学传人真德秀说:"国乃天下之本,家乃国之本,身又家之本。"(《大学衍义》卷一)他认为《大学》一书是"君天下者之律令格例也,本之则必治,违之则必乱"(《大学衍义序》)。宋明理学非常强调"家"也即家族的安稳对国家安定、社会稳定的重要作用,对于国家这个"大家庭"而言,"君王"的道德模范带头作用又更为重要,认为人君正则朝廷正,朝廷正则百家正,百家正则天下之治便得以实现。真德秀说:"朝廷者,天下之本。人君者,朝廷之本。而心者,又人君之本也"(《大学衍义》卷一)。

从《大学衍义》和《大学衍义补》可以看出我国古代治国理论体系的构成。宋代真德秀的《大学衍义》偏重个人内心的道德修养,把修身之道分帝王为治之序、帝王为学之本、格物致知之要、诚意正必之要、修身之要、齐家之要等七大部分,突出修身、齐家是成就万事的基础;明代丘濬的《大学衍义补》则突出了"治国平天下"之道,把国家治理分为正朝廷、正百家、固邦本、制国用、明礼乐、秩祭祀、崇教化、备规制、慎刑宪、严武备、驭夷狄、成功化等12目,下又细分为119个子目,举凡内政、任官、民生、经济、教育、刑法、边防等都有论及。

如果说《大学衍义》突显了以"三纲八目"为主要内容的"为政以德"和"以德治国"的治国思想,那么《大学衍义补》则突显了以法律思想和法律制度为主要内容的"以法治国"思想,包括总论制刑之义、定律令之制、制刑狱之具、明流赎之意、详听断之法、议当原之辟、顺天时之命、谨详谳之议、伸冤抑之情、慎眚灾之赦、明复仇之义、简典狱之官、存钦恤之心、戒滥纵之失等章，阐发了"天讨至公""应经合义""人法兼重""慎刑恤狱"等观点，两书相辅相成，体现了我国古代治国理论"德治与法治相结合"的特色。有人认为邱濬此书是"希望补充传统以来儒家在帝王教育方面的偏失和不足"[①]。错综复杂、千变万化的国家政治问题，不仅要求封建帝王有崇高的道德人格，而且还要有广博知识和实际政治经验，做到德主刑辅、德法结合。

我国古代儒家的国家治理理论，由于适应自然经济基础和君主专制政治制度的发展需要，必然成为君主专制国家的正统思想和意识形态。至汉代统一于董仲舒的"独尊儒术"，至宋明时期统一于"程朱理学"，是上下要求互动发展的结果。程朱学者不断地将"程朱理学"推荐给政治统治者，认为"程朱理学"是最佳的国家治理理论，要求像"独尊儒术"一样独尊"程朱理学"。封建专制君主也发现"程朱理学"是最佳的国家治理理论，于是沿袭自汉以降儒家思想成为国家正统思想的传统。当然，上下认识的统一、协调、默契有一个过程，从两宋开始理学开始向政治、社会渗透，南宋后期理学在政治舞台上大显身手，蒙古入主中原曾一度中断、延缓了这一进程，儒家思想在元朝一度处于十分低下的地位，人称"九儒十丐"，这个任务到明朝才稳步落实。

南宋时期，当时北方的理学中心迁移到了南方，并得到较快发展，而此时北方的学术思想则显得较为粗疏。元朝总的来说是一个多元思想并存的时代，理学只得到部分统治者的器重。这是广大理学家，尤其是南方地区的理学家最不满的。儒学是中国本土的传统思想体系，元朝统治者并不重视，朱元璋作为元朝的反对力量兴起，自然也要反其道而行之，复兴汉统，复兴理学。出于这种动机，朱元璋在夺取政权的过程中，就有意识地启用浙东理学家群体。在中原政权有望重振的形势下，南方地区受压制的理学家纷纷出山，他们不时地向新皇帝推荐治国之策，不断地向朱元璋灌

---

① 李焯然：《从真德秀的〈大学衍义〉到邱濬的〈大学衍义补〉》，《中国实学思想史》，首都师范大学出版社，1994，第653页。

输理学理论。明朝的建立,使理学复兴成为可能。明朝建立后,朱元璋确立了"立国则以仁义为本,治世则以教化为先"(张夏《雒闽源流录》卷一)的方针。理学家纷纷制礼作乐,冯从吾称"本朝以理学开国"形容十分准确。

儒家思想来源于民间,最终走入了上层,为国家上层统治者所接受,成为国家的统治思想和全社会的意识形态,由此以儒家思想为基础的"三纲五常"得以在我国古代被正式确立为国家和社会的核心价值观。正是因为如此,我国古代的封建王朝都呈现出以儒家伦理道德为核心的价值理念、价值取向和道德规范。

从根本上讲,以"亲亲""尊尊"为基础,以国家(即"大家庭")、君王(即"大家长")为核心的"家国同构"或"家国一体"的宗法政治结构,必然产生以血缘宗法道德为核心的价值体系和核心价值观,因为血缘宗法关系在本质上是一种人伦关系,国家的政治关系和社会的人际关系都只不过是血缘宗法关系的扩大和扩展。一方面,"家国同构"或"家国一体"使得血缘宗法关系的调节成为国家政治生活和社会生活的基本课题,家庭伦理成为个体安身立命的重要道德基础。另一方面,"家国同构"或"家国一体"使得国家的治理也按照血缘家族的人伦关系来对待、调节和处理,"孝"不仅成为家庭治理的首要道德要求,而且"移孝作忠"成为"忠"的精神依托和道德依据,也成为国家治理的首要内容,成为"治道"的重要内容甚至首要内容。这就使儒家的伦理道德思想成为连接个人、家庭、家族、社会和国家的重要纽带,也就决定了我国古代政治只能是一种伦理化的政治,或者说政治伦理化,"以孝治天下""德治""礼治"等成为我国古代政治的基本治理模式。

中国传统文化是一种伦理型文化,中国古代政治是一种伦理型政治,强调道德面前人人平等,鼓励人人都要追求圣贤人格,都要加强道德修养,对包括君主在内的政治统治者也提出了严格的道德制约和道德修养要求。在特定的历史条件下,儒家伦理道德思想还鼓励人们自觉地维护正义、忠于国家民族、保持高风亮节，这不仅是我国传统社会具有持久凝聚力的思想道德基础和精神保障，也是中华文化历经磨难而未中绝、历久弥坚的文化根基和精神动力。

四 运用选官制度有效传播传统核心价值观

我国古代统治阶级在制定官吏选拔制度时，无不赋予其儒家任的意识形态和"三纲五常"的价值取向，使以"三纲五常"为主要内容的中国传统核心价值观得到强有力的推行。可以说，中国古代的选官制度，不仅为以"三纲五常"为主要内容的中国传统核心价值观的传播提供了最强有力的渠道，而且通过读书人钻研儒家经典，参加科举考试，学而优则仕，为以"三纲五常"为主要内容的传统核心价值观的传播提供了最有说服力的示范机制和实践效应。

我国自古就有崇德尚贤、选贤任能的选官传统。我国古代官员的选拔方式，大致经历了从世卿世禄制到察举制，再到九品中正制和科举制的发展历程。

《礼记·礼运》云："大道之行也，天下为公，选贤与能，讲信修睦。"我国古代"选贤举能、崇德尊贤"的价值观念可以追溯到中国上古时期的禅让制度，"禅让制"所体现的就是所谓的"天下为公，选贤与能"。

夏商周时期，中国古代"家天下"的政治格局日渐成型，宗法制度使"家国同构"，"天子"把国家政权据为己有，世代相袭，继承制和世袭制一度成为选拔官吏的主导因素。"卿"是我国古代一种高级官吏的称呼，"禄"是官吏所得的享受财物，在"世卿世禄"的选官制度下，天子或诸侯之下的贵族，其"卿""禄"世代相传、父死子继。所谓"世卿世禄"就是按照血缘宗法关系进行分封，各级权力分别掌握在各级贵族手中。嫡长子继承制是宗法制度和"家天下"的核心。随着宗法制度和"家天下"

政治格局的发展，由于家庭、宗族与国家和政治紧密联系、全面结合，中国传统道德尤其是家庭道德中的孝道日益政治化，将事亲、事君、孝与忠混同起来，使人君对人臣可以像人父对人子那样要求。忠、孝等道德的政治化，一方面使君权得以扩张，另一方面也使道德教化更深入地在民间开展。

春秋战国时期，不同学派驳难攻讦，彼此之间争论不已，这一时期各诸侯国采用不同的治国方法、意识形态和价值观念。然而，在官吏选拔上，各诸侯国都贯彻着一个共同的价值取向，即"尚贤"，"选贤任能"的做法越来越多，蔚然成风。当时的选官方法众多，先后有客卿制、养士制、以吏入仕制、举荐制、自荐制以及军功等多重渠道，每一种都体现着"选贤任能"的选拔理念，并伴随着各类选官机制广播流布。这其中最明显的就是军功制。在各诸侯争霸、各国兼并争雄的过程中，"功"是在军事上的最好表现，因此，各国以战争为考验和选拔人才的标准，通过战功进仕，以功劳大小授爵或给予官职，盛行于"战国七雄"并渐成制度。秦统一六国后的官吏选拔也多出于军功。

为了适应君主专制政治制度、中央集权封建国家统治的需要，汉代在秦朝选官制度的基础上，建立和发展了一整套选举人才的制度，包括皇帝征召、察举、大臣举荐、公府与州郡辟除、考试、任子、纳资及其他多种方式。汉代的选官制度不限于一途，而且还可以多措并举，交互使用。魏晋时期，我国的官吏选拔制度又出现了"九品中正制"，隋唐时期形成了科举制。这些选官用人制度在实施的过程中虽然各有利弊，但在其选拔标准的明目规定上都离不开"选贤任能"。

察举制是我国汉代一种由下向上推选人才为官的制度，主要特征是由地方长官在辖区内随时考察、选取人才并推荐给上级或中央，经过考核试用再任命官职。按照举期分类，"察举"的科目主要分为两大类：一是常科（岁科），包括孝廉、茂才（秀才）、察廉（廉吏）、光禄四行，以"孝廉"科为最重要；二是特科，包括常见特科和一般特科，以"贤良方正"

为最重要。

据记载，察举的标准大致有四条，史称"四科取士"："一曰德行高妙，志节清白；二曰学通行修，经中博士；三曰明达法令，足以决疑，能案章覆问，文中御史；四曰刚毅多略，遭事不惑，明足以决，才任三辅令，皆有孝悌廉公之行。"（《续汉书·百官志一》注引《汉官仪》）察举的四科标准虽然具体列有孝廉、茂才、贤良方正、文学（通常指经学）以及明经、明法、尤异、治剧、兵法、阴阳灾异等，但所有科目都以"德行"为先，如孝廉、孝廉方正、至孝、敦厚等，还包括"文法"如明法科，"才能"如尤异、治剧、勇猛、知兵法、明阴阳灾异、有道等，在学问上则均以"儒学"为主。汉代的察举选官制度以"乡举里选"为主要依据，尊重乡里舆论对士人德才评判的可靠性和权威性。

汉武帝对儒家思想的推崇为形成重视"德行"选拔人才的选官制度和社会风气提供了思想条件，"举孝廉"制度成为稳定的入仕制度则为形成重视"德行"的社会风气提供了制度性前提，它就像一根指挥棒，为人们进仕指明了行动方向。欲为官者必须由人举荐，被举荐的先决条件就是以"孝廉"为标准的个人德行，这就为形成重视"德行"的社会风气创造了前提。同时，汉武帝还在京师设立太学，由熟悉儒家经典著作的博士传道授业，从而形成了一整套以重视德行为内在根本、以"举孝廉"为实现形式的人才培育和选拔制度。汉武帝不仅将"举孝廉"制度作为一种选官制度，而且把它作为一种重要的社会道德教化方式，他说："公卿大夫，所使总方略，壹统类，广教化，美风俗也。夫本仁祖义，褒德禄贤，劝善刑暴，五帝三王所由昌也。朕夙兴夜寐，嘉与宇内之士臻于斯路。"（《议不举孝廉者罪诏》）《汉书》曰："令二千石举孝廉，所以化元元，移风易俗也。"（《汉书·武帝纪》）

"征辟制"也是我国汉代一种自上而下的选拔官吏制度，主要有皇帝"征聘"与公府、州郡"辟除"两种方式。皇帝"征召"称"徵"，是皇帝征聘社会知名人士到朝廷充任要职；官府"征召"称"辟"，是中央高级官僚或地方政府官吏任用属吏,再向朝廷推荐。皇帝"征聘"是汉代一种最有尊荣的仕途方式,也称为"特诏"或"特征",皇帝下诏指名征聘,被征者来去自由,朝廷虽可督促,如坚不应命亦不能强制。皇帝通过"征聘"的方式选拔一些有名望的品学兼优之士或备顾问或委任政事,既征之士的地位也不同于一般的臣僚,大都待以宾礼,对于德高望重者特予优待。如汉武帝时西汉儒家学者、经学家申公的弟子奏请武帝迎其师:"上使使束帛加璧,安车以蒲裹轮,驾驷迎申公,弟子二人乘轺传从。"(《汉书·儒林传》)

"辟除"是汉代高级官员任用属吏的一种制度,也称为"辟举""辟署""辟召"等,主要包括中央公府"辟除"和地方州郡"辟除"两种形式。中央公府"辟除"主要由三公(其中以丞相权力最大)以及太傅、大将军府进行"征召",试用之后由公府高第或由公卿荐举与察举,可出补朝廷命官或外长州郡;地方州郡"辟除"主要由地方州郡长官进行"征召",试用之后通过推荐或察举使之进入中央任职或地方任职。"辟除"的标准名义上都是"举贤任能"。

魏晋南北朝时期,"九品中正制"成为一种重要的选官制度,它是察举制的另一种表现形式。所谓"中正"是指掌管对某一地方的人进行德行品评的负责人,称为"中正官"。通过在朝廷命官和各州郡选拔有识见、有名望和善识人才的官员担任各州、郡的中正官,然后负责察访各地士人的"德行"和才能,通过考察家庭出身与背景、个人品行与才能,按其德才声望评定为九个等级作为依据向吏部举荐,然后吏部依据中正官报告的品级授予被举荐之士官职。中正官负责品评和他同籍的士人,主要有三项内容:一是"家世",二是"行状",即个人品行才能的总评,相当于德行评语,三是"定品",即确定品级。"九品中正制"上承两汉时期的察举选官制度,下启隋唐时期的科举选官制度,在我国古代政治制度史上占有重要地位。

科举制是我国古代一种重要的选官制度,正式诞生于隋朝。科举制的产生和发展是历史的必然，它与皇权专制政治的不断强化相适应。"察举制"的消极性及"九品中正制"的实行使国家选人用人的权利落入少数人手中，并酿成拉帮结派、结党营私以及削弱中央权威的恶果。为强化中央集权制特别是皇帝的权威，掌握对全国优秀人才录取和任命的权力，扩大官吏选拔来源，向更多阶层推广国家意识形态和核心价值观，加强对人民大众的思想教化和对知识分子的笼络，科举制应运而生，经唐宋发展，到明清时期达到巅峰，清末被废除，在中国历史上存在1300年之久。科举制不仅与皇权的不断强化相适应，为中央朝廷特别是皇帝扩大官吏选拔来源，掌握对全国优秀人才的录取和任命权，而且通过选拔要求和程序向社会更多阶层推广国家意识形态和核心价值观，加强对知识分子的笼络和人民大众的思想教化，起到了重要的历史作用。

五　以政治决策推进推广核心价值观培育践行

中华民族自古以来就高度重视德政和德治，特别重视人伦道德。自周公提出"敬天保民""以德配天""明德慎罚"的治国理念以来，逐渐形成了以儒家思想为代表的"以德治国""为政以德"的政治传统，十分强调道德和道德教育在治国安民中的重要地位和作用，中国古代也因此体现出源远流长的"以德为先"的德政思想传统和趋善求治的政治价值取向。通过政治决策、政策主导，是古代中国传统核心价值观得以大力传播的重要途径。

在中国历史上，统治者通过政治决策、政策主导的途径大力推进道德建设、确立和发展中国传统核心价值观，影响较大的有：

一是西周时期就设立了负责道德教化的官员，并制定了"周礼"。

二是春秋战国时期，秦始皇统一六国后实施"焚书坑儒"政策。

三是西汉时期（公元前134年）董仲舒提出"罢黜百家，独尊儒术"

和"三纲五常",为汉武帝所采纳;东汉时期(公元79年)汉章帝把"三纲五常"确定为中国封建社会的意识形态。

四是东汉初年佛教传入,与我国本土的儒教、道教发生论战。公元573年北周武帝召集百官及沙门道士等讨论佛、道、儒"三教"问题,辨释"三教"先后,作出了"以儒为先,道教为次,佛教为后"的结论,从此我国说"三教"即指儒、道、佛。因在我国历史上还发生过北魏太武帝灭佛、唐武宗灭佛、后周世宗灭佛的历史事件,与北周武帝灭佛事件合称"三武一宗灭佛"。

五是清初康熙九年(1670年),康熙以皇帝的名义颁布"圣谕十六条"作为"化民成俗"的基本规范。康熙晓谕礼部,称"至治之世,不以法令为亟,而以教化为先"。在顺治帝"六谕"——孝敬父母、尊敬长上、和睦乡里、教训子孙、各安生理、毋作非为的基础上,颁布"圣谕十六条"作为施政纲领,内容包括敦孝弟以重人伦、笃宗族以昭雍睦、和乡党以息争讼、重农桑以足衣食、尚节俭以惜财用、隆学校以端士习、黜异端以崇正学、讲法律以儆愚顽、明礼让以厚风俗、务本业以定民志、训子弟以禁非为、息诬告以全善良、诫匿逃以免株连、完钱粮以省催科、联保甲以弭盗贼、解雠忿以重身命等共十六条。"圣谕十六条"从各方面对民众进行劝导,成为全国臣民的行为准则。康熙二十年(1681年)又将这十六条"圣谕"详细加以解释,并配以故事和图像,成为"圣谕像解",广为宣传,使之"家喻户晓"。

六是到近代孙中山先生提出了"忠孝仁爱信义和平"的"新八德",把它作为"三民主义"的重要内容;1934年国民政府发动"新生活"运动,把礼、义、廉、耻"四维"和孙中山的"新八德",合称"四维八德",列为"新生活"运动所倡导的国民道德的两大主题。

六　中国传统核心价值观的重要启示

以"三纲五常"和名教观念为主要内容的中国传统核心价值观，是统摄、牵动和影响中国传统社会价值体系、道德规范体系和中国传统文化的灵魂和总纲，对于确定中国传统文化的发展路向，推动中国传统社会价值体系和思想道德体系的发展，培育民族精神，锤炼民族性格，起到了十分重要的历史作用。正是由于中国传统核心价值观所蕴含的思想力量、道德力量和精神力量，中华民族才得以五千多年绵延发展而不亡，在多灾多难的历史进程中始终奋进不止，成为世界历史上仅存的"文明古国"。从中国传统核心价值观的源流发展和演变进程中可以看到，中国传统核心价值观经历了一个从萌芽、产生到确立，再到不断完善，进而又遭遇重大挑战和重大调整的过程，体现了中华民族独特的理论思维方式、实践建构方式、强化践行模式和独特的传播体系与方法，为新时代建设社会主义核心价值体系、广泛践行社会主义核心价值观提供了重要历史启示。

（一）顺应生产方式和政治变革的发展需要

马克思主义认为，生产方式是人类社会发展的决定性力量，决定着社会制度的性质及发展更替，制约着整个社会的经济生活、政治生活、社会生活和精神文化生活的过程。核心价值观的培育和发展一定要适应社会生产方式和政治变革的发展需要，适应生产方式对上层建筑和意识形态提出的发展要求。

从中国传统核心价值观的源流演变历程中可以看到，儒家思想之所以成为中国古代社会的国家意识形态，"仁义礼智信"之所以成为中国传统核心价值观，关键是顺应了中国古代的自然经济生产方式和君主专制政治的发展需要，适应了中国古代社会统治阶级追求国家稳定、社会秩序与社会和谐的需要。近代以来中国之所以遭遇挑战，主要是因为不适应近现代市场经济的兴起和新型资本主义的生产方式，不适应近现代追求国家富强、社会变革和快速发展的时代要求。

随着中华人民共和国成立和改革开放以来社会主义市场经济的发展，我国的经济基础和上层建筑都发生了变化，新时代的中国处于决胜全面建成小康社会和全面建设社会主义现代化强国的关键时期，社会主义生产方式必然要求形成与之相适应的社会主义核心价值观。一方面，需要站在时代发展和社会进步的前沿，摒弃过时的、落后的、不符合时代发展要求的价值理念，建构起与社会主义生产方式和政治上层建筑相适应的思想观念、价值标准和道德要求，建设社会主义核心价值体系，大力培育和弘扬社会主义核心价值观，为全面建成小康社会和全面实现社会主义现代化提供精神指引。另一方面，需要继承和汲取中华优秀传统文化的有益成分，注入由社会主义生产方式所决定的、符合社会主义先进文化发展方向的全新价值观念和价值要素，对中国传统核心价值观进行创造性转化和创新性发展，实现现代转型，使之成为社会主义核心价值观的重要源泉，得以传承和新生。

（二）核心价值观在文字上宜精炼简明易记易传

从中国传统核心价值观的源流演变历程中可以看到，无论是思想家、政治家个人提出的核心价值观，还是通过国家政治决策确立的核心价值观，其文字表达都非常简明扼要，易记易传，有的仅一个字，有的两个字、三个字、四个字，多则五个字、八个字，从哲学上高度抽象概括出核心价值观所要求的价值理念，使人过目不忘。

比如孔子提出"仁"与"礼"，孟子提出"仁"与"义"，荀子提出"礼"与"法"作为核心价值观（也有人认为孔子提出的核心价值观是"智仁勇"三达德；孟子提出的核心道德是"仁义礼智"）。管子提出"礼义廉耻"国之四维。墨子以"兼爱"作为核心道德。老子以"慈"和"俭"作为核心道德即核心价值观，他说："我有三宝，持而保之，一曰慈，二曰俭，三曰不敢为天下先。慈故能勇。俭故能广。不敢为天下先，故能成器长。"（《老子·第六十七章》）陆贾提出"仁义为本"，贾谊提出"仁义礼智信"五常并举,董仲舒提出"仁义礼智信"五常作为核心价值观,为汉武帝所采纳,为白虎观会议所正式确立。韩愈和柳宗元都认为只有"仁义"才是治理国家的根本原则。周敦颐提出"诚"是"仁义礼智信"的根本,建立"以诚为本"的道德本体论;程颐、程颢把"仁义礼智信"的整体德目发展成为"五常全体四支说",认为"仁"是全体,"义礼智信"是四支,即认为"仁"是核心价值观中的最核心;朱熹也把"仁"看作是核心价值观中的最核心部分,认为"仁包四德","百行万善总于五常,五常又总于仁",也有人认为朱熹提出的核心价值观是"孝悌忠信礼义廉耻"的"朱子八德"。还有人认为,中国古代社会的核心价值观是"忠孝节义"或"自强不息、厚德载物"等。

到近代,谭嗣同把"仁"作为万事万物的本源;孙中山提出"忠孝仁爱信义和平"的"新八德";新文化运动和五四运动提倡民主与科学;中华民国政府把"礼义廉耻"和孙中山的"新八德"合称"四维八德",作为"新生活"运动国民道德建设的两大主题;新民主主义革命时期我党提出建立"独立、自由、民主、统一和富强"的纲领等。

一个国家和社会的核心价值观,需要抓住这个国家和社会价值体系的根本和纲领,纲举目张,不要也不可能求全。面面俱到不是核心价值观要解决的理论任务,而是社会价值体系需要解决的实践问题。中国古代社会的"伦理纲常"和传统核心价值观,主要抓住了君臣关系、夫妻关系、父子关系这三大人伦关系,其他的伦理道德规范和价值观念都是在这三大关系的基础上推演出来的。中国传统核心价值观的表达形式值得新时代培育和践行社会主义核心价值观大力借鉴。

(三)建立理论化系统化的道德规范体系作支撑

中国传统核心价值观的源流演变历程说明,它不仅有着深远的历史根基,继承和发展了中国古代自道德产生尤其是自西周以来重视道德教化的传统,而且形成了理论化系统化的价值体系和道德规范体系作支撑。

春秋战国时期,以孔孟为代表的先秦儒家对先前历史上零散、庞杂的道德规范进行了系统化，不仅确立了一个以"仁"为核心的道德规范体系，提出了中庸、智仁勇、忠孝仁爱、礼义廉耻、智勇信敬、恕悌友善、和逊正庄、温良恭俭让、恭宽信敏惠等一系列德目，极大地丰富了中国传统道德，而且提出了核心道德，统领其他德目，既突显了核心价值理念，又易于为人们所把握。

到汉代，董仲舒本来是儒家学者，但他以儒家宗法思想为中心，整合吸收了黄老道家、法家、阴阳家的思想，形成了一套完整的帝制神学思想体系，建构了"三纲五常"的核心价值观。董仲舒提出的"天人感应""大一统"学说和"三纲五常""罢黜百家，表彰六经"等理论，体现了对先秦孔孟儒家思想的明显改造。

汉以后的儒者对"五常"的构建仍然有不断的发展和完善，宋代以程朱为代表的宋明理学既继承了孔孟传统，又吸取改造了唐以来儒释道思想融合的成果，把"三纲五常"说成是"天理"，强调其天定性、本源性、普适性和永恒性，以此来增强其权威性，同时也非常强调以"仁"德统领"义礼智信"四德，论证了以"仁"为本为体，以"义礼智信"为末为用的"五常"之道，从而完成了"五常"价值观道德观的系统理论构建，使中国传统核心价值观建立在更加系统的理论基础之上。

社会主义是人类社会发展至今最进步的社会实践运动、社会制度和社会形态，社会主义核心价值观和社会主义文化也应该是顺应人类社会发展趋势的最进步、最先进的核心价值观和文化形态。新时代培育和践行社会主义核心价值观，不仅应该站在中华民族五千年文明发展的历史进程中看待中国传统核心价值观和传统文化，而且应该站在人类文明发展的时代前沿来看待世界文明与中华文明的相互激荡，必须具有世界眼光和全球视野、必须面向现代化和面向未来面向世界，着眼于全面建成社会主义现代化强国、全面推进中华民族伟大复兴的新时代要求，积极进行价值创造和文化创新，大力构建与社会主义市场经济相适应、与社会主义法治体系相协调、与人类文明发展趋势相一致的社会主义思想道德体系，为培育和践行社会主义核心价值观提供厚实的思想道德基础和强大的精神支撑。

（四）以"礼法"硬约束强化践行

我国古代国家治理和社会治理往往通过家谱族规、乡规民约和礼制、礼教、礼俗等制度化形式来强化道德规范体系和践行核心价值观，往往把"软约束"与"礼法"等制度建设的"硬约束"相结合。

中国古代把维护社会等级秩序的道德规范体系和核心价值观要求寓于礼制、礼法之中，使之转化为人们的具体行为规范并付诸行动。例如在把它具体化为人们日常遵守的各种礼仪和法律的同时，还把社会的道德要求和核心价值观与利益奖惩机制紧密挂钩，对道德典范施行重奖，对道德失范施行重罚。比如通过举孝廉、举贤良等途径选拔官吏，实际上就是给"道德典范"奖励官职，朝廷为倡导妇女守"贞节"而予以嘉奖并树碑立牌坊等；对"道德失范"则予以严厉惩治，在"礼法"和家谱族规中对此作出明确规定。

核心价值观的培育和践行，既需要教育教化、自我内化，又需要制度强化、行为固化，需要自律与他律、德治与法治有机结合。培育和践行社会主义核心价值观需要与社会主义经济、政治、文化、社会和生态等各方面的制度安排与体制机制设计紧密结合起来，用社会主义法律体系和法治权威来增强培育和践行社会主义核心价值观的自觉性主动性，形成良好的利益机制引领、制度规范导向和社会环境氛围。

要将社会主义核心价值观的具体要求融入经济、政治、文化、社会、生态建设和党的建设等各项制度之中，融入国家法律法规和党内法规体系，融入各项路线方针政策。此外，还要按照社会主义核心价值观的基本要求和具体要求建立健全各行各业各领域的规章制度，完善市民公约、乡规民约、职业道德规范、学生守则等行为准则，使社会主义核心价值观成为人们职业工作、日常生活和社会活动的基本遵循。

第四章

中国传统核心价值观的传播方法

中国古代社会核心价值观之所以得以长期传承，不仅在于有着为君主专制政治统治服务的明确目标、完备的内容体系，而且在于有着中国古代国家统治者的政治主导与大力推进、坚实的支撑体系和完整的传承体系。中国古代的"大一统"观念和"德政""德治"政治传统，是中国古代思想文化"大一统"、中国传统核心价值观意识形态化的政治基础和强大推动力量，中国古代选官制度有力推动了中国传统核心价值观的有效传播，政治决策、政策主导是中国传统核心价值观大力传播的重要途径。同时，中国古代传统核心价值观还有着一套完整的传播方法和社会实践模式，形成了一套独具特色的践行策略，从而取得了深刻而持久的效果。虽然时空条件已经发生了很大变化，但中国传统核心价值观在中国古代社会的传播方式和践行模式，为新时代传承弘扬中华优秀传统文化及其核心价值理念、积极培育和践行社会主义核心价值观提供了可资借鉴的理论资源。

一 形成一套知情意传有机统一的传播方法

我国具有悠久的历史和灿烂的文化，是世界上文明发达最早的国家之一，在五千多年的文明发展进程中逐渐形成了以"仁义礼智信"为主要内容的传统核心价值观。核心价值观是文化的灵魂和总纲，同时又以文化繁荣为条件和支撑。博大精深的中国传统文化是承载和传播中国传统核心价值观的文化条件和深厚基础，使中国传统核心价值观既被教育强化又潜移默化，就像空气一样无处不在。众所周知，我国古代对图书的分类方法主要采取"经、史、子、集"的四分法，它基本上囊括了中国古代所有的图书。事实上，"经、史、子、集"不仅是中国古代对图书的分类方法，事实上也是中国古代传播核心价值观的一套完整方法，我国传统文化作为我国传统核心价值观的主要载体发挥着重要的支撑作用，它体现了我国传统文化承载和传播我国传统核心价值观的一整套完整的理论和方法，体现了内容和形式的有机统一，体现了知、情、意、传的有机统一。它启示我们，新时代培育和践行社会主义核心价值观形成一套系统科学有效的理论体系和传播方法十分重要。

（一）中国古代图书分类法与中国传统核心价值观的传播

我国传统文化源远流长，博大精深、内容丰富，历代产生和留下的文化典籍可以说不计其数，对文化古籍的分类整理也很早就开始了。据记载，在公元前26年西汉成帝时期，由刘向、刘歆父子先后主持，我国开始了第一次大规模的文化古籍整理，内容包括搜辑、校勘、分类、编目等，最终编成我国最早的国家图书馆目录《七略》。所谓"略"，即"领域"之意，《七略》即指"七大领域"，将当时我国的文化典籍划分为六艺、诸子、兵书、数术、方技、诗赋等六大类加辑略，"辑略"意为概论性质，总题《七略》。刘向、刘歆整理的《七略》虽已亡佚，但基本内容被班固编撰保存在《汉书·艺文志》中，成为我国目前保存最早的古籍分类目录。

汉代以降各种官修、私撰的古籍分类目录不断涌现，分类方法也不断改进。西晋时期的荀勖在《七略》的基础上并取魏晋大臣郑默编撰《中经簿》的分类方法编撰《晋中经簿》（亦称《中经新簿》），是一部综合性的藏书目录。《晋中经簿》将"六略"改为"四部"，按照"甲、乙、丙、丁"四部分类，依次对应后来的"经、子、史、集"。甲部收录了"纪六艺及小学等书"，相当于《七略》中的"六艺略"；乙部收录了"古诸子家、近世子家、兵书、兵家、数术"等，相当于《七略》中的"诸子"

"兵书""数术"三略和"方技略中"的一部分；丙部收录了"史记、旧事、皇览簿、杂事"等，是一类新兴的史部书和类书；丁部收录了"诗赋、图赞、汲冢书"等，相当于《七略》中的"诗赋略"，但范围和数量都有所扩展。《晋中经簿》的编撰反映了我国从汉至晋三百多年学术发展的基本状况，奠定了四部分类法的基础，被认为是我国古代图书目录分类体系的一次变革。

东晋时期的李充依据《晋中经簿》编成《晋元帝四部书目》。根据当时古籍的实际情况，李充只以"甲、乙、丙、丁"作为四部次序而不立各部类名，而对内容进行了顺序调整，将乙、丙两部更换，将史书改入乙部、子书改入丙部，从而成为甲部纪经书、乙部纪史书、丙部纪子书、丁部纪集部书。李充重分四部，使"甲、乙、丙、丁"的次序内容更好地对应了"经、史、子、集"，五经为甲部、史记为乙部、诸子为丙部、诗赋为丁部，从此"经、史、子、集"四部分类法略具雏形，成为后世官修图书目录分类法。唐初官修图书目录《隋书·经籍志》中，李充的"四部"分类法被正式定名为"经、史、子、集"四部，并进一步细分为40个类目，我国古代图书的"四部"分类法最终确立。

清代乾隆时期编修的大型丛书《四库全书》，全称为《钦定四库全书》，是在乾隆皇帝主持下由纪昀（字晓岚）等360多位官员、学者耗时13年编撰而成的，采用"经、史、子、集"四部分类法，故名为"四库全书"。全书"四部"之下有"类"，"类"下有"属"，共分4部44类66属。据文津阁藏本，共收录3462种图书，共计79338卷，36000余册，约8亿字。编修《四库全书》是我国古代最大的一项文化工程，对我国古典文化进行了一次最系统、最全面的总结和分类，呈现了我国古代文化的知识体系，可以称为我国传统文化最丰富最完备的集成之作，内容极其广泛，包括哲学、文学、历史、政治、经济、语言文字、伦理、民俗、地理、科技、典章制度等，几乎所有的学科都能够从中找到源头和血脉，是研究中国古代社会不可缺少的重要文献。

四部分类法不仅是我国古代图书分类需要的产物,也是我国传统文化的产物。内容决定形式,形式适应内容要求,四部分类法体现了我国传统文化典籍的不同内容,是我们今天熟悉我国文化典籍,进而了解我国传统文化的一把钥匙。因此,我们可以用"经、史、子、集"泛指中国古代文化典籍,"两都各聚书四部,以甲乙丙丁为次,列经史子集四库"(《新唐书·艺文志一》)。一部《四库全书》可以说是我国传统文化的一个缩影。从内容到形式,可以看到中国传统文化对承载和传播中国传统核心价值观的强大支撑作用。

　　"经",是指经书,指儒家经典著作,意味着对纲常伦理和儒家思想道德的理论承载和阐发;"史",是指史书,即正史,意味着对纲常伦理和儒家思想道德的故事叙事和流传;"子",是指先秦百家著作及宗教,意味着对伦理纲常和儒家思想道德的深入讨论和不同认识;"集",是指文集,即诗词汇编,意味着对伦理纲常和儒家思想道德的情感认同和抒发。因此,"经、史、子、集"也是一套"知情意传"相统一的中国古代儒家思想道德和传统核心价值观的系统传播方法。

(二)"经":注重中国传统核心价值观的理论化

　　"经史子集"中的"经",主要指中国古代社会中的政教、纲常伦理、道德规范,也就是儒家典籍。儒家思想道德是以"三纲五常"为主要内容的中国传统核心价值观的理论基础,儒家经典所讲的事实上就是儒家思想道德的系统理论及其流变发展,也就是中国传统核心价值观的思想理论基础和根本道理,也就是讲理论、讲道理,注重从理论上讲明白,系统阐发中国传统核心价值观的理论认知。

　　在"经、史、子、集"中,"经"排在首位。古人认为"经者,道之常",也就是永恒的真理,字字珠玑、句句真理,颠扑不破。如刘勰把"经"看作是"恒久之至道"——"三极彝训,其书言经。经也者,恒久之至道,不刊之鸿教也"(《文心雕龙·宗经》)和"极文章之骨髓者"——"故象天地,效鬼神,参物序,制人纪,洞性灵之奥区,极文章之骨髓者也"(《文心雕龙·宗经》)。

　　我国古代把说明天、地、人"三才"的道理的书籍叫"经",代表着永恒的、绝对的道理。"经"被认为是圣人创制的经典,取法于天地,证验于鬼神,探究于事物排列的秩序,从而制定出"人伦纲纪",是不可改易的谆谆教诲和伟大教导。"经"就是代表永恒真理和绝对真理的著作,"经书"作为思想、人文、道德、精神、行为等标准的"书",被认为深入到了人类灵魂的深处,探究掌握了文章的根本,因此被称为经典,亦被称为宗教中讲教义的书,或称为某一方面事物研究的专著。

　　如我国古代的"经书"有研究儒家思想的"儒经"、研究道教的"道经"和研究佛教的"佛经"等。我国古代将以孔子为代表的儒学思想家所编著的典籍称为"经书",也就是"经"。随着儒家思想的不断发展,儒家典籍即儒经也越来越多,最初只有"诗书礼易乐春秋"六种,也叫"六经"或"六艺",其中"乐经"随着时代久远失传了,所以"经书"实际上只有"诗书礼易"和"春秋"五种,称为"五经"。汉武帝"独尊儒术,罢黜百家"以降,儒经经书的地位大大提高,加之汉代提倡"孝治",东汉时经书增加了《孝经》和《论语》,与"五经"合称为"七经"。

　　随着朝代的更替和发展,至我国隋唐时期《春秋》分为"三传"即《左传》《公羊传》《谷梁传》,《礼经》分为"三礼"即《周礼》《仪礼》《礼记》,这六部"经书"加上《易》《书》《诗》,这九部儒家经典合称"九经",以"明经"科取士。据传"九经"的提出是对应"中庸之道"用来治理天下、国家,以达到"太平和合"的九项具体工作。《中庸》曰:"凡为天下国家有九经,曰修身也,尊贤也,亲亲也,敬大臣也,体群臣也,子庶民也,来百工也,柔远人也,怀诸侯也。"(《中庸·第二十章》)这九项具体工作即指修养自身、尊重贤人、爱护亲族、敬重大臣、体恤众臣、爱护百姓、劝勉各种工匠、优待远方来的客人、安抚诸侯,目的在于继承、发展和弘扬"克明俊德,以亲九族。九族既睦,平章百姓。百姓昭明,协和万邦"(《尚书·尧典》)与"大学之道,在明明德、在

第四章　中国传统核心价值观的传播方法　123

亲民、在止于至善"(《礼记·大学》)的儒家太平社会理想。

到了晚唐,又在"九经"的基础上加上了《论语》《尔雅》和《孝经》,共为"十二经",儒家经典由"七经"变为"九经"和"十二经"。

到宋代时,因为"理学"的盛行,一些理学家推崇孟子的思想,又把《孟子》一书也正式列为"经书",和"十二经"一起形成"十三经"。

"十三经"作为我国古代儒家思想的经典,得到我国古代封建统治者的大力推崇,在我国历史上的影响是其他典籍无法比拟的,封建统治者既从中寻找治国平天下的大政方针,又从中确立对臣民思想行为的道德规范和民风民俗。一般认为,"十三经"指《诗经》《尚书》《周礼》《仪礼》《礼记》《周易》《左传》《公羊传》《谷梁传》《论语》《尔雅》《孝经》《孟子》等十三部儒家"经书"。宋代之后儒家经典尽管有所变化,但终究没有跳出"十三经"的范围。此外,朱熹从《礼记》中取出《大学》《中庸》两篇与《论语》《孟子》相配,称为"四书",也是公认的儒学经典。

"儒经"的发展为以"三纲五常"为核心价值观的中国传统文化形成民族凝聚力和文化认同发挥了不可取代的主导作用。同时,随着"儒经"在我国古代社会中定于一尊,历代学者纷纷为诸经作注作疏,结合历史的发展和现实要求进行解释和阐发,所谓"注"主要是对各部经书字句的注解和诠释,又称为"传、笺、解、章句"等;所谓"疏"主要是对"注"的注解和说明,又称为"义疏、正义、疏义"等。"注"和"疏"的主要内容包括对"经书"中文字的正假、语词的意义、音读的正讹、语法的修辞以及名物、史实、典制等的作注和解释。

例如宋代将宋代"十三经"以及宋代以前对"十三经"的"注疏"合刊,形成一整套经书及其注文,称之为《十三经注疏》。《十三经注疏》实际上是对"十三经"的诠释和解释,用今天的话说就是通俗化、大众化,这为儒家经典走向大众走向民间、普及儒家经典具有重要作用。

历朝历代的儒家典籍,加之儒家典籍之外的记录朝代历史的经书典籍,反映了历史的发展变化和时代特征,反映了儒家思想作为中国古代社会的国家意识形态的发展历程。"儒经"的发展为以"三纲五常"为主要内容的中国传统核心价值观提供了与时俱进的理论论证，提供了深厚的理论基础和强大的理论支撑，是中国传统核心价值观理论认知的历史发展和理论构架的一幅"经纬图"，对中国传统核心价值观的理论认知和历史认知具有重要的认识价值和支撑作用。

（三）"史"：注重中国传统核心价值观的故事化

"经、史、子、集"中的"史"，主要是指我国古代各种体裁的历史著作，包括正史、编年、纪事本末、传记、载记、别史杂史、诏令奏议、时令、地理、职官、政书、目录、史评等历史类书籍。我国古代史书强调"以史载道"，以求"究天人之际，通古今之变，成一家之言"（司马迁《报任安书》），这事实上讲的都是我国传统核心价值观的历史故事和历史叙说，注重用故事吸引人、感染人、打动人。我国有5000多年的文明历史，浩如烟海的史书典籍构成了我国悠久的史学传统。根据我国史书典籍的不同体裁，可分为编年体、纪传体、纪事本末体和典志体等四大类。

编年体史书是我国最早出现的一种史书体裁，是一种以时间为中心，以年代为线索，按照年、月、日的时间顺序记述、编排历史事件的历史记述方法。因为编年体史书是以时间为经、以史事为纬，"以天时记人事"，优点是比较容易反映同一时期历史事件之间的相互联系，不足是难以集中反映同一历史事件的前后联系和与重大历史事件密切关的人和事。例如我国具有代表性的编年体史书有《春秋》《左传》《资治通鉴》《竹书纪年》《汉纪》《后汉纪》《国榷》等。

纪传体史书是一种以为人物立传的方式记叙历史事件的历史记述方法，即以人物活动为中心记载历史事件，就是为人物立传，通过记叙人物活动反映历史事件，可以看作是本纪、世家、列传、书志、史表和史论等的一种综合体裁。皇帝的传记称为"本纪"，基本上是编年体，主要记述帝王本人的历史事件；诸侯和贵族的传记称为"世家"，主要记载诸侯和贵族的历史事件；一般人的传记称为"列传"，主要记述各方面代表人物的历史事件;各种特殊情形人物的传记称为"载记",主要记载不属于正统王朝的割据政权的历史事件,如我国历史上匈奴、鲜卑、羯、氐、羌等少数民族政权的历史等;记载典章制度、风俗习惯和自然、经济、社会等各方面历史事件称为"书志";以表格排列方式记叙历史大事称为"表",主要记述各种错综复杂的社会历史情况和无法一一写入列传的众多人物,有世表、年表、月表、世系表、人表等多种形式;反映史家历史见解的记述称为"史论",主要是关于历史人物和历史事件的评论、交代所叙历史事件的由来与宗旨、对政治得失成败、盛衰兴亡的评论等,包括卷首序和卷后论等。纪传体史书通常以人物为线索纲要,根据历史事件发生的时间进行记载,结合历史事实进行评论,史论结合,具有很强的感染力、说服力。例如《史记》《三国志》《二十五史》等都是纪传体史书。

纪事本末体史书是一种以历史事件为主体,完整地叙述一个历史事件始末缘由的历史记述体例和方法,与编年体史书、纪传体史书合称为我国古代"三大史体"。一般认为,纪事本末体史书有两种形式,一是"一书备诸事之本末",二是"一书具一事之本末",将重要历史事件分别列目,独立成篇;各篇又按照时间顺序编写,兼有编年体史书和纪传体史书的优点。我国历史上具有代表性的纪事本末体史书如南宋袁枢的《通鉴纪事本末》,明代陈邦瞻的《宋史纪事本末》《元史纪事本末》,清代谷应泰的《明史纪事本末》等。

典志体(又称典制体)史书是一种以典制为中心记述历代典章制度及其因革损益的历史记述体例和方法,以"分门别类"为表述特点,也称分类书。一般认为,典制体史书是从纪传体史书的"书志"发展而来的,逐渐成为独立的史书体裁和记述方法。如唐代杜佑在刘秩编撰的《政典》基础上编撰的《通典》被认为是我国历史上第一部有重要影响的典制体政书,全书共200卷,采自五经群史,记述了上自黄帝下至唐代天宝之末的典章制度,分为食货、选举、职官、礼、乐、兵、刑、州郡、边防等九"门","门"下又分"子目","子目"之下又再分"细目"。唐代杜佑的

《通典》与元初马端临的《文献通考》、南宋郑樵的《通志》合称"三通"。

我国古代强调"以史载道"和"文以载道",意思就是说记述历史事件和写文章这类事情就像车马,"道"就像车马上所载的货物,通过车马的运载可以达到目的地,记述历史、著书撰文、文学艺术、诗词歌赋等都是传播儒家思想之"道"的手段和工具。"以史载道"和"文以载道"是我国传统文化高度重视"大道之行"、道德教化、精神文化产品生产的一种重要观念,反映了我国古代关于历史、文学和其他作品社会作用的深刻认识,同时也是我国古代政治统治对历史著述、文学创作和其他作品生产的内在要求。

我国古代著史立说、进行文学创作和其他作品生产,并不是一种简单的、个体式的历史叙事、文学创作和其他作品生产,而是要通过创作阐发思想,弘扬精神,淳化社会,寻找历代王朝兴衰的规律和人们为人处世的深刻道理。对于历史而言,司马迁所说的"究天人之际"就是要通过历史事件探讨"天道"和人事之间的关系,所谓"通古今之变"就是要通过考察历史发展演变的进程寻找历代王朝兴衰成败的规律。

我国历史上讲的"以史为鉴",就是要把历史上的成败得失作为鉴戒。唐太宗说:"以铜为镜,可以正衣冠;以史为镜,可以知兴替;以人为镜,可以明得失。"(《旧唐书·魏徵传》)"究天人之际,通古今之变"和"以史为鉴"代表了我国古代一种强烈的历史意识和历史价值追求,即"以史论道""以史明道""以史载道""以史传道"。

我国古代史家认为,以历史事实记载作为教材可以让统治者明善恶、知惩劝。汉代刘勰云:"世历斯编,善恶偕总。腾褒裁贬,万古魂动。"(《文心雕龙·史传》)关于史籍的作用,刘勰还说:"使一代之制,共日月而长存;王霸之迹,并天地而久大。"(《文心雕龙·史传》)除了"扬善垂范"还包含歌颂统治者功业之意。

汉代司马谈在临终前嘱咐司马迁要继承其遗志,修撰史书要"盛业明德""以史明道",所谓"盛业明德"就是必须依赖典籍记述方能传扬于后世，必须通过历史叙事阐明"天下大道"即儒家纲常之道，所谓"以史明道"就是要通过历史叙事阐明"修齐治平"之道。他说："今汉兴，海内一统，明主贤君、忠臣死义之士，余为太史而弗论载，废天下之史文，余甚惧焉，汝其念哉！"（《史记·太史公自序》）司马迁也说："《春秋》采善贬恶，推三代之德，褒周室，非独刺讥而已也。汉兴以来，至明天子，获符瑞，建封禅，改正朔，易服色，受命于穆清，泽流罔极。海外殊俗，重译款塞，请来献见者，不可胜道。臣下百官力诵圣德，犹不能宣尽其意。且士贤能而不用，有国者之耻；主上明圣而德不布闻，有司之过也。且余尝掌其官，废明圣盛德不载，灭功臣世家贤大夫之业不述，堕先人所言，罪莫大焉！"（《史记·太史公自序》）

可以说，我国古代史籍是我国传统文化的重要载体和主体部分，基本包括了我国传统文化的主要内容。我国传统文化中的哲学思想、人文精神、伦理道德、文学艺术、科技文化、经济文化、政治文化、军事文化、风俗习惯、教育思想、法律宗教以及衣食住行等方面的文化传统，基本上都存在于我国古代史籍之中。

儒家思想自汉武帝以来成为国家意识形态，支配我国古代思想文化领域长达两千多年，是我国古代社会道德行为准则的思想理论基础，成为我国古代修纂史书须臾不可脱离的指导思想，也是史书通过历史叙事和历史经验需要阐明的史义、史道和"大道"。

"经学"是我国古代儒家思想的集中体现，"六经皆史""经史一物""经史一也"等对经史关系的看法，表明在儒家思想的笼罩下，我国古代传统学术包括史书皆依附于"经学"，"文以载道""史以明道"，文史之学不过"羽翼经训"，成为经学的附庸。"考信于六艺、折中于夫子"（《史记·孔子世家》）是我国古代史家考史的基本准则。

我国古代对史、经、理、心之间的内在关系有着一种深刻认识。明代史学家许诰说："经以载道，史以纪事。因行事善恶以示劝戒，是史亦载道也。"（《通鉴前编序》）明代汤明善说："史，一经也；经，一理也。

吾心之中万理咸备，以心之理而观经，则理不在经而在心；以经之理而观史，则史不以迹而以理……其迹参乎史，其理准乎经，进退予夺森然……"（《人代纪要·序》）正是在体裁种类繁多、内容包罗万象的我国古代史籍中蕴藏着我国传统文化的丰富宝藏，通过生动鲜活的历史故事和历史叙事吸引人、感染人、打动人，传递着以"三纲五常"为主要内容的中国传统核心价值观和中国传统文化。

（四）"子"：注重中国传统核心价值观多样化表达

"经、史、子、集"中的"子"，主要是指诸子百家、三教九流等著作，这事实上是对中国传统核心价值观和中国传统思想文化的各种讨论甚至争论，也就是注重深入讨论，表达对不同学说的见解、不同学派的理解等，注重在讨论甚至争论争鸣中深化和传播传统核心价值观和中国传统文化，注重在全方位、立体化、多角度的文化体系中诠释和传播传统核心价值观和中国传统文化。

《四库全书》把《六经》以外的立说者皆归为"子"书，包括诸子百家的作品，记载了中国古代的宗教、人文、艺术、自然、科学、技术、小说等内容。在我国古代，除儒家之外还有墨、法、兵、农、医、天文算法、术数、艺术、谱录、杂家、类书、小说家等，别教有释、道，共十四类，其中宗教典籍分为道教和佛教两类。道教是我国本土宗教，随着历史的发展道教文化也不断得到传播，在传播过程中积累了很多经典著作，记载非常多的包括占卜、医学等内容，对研究中国传统文化的发展有重要作用。佛家典籍包括通过翻译而来的佛教经典和中国佛教信徒编著的佛教典籍。

《四库全书》的"子"部，从又一个侧面反映了中国传统文化和中华文明孕育演化发展的历程，反映了中国历史上各种思想文化、观念形态、思维方式、物质文明、科学技术、生活方式等汇集而成的总体表征，真正体现了历史悠久、博大精深、多样开放、丰盛富饶的特点。

中国传统文化不是一个封闭的系统，而是中华民族集体智慧的结晶，这个文化体系蕴涵着丰富的文化内容。

一是中国传统文化兼容多样，包罗万象。中国传统文化历经五千多年的发展，真正实现了立体化、全方位，涉及方方面面。即使在思想文化层面，也能够实现儒释道的融合发展。儒道释是中国传统文化的中心内容，三家在文化传承中相互影响、相互学习、相互借鉴、吸收融合，充实完善了各自的内容。

二是中国传统文化注重经世致用，凸显实用性和生活化。中国传统文化注重把人与人、人与社会、人与自然有机地联系起来，以"究天人之际"为出发点，促进自然、社会的人文之化、生活之化。

三是中国传统文化在多样、多元中立主导，多元一体，突出了主导思想和意识形态的凝聚力和引领力。

儒家思想成为我国古代的意识形态，中国传统文化以儒家思想为主体，落脚点是"三纲八目"和"三纲五常"，形成了一种主导性的思想文化体系。

《四库全书》在"子"部总序中明确地指出，研究学问的人从"经"中研究"道"即大道、道理，可以匡正天下是非善恶，从"史"中验证历史事实可以明了古今治国的成败经验，从"子"中研究辨识人才可以考察世人的善恶。"子"部总序曰："夫学者研理于经，可以正天下之是非；征事于史，可以明古今之成败，余皆杂家也。"（《四库全书总目提要·子部总序》）同时，该序还认为儒家将《六艺》当中的支流作为根本，虽然其中有观点依附末流，不能免于门户之间的偏袒，但多个大儒明证的道理、所立的言论赫然都在，可以和"经""史"相互佐证，"然儒家本《六艺》之支流，虽其间依草附木，不能免门户之私，而数大儒明道立言，炳然具在，要可与经史旁参"（《四库全书总目提要·子部总序》）。其余的虽然真假掺杂、好坏并存，但是凡是能自称为一家的学说，必然有一个章节足够自立于世，即使不能符合圣人的标准，把它保存下来也可以作为借鉴，"其余虽真伪相杂，醇疵互见，然凡能自名一家者，必有一节之足以自立，即其不合于圣人者，存之亦可为鉴戒。虽有丝麻，无弃菅蒯，狂夫之言，圣人择焉，在博收而慎取之尔"（《四库全书总目提要·子部总序》）。

"万变不离其宗"。我国传统文化尽管包罗万象，但仍然有其宗旨，就是不能离"经"叛"道"。"经"即为"儒经"，"道"即为"三纲八目"之道和"三纲五常"之"道"。我国传统文化正是在立体化、全方位、多侧面的思想文化体系中诠释和传递"三纲八目"之道和"三纲五常"为主要内容的传统核心价值观和价值体系。

（五）"集"：注重中国传统核心价值观情感化认同

"经、史、子、集"中的"集"，是指收录历代作家一人或多人的散文、骈文、诗、词、散曲等的集子和文学评论、戏曲等著作。中国古代讲究"文以载道"，事实上讲的是对传统核心价值观和儒家经义的情感、体会和心得，也就是讲情感，注重用情感打动人。

在"经、史、子、集"中，"集"虽然排在最末，但从我国古代典籍的数量上讲"集"的数量是最多的。《四库全书》的"集"部收录了我国古代的诗文词总集和专集等，共包括楚辞、别集、总集、诗文评、词曲等五大类。"类"下面又分"属"，如词曲类又分为词集、词选、词话、词谱词韵、南北曲等五属。除了章回小说、戏剧外，以上"类"和"属"基本上囊括了我国古代社会上流布的各种图书，如就著者而言，包括帝王、宦官、军人、妇女、道家、僧人、外国人等各类人物的著作。

我国古代"文以载道"的人文精神和价值理念，对我国古代文学有着深刻影响。早在先秦时期，荀子就提出了"文以明道"的观念。南朝梁刘勰明确提出："道沿圣以垂文，圣因文而明道。"（《文心雕龙·原道》）唐代柳宗元说："始吾幼且少，为文章以辞为工。及长，乃知文者以明道，是固不苟为炳炳烺烺，务采色，夸声音而以为能也。"（《答韦中立论师道书》）宋代周敦颐说："文所以载道也。轮辕饰而人弗庸，徒饰也，况虚车乎。"（《通书·文辞》）

我国传统文化的主导思想是儒家学说，它渗透于中国古代社会生活的方方面面，自然也深深地影响着我国古代的文学文艺创作。所谓"文以载道"之"道"，乃是指以儒家思想为主的"三纲八目"之道和以"三纲五常"为核心内容的"伦理纲常"之道。

我国古代士大夫群体都信奉"朝闻道，夕死可矣"（《论语·里仁》）的人文精神，倾心于对"道"包括天地之道、政治之道、人伦之道、人生之道的探索和实践，追求立德、立功、立言的"三不朽"人生境界。以"三纲八目""三纲五常"和"天地君亲师"为次序的伦理观念，以"仁义礼智信"和"孝悌忠信礼义廉耻"为标准的道德规范长期影响着我国古代文学家，无论是诗歌、散文、小说还是戏曲，都以"兼济天下"与"独善其身"的人生价值取向为共同主题，形成了以诗文教化为主导的文学价值追求。

我国古代"文以载道"的文化特质，为"集"承载和传递我国传统核心价值观和主流文化奠定了坚实基础，使文学艺术成为教化手段和重要途径，文学艺术的教化功能成为我国古代文学的价值理念。

早在春秋战国时期，先秦诸子的"文"，就形成了为其"弘道"服务的文化创作传统。例如儒家积极提倡诗教，认为"文"只是手段，"道"才是目的，企图以文学作为推行教化的有力工具。孔子曰："诗可以兴，可以观，可以群，可以怨。迩之事父，远之事君。"（《论语·阳货》）《毛诗序》曰："先王以是经夫妇，成孝敬，厚人伦，美教化，移风俗。"其他诸子著书立说也是为了宣扬自己的政治理想和社会设计，体现了对现实社会变革发展的强烈关注。

唐代古文运动先驱柳冕说："夫君子之儒，必有其道，有其道必有其文。道不及文则德胜，文不及道则气衰。"（《答荆南裴尚书论文书》）唐代古文运动领袖韩愈主张"文以贯道"。"文以明道""文以贯道""文以载道"的价值理念，为我国古代文学注入了政治热情、现实关注和社会情怀，重视个人对群体、社会、国家和民族的使命感责任感和担当精神，即使在个人抒情作品中也不忘积极有为、进取向善的人生价值追求。

我国古代"文以载道"的文化特质，体现了"志于道"的文化价值追求。孔子说："志于道，据于德，依于仁，游于艺。"（《论语·述而》）"道"既是宇宙生命的终极真理和自然发展的客观规律，也就是"三纲五常"的伦理纲常。"志"所要表达是理性的思考、道德的积淀、人生的理想、感性的体验、情感的激发等，是一种自身悟"道"的世界观、价值观、人生观，是自身构建的一种精神世界。

我国古代强调"诗言志""文以贯道""教以化之"等重要社会作用，形成了"有为而作""有补世用"的文化传统。王充曰："为世用者，百篇无害；不为世用者，一章无补。"（《论衡·卷三十》）白居易说："文章合为时而著，诗歌合为事而作。"（《与元九书》）我国古代的士大夫群体几乎每个人都既是文学创作者、政治参与者，又是"道"的思考者、探索者和弘扬者，强调要"为君、为臣、为民、为物、为事而作，不为文而作也"（白居易《新乐府序》）。

中国古代"文以载道"的文化特质，体现了强烈的道德感道义感使命感。中国传统文化是一种富有人文精神、价值理念和道德规范的文化，尤为关切对伦理道德与现实政治的密切关联，从而呈现出道德型文化与政治型文化的重要特征。我国古代的士大夫群体都把"三纲八目"作为自己的人生理想，虽然在仕途上也追求光宗耀祖、获取功名利禄和子女玉帛之奉，但他们更把政治上的作为和对道德人格的追求作为整个生活和人生——包括文学创作和其他活动的决定性因素。

中国传统文化特别强调文学艺术创作要表现崇高的理想、进步的思想、正义的事业，对政治腐朽、道德堕落、不良风尚、现实黑暗要进行尖锐揭露和批判。所以，我国古代的士大夫群体虽然以文学艺术创作作为参与政治的工具，但政治理想和道德追求始终是他们进行文学艺术创作的轴心，他们描绘的是政治理想，抒写的是政治抱负，阐述的是政治见解，展示的是政治态度，担忧的是国家和民族的前途命运，发泄的是政治上的失意和苦闷，揭露的是社会黑暗，表达的是民生疾苦，等等。

如在我国古代明清小说中就非常重视人物的德行节操，总是倾尽全力赞扬那些大忠大孝、品行高洁之士，人物形象的善恶良莠犹如泾渭之水分明易辨，具有强烈的道德感道义感使命感。如《三国演义》描绘的"忠奸之辨""仁义"形象等，推崇诸葛亮的"鞠躬尽瘁，死而后已"、关羽的"拚将一死酬知己，致令千秋仰义名"等，让人们深刻感受到道义力量和道德形象的震撼，为"仁义忠信"等传统价值观的深入人心注入了无形力量。

我国古代"文以载道"的文化特质，还体现在强烈的情感性和感染力。中国古代文学强调对生命的体验、对生活的感受、对人生的体悟。如曰："《诗》三百篇，大抵贤圣发愤之所为作也。"（《史记·太史公自序》）"大凡物不得其平则鸣。"（韩愈《送孟东野序》）"感人心者，莫先乎情，莫始乎言，莫切乎声，莫深乎义。"（白居易《与元九书》）"左氏著《国语》，马迁抽《史记》，荀卿董子之流，皆有论撰，大抵困屈穷陋，发愤述作"（何景明《述归赋》）等。"文以载道"还体现在"文道统一"，认为文学艺术创作既要反映现实、为社会教化服务，重视其社会作用，又要感物吟志、情物交融，"取声情色彩以为愉悦"，突出情感性和感染力，做到两不偏废。

情感认同在核心价值观的认知和践行中起着重要催化作用，情理交融、情志共育，表明一个人从情感上接纳、从内心确立对核心价值观的接受认可，春风化雨，润物无声。我国古代文学具有强烈的情感性，从先秦至汉唐再到宋元明清，分别留下了诗经、汉赋、唐诗、宋词、元曲和明清小说，以抒情为主要功能的"诗词歌赋"受到中国历朝历代的高度重视。读文天祥的诗"人生自古谁无死，留取丹心照汗青"，读林则徐的诗"苟利国家生死以，岂因祸福避趋之"，读王维的诗，读陆游的诗，读苏东坡的诗……既是读诗更是读人生、读道德、读精神、读价值追求，文学作品对中国传统核心价值观的传播起到了无形的巨大作用。

二 以科举考试制度发挥主导作用

教育伴随着人类历史的发展，人类自从一形成可能就产生了最早的教育活动。早在夏、商、西周时期我国就建立了完备的教育制度。春秋时期私学兴起，成为我国传统教育体系的重要组成部分。汉代以后特别重视发展官学，设立太学和国子监，成为封建王朝培养人才的主要场所，由察举制发展而来的科举考试制度成为我国古代教育的主流一直延续到清代。受我国古代君主专制政治制度的影响，以科举考试制度为主体的官学教育对我国传统文化及其核心价值观的传播发挥了主渠道作用。

（一）教育目标与中国传统核心价值观高度统一

马克思恩格斯指出："统治阶级的思想在每一时代都是占统治地位的思想。"[①]一个社会的统治阶级既是这个社会占据统治地位的物质力量，同时也是这个社会占据统治地位的精神力量，其他阶级的物质生产和精神生产都受统治阶级的支配。"支配着物质生产资料的阶级，同时也支配着精神生产的资料，因此，那些没有精神生产资料的人的思想，一般地是受统治阶级支配的。"[②]

中国古代社会受君主专制政治制度的影响，以"三纲八目"为教育宗旨、教育纲领和培养目标的古代教育，实质上是为封建统治阶级利益服务的重要手段，成为中国古代科举考试制度的指南针，是中国古代君主专制政治统治的理论源泉，是中国古代的政治哲学和教育哲学。所谓"三纲"是指《大学》开篇就提出的"大学之道，在明明德，在亲民，在止于至善"的"明明德、亲民、止于至善"的"三纲领"；所谓"八目"是指《大学》提出的实现"三纲领"的"格物、致知、诚意、正心、修身、齐家、治国、平天下"的八个具体步骤。中国古代教育的根本目的就是要达

---

① 《马克思恩格斯全集》第三卷，人民出版社，1965，第52页。
② 《马克思恩格斯全集》第三卷，人民出版社，1965，第52页。

到儒家思想中所说的至善境界。

《大学》作为"四书五经①"之首，其重要性不言而喻。纵观"四书五经"，儒家思想的全部学说实际上都是遵循着《大学》提出的"三纲八目"而展开的。所以，抓住"三纲八目"，就等于抓住了打开中国古代教育和儒家思想大门的钥匙，从中也可以窥见中国古代教育与儒家思想之间的内在联系。在一定意义上说，"三纲八目"的教育宗旨、教育纲领和培养目标，与儒家思想是高度一致的，与以"三纲五常"为主要内容的传统核心价值观是高度统一的，是中国传统核心价值观在教育上的社会化、具体化和实践化。

在以科举考试制度为主体的官学教育培育下，受教育者天然地接受着儒家思想的教化理念和教育模式，遵循"三纲八目"的理路，接受以"三纲五常"为主要内容的传统核心价值观的洗礼和灌输，入仕为官后将所学的"修齐治平"的知识应用到处理国家大事和社会事务之中，传递"修齐治平"的教育目的和"三纲五常"的价值理念，深刻地影响着中国古代社会核心价值观的形成和传播。正如英国使团成员马戛尔尼、斯当东所说："在中国大致可分为三类人：第一类人是读书人，官吏都有这类人产生；第二类是农民；第三类是各种工匠，其中包括商人。关于读书人的考试，全国会试在北京，录取者给以最高学位。读书人所学的东西是一些修身治国的道理，加进去中国的历史常识。在北京会试录取的人由皇帝委派官职。这些人组成全国重要的官府衙门。"②

此外，我国古代历来提倡"修身、齐家、治国、平天下"。其中，"修身"是针对个人而言的价值准则，"齐家"是针对社会而言的价值取向，"治国、平天下"是针对国家而言的价值目标。我国古代的君主专制政治统治为推崇这一价值观，找寻到了一条最佳途径，就是以儒家经典为主要教育内容的官学教育，而以科举考试制度为主体的官学教育体系的确立，

---

① "五经"指《诗经》《尚书》《礼记》《周易》《春秋》。
② 斯当东：《英使谒见乾隆纪实》，叶笃义译，群言出版社，2014，第329页。

则意味着"修齐治平"的知识教育和培养目标、以"三纲五常"为核心价值观的儒家思想体系得以举国传播。

（二）教育是中国传统核心价值观传播的主渠道

中国古代统治阶级借助中国古代教育这一主导途径，在教育教学的全过程中，以"三纲八目"的教育宗旨、教育纲领和教育目标为统领，全方位地进行儒家思想的灌输，系统化地进行中国传统核心价值观的弘扬。中国古代教育对中国传统核心价值观的传播起到了主渠道的重要作用。

科举考试制度作为官学教育，从隋唐以来就被中国古代君主专制政治统治者推行为教育的主导形式，从制度层面对学习儒家思想道德体系和中国传统核心价值观提出了硬性要求，有效地弥补了察举制权威性的不足，有力地在全社会营造学习儒家思想道德体系、遵守"三纲五常"传统核心价值观的浓厚氛围。中国封建社会中后期，科举考试的盛行又将官学和私学教育联结起来，从而形成了一个从国家到社会都以儒家思想为主导的全方位教育体系和教育网络，全方位地扩大了儒家思想道德体系教育的范围和传播体系。

1.中国古代教育是一种教育与道德、政治高度统一的教育模式

我国古代教育的主要目标是培养符合统治阶级政治重要、具有儒家思想道德的人才，而且主要是为政治选才之用。《大学》中对"八目"的论述充分体现了中国古代教育的这一目的。格物、致知、正心、诚意、修身、齐家、治国、平天下等"八目"之间就像被一根链条串起来，形成有序统一的整体——"古之欲明明德于天下者，先治其国；欲治其国者，先齐其家；欲齐其家者，先修其身；欲修其身者，先正其心；欲正其心者，先诚其意；欲诚其意者，先致其知；致知在格物"（《大学》），而且相辅相成——"格物而后知至，知至而后意诚，意诚而后心，心正而后身修，身修而后家齐，家齐而后国治，国治而后天下平"（《大学》）。"八目"明确指出了中国古代教育是在道德的三重境界下开展的，即个人修身为第一境界，以齐家为过渡境界即第二境界，最后为"治国、平天下"的最高

境界，最高境界也是中国古代教育的最终目的。这种教育、道德与政治相统一的教育模式，为中国古代专制政治统治巩固意识形态、维护统治地位、培养统治人才创造了条件，奠定了基础。

2.儒家思想是中国古代教育的主要内容

唐代韩愈把教师的职责概括为"传道、受业、解惑"（《师说》）。所谓"传道"与韩愈所倡导的"原道"相对应，"道"即指孔子、孟子提出的儒家哲学、政治等原理原则，指尊崇儒学宗旨和儒家"仁义道德"。"道之所存，师之所存也"，他把"传道"视为教师最重要也是最基本的任务，"受业""解惑"都与此有关。"业"即"道之文"，指以"六艺经传"为代表的儒家经典，"解惑"也是为了"明道"。由此可见，所谓"师道"也就是指儒家思想是贯穿整个教育的主线。在中国古代教育中，儒家思想在科举考试制度中占据主导地位，几乎是教育的全部内容。自汉武帝后，中国古代出现"家训"。所谓"经学"，原本泛指先秦各家学说要义的学问，在汉武帝"独尊儒术"之后，特指研究儒家经典，是一种解释其字面意义、阐明其蕴含义理的学问。中国古代经学渊源深远，可以追溯到孔子开始著书立说之时。

儒家经典又称儒家典籍，是我国古代儒家思想的典范之作，被世人奉为"儒经"，受到历代帝王的大力推崇和我国古代士大夫群体的顶礼膜拜。所谓儒家经典，历史上有"六经""五经""七经""九经""十经""十三经"等多种说法，"儒学十三经"，即指《周易》《尚书》《诗经》《周礼》《仪礼》《礼记》《左传》《公羊传》《谷梁传》《论语》《孝经》《尔雅》《孟子》等十三本儒家经典著作。早期的儒家经典还不止这十三部经典，司马迁在《史记》中认为春秋末年儒家创始人孔子编订和整理了一些传统文献，形成了《书》《诗》《礼》《乐》《易》《春秋》等"六经"，《四库全书》的"经部"中收录的经学著作达1773部、20427卷。"经学"是我国古代学术的主体，而且"经学"中收录的经书也主要是我国古代儒家思想的经典著作，其直接负载的就是儒家学说的核心组成部分和对以"三纲五常"为主要内容的中国传统核心价值观的理论阐释，保存了大量珍贵的史料，蕴藏了丰富而深刻的思想。

据记载，科举制自隋唐时期出现，于明清时期实现教育上的高度统一。自汉代开始就有《五经》，隋代有"经学与辞章"，唐代有《九经》，宋代有《十三经》，朱熹编撰的《四书章句集注》还被统治者颁发诏令，设置为法定的考试教材，很长一段时期内都被作为科举考试的标准答案和评卷标准。明清时期流传极广的《神童诗》中说"学乃身之宝，儒为席上珍"，高度体现了儒家思想在中国古代教育中的重要地位。我国古代教育推崇和尊奉儒家思想，儒家的价值观和以"三纲五常"为主要内容的中国传统核心价值观自然在教育过程中得以渗透和传承，融入教育教学之中。

3. "学而优则仕"是中国古代教育传播传统核心价值观的有力杠杆

我国传统社会是一个以人伦关系为基础而形成的社会，十分重视血缘关系、家庭宗族关系和人际关系，两千多年的皇权政治统治使等级观念深入人心。在等级化的古代中国社会，形成了一种以官为本、以官为贵、以官为尊的价值观和价值取向，"官本位"的思想深入中国古代社会方方面面。

可以说，"学而优则仕"（《论语·子张》）是我国古代读书人最大、最根本的利益。"学也，禄在其中矣"，"书中自有黄金屋"，"书中自有颜如玉"等谚语，形象地说明了这一利益杠杆在中国古代教育中的重要影响。加之科举考试制度打破了以往教育只对上层贵族开放的教育模式，使得底层人民都可以通过习得丰厚知识考取功名，以改变命运。大多数读书人参加科举考试基本上是为了获取功名利禄，"学而优则仕"正好迎合了这种心理，诱导他们刻苦学习文化知识，即儒家经学。当这种学习儒家经学的行为成为一种大多数人读书人获得最大利益的手段，甚至成为社会流动的必要条件和前提时，中国古代社会推崇的儒家思想自然贯穿于整个教育体系和教育过程，对其中蕴含和传递的中国传统核心价值观也便上升为一种自觉的认同。

科举考试制度把我国古代教育与君主专制政治、作为国家意识形态的儒家思想密切结合了起来。科举制的长期实施使得我国古代教育制度与我国古代选官制度有机融合为一体。在隋唐实行科举制度之前，我国古代的教育制度也主要是为培养、选拔国家官吏服务的，即所谓"仕而优则学，学而优则仕"。南北朝时期的《千字文》说："学优登仕，摄职从政。"

我国传统文化认为，学习修身是无止境的，从政可以更好地修身，可以更好地推行仁道。书读好了就可以去做官，官做好了也可以去学习。但是，一般而言，教育和选官属于不同的社会领域，是两个不同的制度体系，二者并不存在必然关系，读书可以入仕，也可以是单纯为了修身养性，而选拔官吏亦不以受过学校教育为先决条件。隋唐普遍实施科举考试制度以后，士子应举，原则上允许自己报名参加，不必非得由公卿大臣或州郡长官特别推荐，这使得选拔官吏的对象和范围大大扩大，选拔的形式也更为公平，极大地扩展了君主专制国家选拔人才的社会面，吸收了大量出身中下层社会的科举之士进入统治阶级。

科举考试制度把我国古代教育与我国古代政治紧紧地联系在一起，其中一个重要前提就是考试资格，参加科举之士必须具有"生徒"资格或相当于"生徒"资格。例如我国隋唐时期的科举考试规定，凡是没有"生徒"资格者必须首先经过州县考试，实际上也就是通过州县考试来承认其"生徒"资格，宋代以后则规定参加科举考试者必须具有官办学校的"生员"身份，这样学校教育就成为法定的选官前提，教育制度和选官制度从而都不能脱离对方而独立存在。

我国古代教育制度和选官制度的一体化，在更深层次上实现了统治思想、教育思想和社会思想的有机融合和政治统治，更加实现了思想上的高度统一，而且是高度统一到国家意识形态上来，极大地保证了政治统领、思想统一和社会稳定。

科举考试制度的功用，不仅在于知识教育，更在于德行教化，在于奉行"三纲八目"之道和"三纲五常"之道。宋代以后我国古代士大夫群体之所以很少出现"异端",与科举制度成为国家治理的政治手段和教育手段密切相关。

(三) 构建国家与社会相辅相成的教育体系

回溯我国古代教育的历史,不难发现,为了更加全面、系统地进行儒家思想体系的教育和传递中国传统核心价值观,不仅官学教育,其他私学教育的形式也逐渐与科举考试制度产生了千丝万缕的联系,共同构建出官学与私学相辅相成的教育体系。在私学教育的形式中,最具代表性的是宋代兴起的书院教育。书院起初的主要功能是藏书校书、讲学治学,相对于科举教育而言更为独立、自由,成为一些仁人志士追寻君子人格、探究儒学经典的理想场所。然而,随着科举考试的日益兴盛,官学教育生源供不应求,于是大批读书人把目光投向了同样研究和学习儒学经典的书院,纷纷进入书院学习儒家经学,以求应举入仕。

中唐以后,有许多参加科举考试的士子隐居山林,带着考取功名的决心深入书院潜心读书,由此书院与官学之间原本的冲突日益缓和,为中国古代社会培养儒学人才发挥了重要作用。有的书院还设置了"市民学堂",为普通市民百姓普及基本儒学知识,还编撰简易的小册子,帮助普通百姓学习理解儒家思想,一定程度上扩大了儒学的传播范围,也促进了儒家思想道德的普及化、大众化和通俗化。同时,这种私学和官学教育都以儒学为主要教学内容,构筑起了一个官方和民间联结在一起的研究、教育和传播儒家思想道德的社会网络,进一步加大和加深了儒家思想在中国古代社会的传播范围和影响力。

此外,书院是以儒学思想为主要教学内容的,不仅以师徒传授的教学方式以及组织开展讲课、学术会议等活动来传播儒家思想,并通过制定书院章程从制度层面上规定学生必须学习儒家思想道德。在此基础上,书院培养出了一大批传播儒家文化和价值观的儒学人才,极大地促进了中国传统文化和传统核心价值观在民间的传播。

如著名四大书院之一的白鹿洞书院，于明朝嘉靖年间颁布的"洞学十戒"，从学生的个人修身到待人的道德层面提出了明确规定：一戒立志卑下、二戒存心欺妄、三戒侮慢圣贤、四戒凌忽师友、五戒群聚嬉戏、六戒独居安肆、七戒无益之事、八戒无益之书、九戒好争、十戒无恒。[①]除了明文规定"洞学十戒"外，还设置了德行考试，促使学生规范自身言行，学习儒家思想道德，从更为实用的角度对儒家伦理纲常做了具体化规定，例如不孝敬父母、不尊敬师长等就可能受到被除名的惩罚；对于那种破坏伦常、严重践踏院规的学生，书院不仅会将其除名，还会报官立案并规定永远不许再入书院。可见，我国古代的书院教育不仅促进了儒家思想的广泛传播，也深化了我国传统核心价值观对学生成长成才过程的无形渗透。

（四）科举考试制度的实质是中国古代教育儒家化

科举考试制度与国家之间的关系相当密切。科举考试制度是国家行为，直接关系到国家治理人才的选拔。经科举考试制度选拔出来的官僚集团，必须由一种国家政治理念和主导思想加以整合，这是国家政治控制的需要，也是由国家教育控制的需要。儒家思想道德体系国家化、意识形态化的结果，是确定儒家思想道德体系为国家的主导思想，即国家意识形态儒家化。那么，科举考试制度的选拔标准同样要以儒家思想道德体系为主导思想，即实现科举考试制度的儒家化。

历史上科举考试的内容非常丰富，看似全面，实则重点突出，儒家经义始终是其"万变不离其宗"的内容，科举考试制度的基本标准即以对儒家思想道德体系的掌握程度作为尺度。中国古代的科举考试制度以弘扬儒家思想为己任，以传播、继承和发扬以"三纲五常"为主要内容的传统核心价值观为归宿，以推行"德政"为旨归，不仅实现了儒家思想道德体系的国家化、意识形态化，而且也实现了把中国传统核心价值观融入人才选拔制度之中，融入中国古代科举考试制度的设计之中，融入中国古代教育

---

① 邓洪波：《中国书院章程》，湖南大学出版社，2010，第120页。

全过程。

科举考试选拔标准的确定首先是由国家意志决定的。"君子发身，以科目为重。重科目，所以重斯文也。重斯文，所以为天下国家计也。"（黎淳《黎文僖公集》卷十《赠宋民表隽乡闱序》）在中国古代，官员作为国家行政管理的主体，除了征税纳粮、灾荒赈济、断狱、兴学等事务性活动外，还担负着教化百姓等道德性活动，包括宣讲圣谕、表彰好人好事和刑诉坏人坏事等。可以说，官员尤其是文官集团是国家思想的执行者与宣传者，官吏群体是否接受儒家思想道德体系是君主专制政治统治者首先要考虑的问题。

科举制是一种以考察对于儒家知识和观念的了解作为原则标准的选官制度。[①]科举考试选拔的标准与儒家思想直接相关联。"圣王之传，莫重乎道；而经者，载道之器也。道固著乎经，经之旨密，得人而后明焉。孔孟述经明道，传之后世，有天下国家者，莫不尊信而重用之。"（茅大方《希董先生文集》卷上《乡试小录序》）儒家思想认为，治国的最高境界是"圣王"之道，孔孟是"圣王"之道的集大成者，为汉武帝后历代君主专制政治统治者所推崇，"因故典而损益之"的儒家主张也就成为历朝历代科举制度调整变迁的重要依据。"……酌古准今，罢诗赋之制，以经义论策试士，必欲造理精纯，立言简切而弗戾于经于道者，始克中选。科目取士，崇雅黜浮，于斯为备矣。"（商辂《商文毅公集》卷五《会试录序》）

科举考试选拔的重点是考察对儒家思想的掌握程度。"经之所载者，圣人之道也。经明则道明矣，道明则发诸文者，斯弗畔于道。今观诸贤士发诸文以应科目之求者，既弗畔于道，由是以求其道，事君则忠，以其道治民则仁，以其道建勋立节，则必振耀当时，垂声于后世，是诚不负长育之人仁，不服科目得实才之用矣。"（《景泰二年会试录序》）经书记录记载的都是儒家思想，学习经学，就是掌握儒家思想。儒家思想掌握了，写

---

① 干春松：《科举制的衰落和制度化儒家的解体》，《中国社会科学》2002年2期。

出来的文章就不会"离经背道"。思想统一了，官员就会忠君爱民，事功道德有名于当时与身后。这些目的达到了，科举取士的目的也就实现了。这是用儒家经典作为考试教材的用意所在。

在历代科举考试中，儒家经学作为考试内容一直占有重要分量。即使在唐代虽然人们经常笼统地说唐代科举"以诗赋取士"，但实际上这仅限于中唐以后不到二百年的科举考试"进士"一科，整个唐代的明经、三传等科乃至"天宝之季"以前的进士科，儒家经学或以经术论时务的策问都占据主要地位，到唐后期科举考试还增加了"礼传"的部分。至元朝，经学与词赋更是有了明显区别，明确规定："经学、词赋是两等，经学说的是修身治国平天下的勾当，词赋说的是吟诗课赋作文字的勾当。自隋唐以来，取人专尚词赋，人都习学的浮草了。罢去词赋的言语。"（《通制条格》卷五《学令》）

我国宋明时期以"理学"立国，科举考试也以掌握儒家经典理论为首要任务，对儒家思想的研究也达到一个系统化理论化神圣化的新阶段。据《续修四库全书》记载："国朝取士之制，去古虽远，要于孔氏之科为近也。其所定时义，将以羽翼六经，而黜百家，是以专主宋儒之论，而典要归于说理。"而且要求"意精而词粹"，即重义理、革除浮躁文风，"夫说理者，屏浮夸，绝绮丽，与词赋之习异。士之肆之者，探蕴奥，约指趣，橐括以程度而敷畅之，故意精而词粹，气融而格严者，世以为雅训而独称正传"（张天复《鸣玉堂集》卷一《刻四书正传选义序》）。

明朝科举考试虽有乡试与会试等级别不同的考试，但不同级别考试的内容却极为相似，即所谓的"四者皆备"："其为制也，本之德行以观其素，求之经学以观其实，申之以论断章表以观其博，策之以古今政务以观其用，必四者皆备，然后足以中有司之选。"（周忱《双崖文集》卷一《应天府进士题名记》）明代科举考试的内容设计包括经史、四书、礼乐论、时务策等多个方面，对儒学的全面考核可以说比唐宋更为进步，"诗赋、文辞之夸乎靡丽者，章句训诂之狃于空言者，悉屏去之，一洗近世之弊，骎骎乎成周宾兴之制而三物之教殆复修于今日也"（茅大方《希董先生文集》卷上《乡试小录序》）。

由此可见，融汇古代经史儒学一直贯穿于两汉以后的中国历史，而通过各种选官制度尤其是科举考试制度，更加处于主导地位并得到了广泛普及。

科举考试选拔人才的标准主要是"德才兼备"，尤以"德行"为重，继承了察举制、九品中正制选拔人才"以德为先"的传统。据记载，隋炀帝曾于大业三年（公元607年）下诏，明确指出"夫孝悌有闻，人伦之本，德行敦厚，立身之基"，科举考试重在选拔那些"德行敦厚"之士，"或节义可称，或操履清洁，所以激贪厉俗，有益风化"，并对各种不同"德行"的人的任用提出了具体要求，"强毅正直，执宪不挠，学业优敏，文才美秀，并为廊庙之用，实乃瑚琏之资。才堪将略，则拔之以御侮，膂力晓壮，则任之以爪牙。爰及一艺可取，亦宜采录，众善必举，与时无弃。以此求治，庶几非远"（《隋本纪下·第十二》）。

科举考试制度之所以"崇德重行"，其要义在于弘扬儒家思想和道德传统，要求中国古代士大夫群体从学理上阐明儒家思想道德的内在意义和价值，进而在为官为学中身体力行。更具体地说，科举考试选拔人才除了要求应试人员掌握儒学理论，"通经明理"外，更重要的是通晓儒家"伦理纲常"之道。如明朝宣德二年（公元1427年）崇祯皇帝说："愿得忠孝之人，以资国用。"（《松江府志》卷三十四）同一时期大臣上奏也说："孝弟忠信、学业优赡者，乃许入试。庶浮薄不致滥收，而国家得真才之用。"（《明宣宗实录》卷十一）这表明作为应试人员首先要求遵从纲常"孝悌忠信"，其次是经术精通"学业优赡"，在国言"忠"，在家言"孝"，这是官员的基本道德要求。

正是在这样的具体要求中，以"三纲五常"为主要内容的中国传统核心价值观不但没有弱化，而是得到不断强化。

三 以身份规范体现中国传统核心价值观具体要求

我国传统文化萌生于远古,发端于殷周时期,历经数千年传承发展,逐渐形成了一种伦理型文化,也就是以"人伦"为核心的社会性文化。在中国古代社会生活中,人们都被笼罩在一种无处不在、无时不有的以各种人伦关系为基础的伦理纲常之中,上自皇帝百官下至庶民奴婢,社会中的每个人都有既定的政治地位和等级身份。每个社会成员都被嵌定在君臣、父子、夫妇、兄弟、朋友等不同身份等级位置上,这些特定的身份、等级都被赋予了不同道德标准和行为依据,规约着人们生活的方方面面,体现着传统核心价值观的具体要求。

(一) 人伦关系的体系化

所谓"身份规范",就是由人的身份区别而确定的行为规范。而人的身份,是以个体在血缘宗法关系中的地位来确定的。"人伦身份"是我国古代确立道德准则和道德规范的第一表征,是道德准则和道德规范所要规范的具体对象。《易传》曰:"有天地然后有万物,有万物然后有男女,有男女然后有夫妇,有夫妇然后有父子,有父子然后有君臣,有君臣然后有上下,有上下然后礼义有所错。"(《易传·序卦》)

据记载,我国传统社会中的"人伦身份"早在炎帝黄帝时代就出现了。在黄帝时代之前,原始社群中的"人伦身份"尚没有明确的行为规则和道德要求,更没有等级次序划分,只有规定的行为模式,如在男女性别身份上的分工活动,在上下辈分之间和同辈兄弟姊妹之间逐渐形成的性行为禁忌等。进入到神农时代则开始出现男女性别身份不同的男耕女织的劳动分工,"神农之世,男耕而食,妇织而衣,刑政不用而治,甲兵不起而王"(《商君书·画策》)。到炎帝黄帝时代则出现了"明上下、等贵贱"的行为规则和道德要求,出现了"君臣上下之义,父子兄弟之礼,夫妇妃匹之合"。《商君书》曰:"神农即没,以强胜弱,以众暴寡,故黄帝作为君臣上下之义，父子兄弟之礼，夫妇妃匹之合。"(《商君书·画策》)"昔者，黄帝治天下……别男女，异雌雄，明上下，等贵贱。"(《淮南子·览冥》)

到尧舜时代，"人伦身份"的行为规则和道德要求则越来越明晰。我国史书称尧"钦明文思安安，允恭克让，光被四表，格于上下"，以道德教化治理天下，从而收到良好的效果，"克明俊德，以亲九族；九族既睦，平章百姓；百姓昭明，协和万邦。黎民于变时雍"(《尚书·尧典》)。到了舜时则任命契为"司徒"而掌管道德教化，敬敷五教，开启我国上古时代"人伦身份"的教化之风，所谓"修其五教"，即指"父义、母慈、兄友、弟共（恭）、子孝"的血缘人伦关系中不同身份的伦理教育[1]，出现了"义、慈、友、恭、孝"等五个最初的道德范畴。孟子曰："使契为司徒，教以人伦：父子有亲，君臣有义，夫妇有别，长幼有序，朋友有信。"(《孟子·滕文公上》)

"五教"是人伦身份及其行为规则和道德要求的最初体系，其产生和出现对我国古代社会的结构化、体系化具有十分重要的奠基性意义，身份伦理初见端倪，意味着原始社群中人的身份识别从自然法则下的本能行为模式过渡到社会法则（规则）下的行为规范模式，具有十分重要的社会进步意义。

在中华民族悠久的文明史进程中，"人伦身份"行为规则和道德要求发展得相当成熟，"契敷五教"开启了我国古代社会人伦之宗，成为"父子、君臣、夫妇、兄弟、朋友"等"五伦"的雏形，成为构成我国古代社会最重要的五种人际关系。其后各代思想家、政治家在"五伦"关系的基础上不断进行补充和完善，从而使"人伦身份"在血缘、家族、宗法的范围上更加扩大，内涵上更加丰富，纲目条理上日臻分明和完备。到春秋战国时期，孔子明确提出了"君君、臣臣，父父、子子"(《论语·颜渊》)

---

[1] 焦国成：《中国伦理学通论》，山西教育出版社，1997，第199页。

的上下次序，孟子则进一步提出了著名的"五伦"学说，把"君臣、父子、夫妇、兄弟、朋友"，并进而确立了处理这五种人伦关系的行为准则和道德要求，即五种"人伦身份"的道德准则和道德规范。

在一定意义上说，"五伦"本身就是一种行为规则和道德规范，后来成为我国古代社会人伦身份规范的指导原则。春秋末年的左丘明和战国后期的荀子甚至突破人伦宗法关系，从自然、国家、社会相统一的角度，提出了"天、地、君、亲、师"的崇高地位和顺序。左丘明虽然没有提到"天"和"地"，但明确提出了"君""亲""师"三者的意义，所谓"民生于三，事之如一"。他说："父生之，师教之，君食之。非父不生，非食不长，非教不知生之族也，故壹事之。"（《国语》）

荀子对"天地君亲师"五者做了阐述，把"天"和"地"排在"君亲师"之前，他说："天地者，生之本也；先祖者，类之本也；君师者，治之本也。"（《荀子·礼论》）荀子提出要以"礼"为核心来确立对待"天、地、君、亲、师"的伦理规范和道德准则，从而使人伦身份规范得以不断发展和完善，"故礼，上事天，下事地，尊先祖而隆君师，是礼之三本也"（《荀子·礼论》）。否则，"无天地恶生，无先祖恶出，无君师恶治，三者偏亡，则无安人"（《荀子·礼论》）。荀子充分肯定了人伦身份规范和道德准则对自然、国家、社会治理的重要作用。

董仲舒按照"贵阳而贱阴"的"阳尊阴卑"理论来解释自然中的"天地"和国家中的"君臣"、社会中的"男女"、家庭中的"夫妻"等之间的关系，进一步明确了天尊地卑、男尊女卑、君尊臣卑、官尊民卑、上尊下卑等的等级次序，对"五伦"学说作了进一步阐发，提出了"三纲"原理和"五常"之道。

"天尊地卑，乾坤定矣"（《系辞》）是我国古代的宇宙观，董仲舒将阴阳合一、天人合一、儒道合一、政教合一的二元理论一体化，把形而上的"天理天意"与人世间的"五伦"关系直接挂钩，认为在"君臣、父子、夫妻"等的人伦关系中存在着天定的、永恒不变的主从关系：君为主臣为从、父为主子为从、夫为主妻为从，必须遵循一些"天定"的原则，即所谓的"君为臣纲，父为子纲，夫为妻纲"。他说："君臣父子夫妇之义，皆取诸阴阳之道。君为阳，臣为阴；父为阳，子为阴；夫为阳，妻为阴。……王道之三纲，可求于天。"(《春秋繁露·基义》)

"五常"又称作"五典"，即指五种基本的行为规则。《尚书》曰："狎侮五常。"(《尚书·泰誓下》)唐代孔颖达疏曰："五常即五典，谓父义、母慈、兄友、弟恭、子孝。"孟子曾用"忠、孝、悌、忍、善"作为处理君臣、父子、兄弟、夫妇、朋友等五种人伦关系的基本行为准则，他说君臣之间应有礼义之道，故应忠；父子之间应有尊卑之序，故应孝；兄弟手足之间乃骨肉至亲，故应悌；夫妻之间挚爱而又内外有别，故应忍；朋友之间有诚信之德，故应善。在这些思想基础上，董仲舒则把"仁、义、礼、智、信"五常之道作为处理君臣、父子、夫妻、上下尊卑关系的基本伦理法则，建议国家政治统治者应该予以足够重视，坚持"五常之道"就能维持国家安定、社会稳定和人际和谐。

"三纲五常"之说起于董仲舒，完成完善于朱熹，经历了一个发展过程。在董仲舒提出的"三纲五常"学说的基础上，班固在撰写《白虎通义》时进一步提出了"三纲六纪"学说及伦理道德的金科玉律。班固提出的"三纲"与董仲舒的"三纲"稍有不同，指"署为数纲、父为子纲、夫为妻纲"，"六纪"也与"五伦"有一定区别，所谓"六纪"也就是指处理"诸父、兄弟、族人、诸舅、师长、朋友"等六种伦常关系的伦理法则。班固认为"三纲法天地人，六纪法六合"，把我国古代社会的伦理关系说成是合乎天意的永恒的自然关系，并把"六纪"看作是从"三纲"而来的，是"三纲"之纪。那么，何谓"纲纪"呢？他说："纲者，张也，纪者，理也；大者为纲，小者为纪，所以张理上下，整齐人道也。"(《白虎通义·三纲六纪》)所谓"六纪"，他说："敬诸父兄，六纪道行，诸舅有义，族人有序，昆弟有亲，师长有尊，朋友有旧。"(《白虎通义·三纲六纪》)

东汉后期，经学家马融将董仲舒提出的"三纲"和"五常"并提连称，意味着终于把我国古代社会的伦理纲纪和处理这些人伦纲纪的道德原则结合为一体，从而构成了我国古代一个完整的社会伦理道德体系和国家政治道德体系。

到宋代，朱熹进一步提出"天理"说，把"三纲五常"之道上升"天理"的高度，认为"三纲五常"是"天理"体现于社会行为规则和道德规范的当然产物，是"天理"在社会运行中的展开，是协调社会关系永恒不变的"灵丹妙药"，并进一步阐述了"理一分殊"论，从而成为一套完整的维护君主专制政治制度和社会等级秩序的道德规范体系。

同时，很有意思的是，受血缘人伦宗法观念的影响，崇宗敬祖成为中国人的价值追求和身份规范的重要内容之一，中国古代社会这种人伦关系的体系化，在社会生活中也体现得十分明显，由此产生了诸多与此相关的名次、称谓及身份规范。

例如"六亲"。常言说："秉公断案，六亲不认。""六亲"是中国人社会生活中的一种血缘人伦宗法关系网络，虽然历来说法不一，但历史上"六亲"确实有特定的内容。代表性的说法有：

一是指父子、兄弟、从父兄弟、从祖兄弟、从曾祖兄弟、同族兄弟等"六亲"，主要来源于贾谊。贾谊曰："人之戚属，以六为法。人有六亲，六亲始曰父；父有二子，二子为昆弟；昆弟又有子，子从父而昆弟，故为从父昆弟；从父昆弟又有子，子从祖而昆弟，故为从祖昆弟；从祖昆弟又有子，子从曾祖而昆弟，故为从曾祖昆弟；曾祖昆弟又有子，子为族兄弟。备于六，此之谓六亲。"（《新书·六术》）

二是指父子、兄弟、姑姊、甥舅、婚媾、姻娅等"六亲"，主要来源于《左传》。《左传》曰："为父子、兄弟、姑姊、甥舅、昏媾、姻亚，以象天明。"晋杜预注："六亲和睦，以事严父，若众星之共辰极也。妻父曰昏，重昏曰媾，婿父曰姻。两婿相谓曰亚。"（《左传·昭公二十五年》）

三是指父、母、兄、弟、妻子、子女等"六亲"，与贾谊的说法密切相关。《汉书》曰："建久安之势，成长治之业，以承祖庙，以奉六亲，至孝也。"(《汉书·贾谊传》) 唐代颜师古注引应劭曰："六亲，父母、兄弟、妻子也。"

四是指父子、兄弟、夫妇等"六亲"，主要来源于老子。《老子》曰："六亲不和，有孝慈，国家昏乱，有忠臣。"三国时期经学家王弼注曰："六亲，父子、兄弟、夫妇也。"《后汉书》曰："乃为人设四诫，以定六亲长幼之礼。"(《后汉书·循吏列传·秦彭》) 唐代李贤注曰："六亲，谓父子、兄弟、夫妇也。"

五是指外祖父母、父母、姊、妹、妻兄弟之子、从母之子、女之子等"六亲"，这一说法亦泛指亲族、亲戚。"上服度则六亲固。"(《史记·管晏列传》) 唐代张守节认为"六亲"本来的意义是："六亲，谓外祖父母一，父母二，姊妹三，妻兄弟之子四，从母之子五，女之子六也。"

六是指父亲为一亲，涵盖父亲方的亲戚如祖父母、叔伯、姑娘（姑为父之姐，娘为父之妹）；母亲为二亲，涵盖母亲方的亲戚如外祖父母、舅、姨；兄弟为三亲，涵盖嫂子、弟媳；姐妹为四亲，涵盖姐夫、妹夫；夫妻为五亲，涵盖公婆或岳父岳母；子女为六亲，涵盖媳妇、女婿等。

"六亲"在我国历史上虽然有不同的说法，但早在先秦时期，管子就提出了"六亲五法"的君主治国的一系列具体行为准则和道德规范，认为君主治国需要广开言路，开诚布公。他说："以家为乡，乡不可为也；以乡为国，国不可为也；以国为天下，天下不可为也。以家为家，以乡为乡，以国为国，以天下为天下。毋曰不同生，远者不听；毋曰不同乡，远者不行；毋曰不同国，远者不从。如地如天，何私何亲？如月如日，唯君之节！"(《管子·牧民》)

再如"九族"。"九族"一说虽然常见于族诛的刑罚，与中国古代君主专制政治统治的刑法制度有很大关系，君主专制政治实行残酷的株连法，一人犯法，尤其是犯重罪大法，往往要被灭"九族"，即"株连九族"，但"九族"这一称谓也说明了中国古代血缘人伦宗法关系体系化。从秦代起，

"九族"有经学上的今文和古文两种解说，各有其社会、政治背景，分别从不同方面满足统治者维护社会秩序的需要。"九族"所指，也有不同的说法。

一是指上自高祖、下至玄孙，即玄孙、曾孙、孙、子、身、父、祖父、曾祖父、高祖父，共九族。《三字经》曰："高曾祖，父而身。身而子，子而孙。自子孙，至玄曾。乃九族，人之伦。"

二是指父族四、母族三、妻族二，"父族四"即指姑之子（姑姑的子女）、姊妹之子（外甥）、女儿之子（外孙）、己之同族（父母、兄弟、姐妹、儿女）；"母族三"即指母之父（外祖父）、母之母（外祖母）、从母子（娘舅）；"妻族二"即指岳父、岳母。

中国古代"抄家"和"灭族"经常是伴随使用的，目的在于斩草除根，完全除去复仇人的实力和人脉。自秦始皇始用"族诛"的酷法，首先是"夷三族"，后来由三族、五族扩大到"九族"。明成祖杀方孝孺，加上"门生"一族，诛其"十族"。

又如"祖宗十八代"。在中国人的日常生活中，形成了一个以自己为中心的"上下九辈"并称、共计十八个辈分的"祖宗十八代"的称谓，指自己上下九代的宗族成员。

上"九代"谓：生己者为父母，父之父为祖，祖父之父为曾祖，曾祖之父为高祖，高祖之父为天祖，天祖之父为烈祖，烈祖之父为太祖，太祖之父为远祖，远祖之父为鼻祖，即"父、祖、曾、高、天、烈、太、远、鼻"。

下"九代"谓：父之子为子，子之子为孙，孙之子为曾孙，曾孙之子为玄孙，玄孙之子为来孙，来孙之子为昆孙，昆孙之子为仍孙，仍孙之子为云孙，云孙之子为耳孙，即"子、孙、曾、玄、来、昆、仍、云、耳"。

"祖宗十八代"这个词，并不是单纯地指宗族上下十八代，因中国古代对"九"这个数字很重视，能否确定上下九辈也成为是否可以称之为宗族的基本条件，意味着对先辈的称呼有着规范并具有深意的道德要求和身份规则。身份的确定，也规定了人的身份规则和行为模式。

（二）社会关系的宗法化

我国古代社会自一开始就是建立在血缘人伦关系基础之上的，到西周时根据以血缘人伦关系为纽带的族制系统，国家统治者把人分为不同的等级，确立了分封制与等级制。这种根据族制来区别人的等级地位和决定财产与权力继承的宗法关系，就成为维系我国古代社会的主要纽带。秦统一六国后，尽管我国古代行政体制从分封制转变为郡县制，但宗法关系仍是维系社会关系的主要纽带，以血缘人伦宗法关系形成的社会结构从而成为君主专制政治的社会基础。

在这种以血缘人伦宗法关系为基础的等级社会中，家、族与国被结合成为一体，"家"被看作是"国"的基础，"国"被看作是"家"的扩大，家、族在社会结构中具有重要地位。"国"也被看作是一个"大家庭"，君主不仅是国家政治上的统治者，也是全国这个"大家庭"的家长。因此，维系以血缘人伦关系为纽带的宗法关系就成为国家政治生活中的大事。

秦始皇统一六国、中央集权的君主专制政治制度代替分封的君主制度后，政治权力集中于君主一人，虽然取消了家、族的世袭政治权力除了王室外，但是人伦宗法关系传统仍然以一种巨大的历史惯性发挥作用，人伦宗法关系的社会纽带作用仍然被继承和巩固下来。同时，由于自给自足的小农经济发展为人伦宗法关系的存在提供了新的经济基础和物质条件，一家一户长期在一小块土地上经营的生产方式更加需要人伦宗法关系来维系，对家族的存在起到了巨大的稳固作用。因此，人伦宗法关系不仅得到继承、巩固和发扬，而且以"纲常伦理"原则被赋予了"天道""天意""天理""神意"等神圣权威，受到"国法""家谱""族规"等的保护，这种以血缘人伦关系为纽带的宗法关系仍然像一个巨大的关系网规范着等级社会结构，对维护君主专制王权和社会秩序起到巨大作用。

这种带有浓厚人伦宗法色彩的国家治理和社会治理之道，以家庭、家族为构成国家和社会的基本单位和细胞，宗法的家长制也就成为国家和社会的基本组织形式，借助血缘人伦纽带组成家庭、家族、宗族、社会和国家，家有家长、族有族长，家长是一家之主、族长是家族领袖，我国古代君主专制政治中的"君主至上"则是家长制在社会、国家范围内的扩充和放大，因而具有极其广泛、深厚的社会根基。以"普天之下，莫非王土"支配下的自然经济为基础，形成以血缘人伦关系为纽带的宗法关系和以君主专制王权至上的国家政治力量的社会结构，每个人从一出生就成为宗法关系网络中的个人，而不像西方古代希腊城邦国家中的个人那样独立出来，也不像近现代社会那样以公民的身份出现。我国古代社会结构中的个人是家庭、家族或宗法关系中的人，家庭整体与封建君主专制国家对个人有着决定性作用。尽管我国古代儒家思想也强调人格独立性，主张"克己""三军可夺帅，匹夫不可夺志"，但这种人格独立性是从克制个人欲望和个性、完全服从宗法伦理而言的。

因此，我国古代社会关系的宗法化、制度化即宗族制，是调整家族关系、社会关系的一般基本社会制度，依据血缘人伦关系分为"大宗"和"小宗"。宗法制与君主制、官僚制相结合，宗族组织和政治组织合二为一，家族宗法等级和政治官僚等级完全一致，成为我国古代的基本社会体制、政治体制和法律维护的主体，形成由政权、族权、神权、夫权组成的封建宗法制度。这种以血缘人伦关系为纽带的宗法社会，最重人的伦理关系，由此决定了中国古代的国家治理、社会治理与人伦宗法伦理的密不可分，政治关系和社会关系都被宗法化。具体表现为：

其一，政治原则与伦理原则的同一性。我国古代政治以伦理为其内在规定，如历代统治者都标榜"仁政""德治"，以伦理的"仁""德"为其基本要求。同时，政治与伦理又直接相通，伦理上的"父父子子"在政治上则表现为"君君臣臣"。如"忠"与"孝"作为伦理原则和道德规范，"忠"是处理君臣政治关系的政治准则，"孝"是处理父子关系的伦理原则，但是由于国家建立在人伦宗法关系基础之上，家国同构、家国一体，于是移"孝"作"忠"、推"孝"为"忠"，就成为历代政治统治者选拔用人成文和不成文的伦理法则。孔子就认为，求"忠臣"必于"孝子"之门，把"孝"与"忠"看作是同一的。他说："其为人也孝弟，而好犯上者，鲜矣；不好犯上而好作乱者，未之有也。"（《论语·学而》）

其二，个人的伦理道德修养以国家治理和社会治理为归宿。所谓"格物、致知、诚意、正心、修身"然后"齐家、治国、平天下"，就是指个人的道德修养要以"治国、平天下"的政治抱负为归宿。我国传统文化强调个人的伦理道德修养要外化为政治上的理想追求，政治上的理想追求要内化为个人的道德修养目标，道德上的理想人格亦是政治上的完美人格，即把所谓的"内圣外王""穷则独善其身，达则兼济天下"看作是人生的最高境界。

（三）身份规则的礼制化

我国古代虽然把"礼"和"法"都看作是国家治理、社会治理的重要途径，但是认为二者各有所长："礼"是一种防患于未然的道德引导，让民众在生活中有所遵循，形成良好社会风气；而"法"则是一种在少数人超越法律底线后采用的强制手段。我国既有厚重的伦理道德传统，也有十分久远的法制传统。早在西周时期周公提出的"明德慎罚"思想就包含了对德法关系的认识，他说："惟乃丕显考文王，克明德慎罚。"（《尚书·康诰》）

先秦时期，孔子提出了"宽猛相济""德主刑辅"的思想，他说："政宽则民慢，慢则纠之以猛，猛则民残，残则施之以宽。宽以济猛，猛以济宽，政是以和。"（《左传·昭公二十年》）孟子提出了"徒善不足以为政，徒法不足以自行"的思想。在我国古代关于"德法"关系的认识中，"礼"是一个与德法关系密切相关的重要概念，孔子说："礼乐不兴，则刑罚不中。"（《论语·子路》）

荀子则直接提出了"隆礼重法"的思想，他说："治之经，礼与刑，君子以修百姓宁。"（《荀子·成相》）"故礼及身而行修，义及国而政明，能以礼挟而贵名白，天下愿，令行禁止，王者之事毕矣。"（《荀子·致

士》）也有人认为荀子也主张"明德慎罚"，如："明德慎罚，国家既治四海平。"（《荀子·成相》）

到汉代，董仲舒虽然提出了"阳为德，阴为刑""刑者德之辅"的观点，他说："天之任阳不任阴，好德不好刑"，"阳贵而阴贱，天之制也"（《春秋繁露·天辨在人》）。但他也十分强调"礼"的重要作用，主张以仁德化民、以正义教民、以礼仪节制民众。唐代进一步阐发了"制礼以崇敬，立刑以明威"的政治思想，认为"德礼为政教之本，刑罚为政教之用，犹昏晓阳秋相须而成者也。"到宋元明清时期，则一直延续"德法合治"的政治制度，体现了我国古代"德治与法治相结合"的治国之道，但也体现了"礼"在其中的重要作用。如在德礼与政刑的关系中，朱熹认为德礼为政刑之本，是政刑得以确立和实施的根据。他说："愚谓政者，为治之具；刑者，辅治之法。德、礼则所以出治之本，而德又礼之本也。"（《论语集注》）

因此，"礼"在治国理政中的重要作用，正是我国一向以"礼仪之邦"著称于世的重要原因。在我国传统文化中一直处于主流地位的儒家思想在本质上是一种礼乐文化，"礼乐"是我国古代社会发展的一种制度性保障，是中华文明区别于其他文明的重要特征。

"礼乐"作为一种社会制度几乎与我国古代的国家治理、社会治理同步产生。据记载，传说中的尧帝就曾命令舜"修五礼"，制定吉、凶、宾、军、嘉等五种礼仪，舜帝也曾命令伯夷主持天神、地祇、人鬼三种礼仪，确定等级秩序，即"典三礼""为秩宗"（《史记·五帝本纪》）；又命令夔主持诗歌音乐教育，培养人才，即"为典乐，教稚子"（《史记·五帝本纪》）。随着我国古代宗教祭祀活动的发展，礼仪更为发达更趋兴盛。据记载，殷人祭天祀祖必奉以玉器，并配以乐舞，西周周公摄政，更以"制礼作乐"作为政治上的重要举措，"礼"强调"别"，即所谓的"尊尊"，"乐"强调"和"，即所谓的"亲亲"。

"礼"有着严格的等级差别，以区别不同等级的人之间的贵贱、尊卑、长幼、亲疏，社会的不同等级严格体现在"礼"中，如果违背了"礼"就是"僭越"。周公建立的礼乐制度不是一般的"兴正礼乐"，而是涉及政治制度的重大变革，即"度制于是改"（《史记·周本纪》），所谓"度制"就是文物典章制度，包括政治体制和纪纲法度。周公"制礼作乐"开启了中华民族的礼乐文化与礼乐文明，对我国传统文化产生深远影响。

"礼乐文化"起源于我国古代的祭祀活动。祭祀是古代国家的头等大事，祭祀的宗庙、仪式都有一定的等级规定，祭祀所用的礼器（又称"名器"）更是王公贵族地位和权势的象征，表征着在社会中的尊卑贵贱等级秩序，国家政治统治者特别看重这种象征地位和权势的"礼器"，决不容许随便"问鼎"。因此，"礼乐"不仅为王公贵族所专有，而且是一种典章制度或纪纲法度，所谓"礼不下庶人"（《礼记·曲礼》）和"制度在礼"（《礼记·仲尼燕居》），从而成为规范社会等级秩序的国家治理工具。

由于"礼乐"具有管理国家、治理社会的功能，因而被历代国家统治者运用于治国理政的政治实践。"制度在礼"反映了"礼乐"作为我国古代典章制度包括政治上的纪纲法度和日常社会生活中的伦理法则和行为规范，成为协调我国古代社会人际关系的一种制度性保障。"礼乐"后来被制度化、法典化、神圣化，成为一套完备的文化系统和制度体系，从而最大限度地发挥了规范政治上下尊卑秩序、强化伦理道德教育、固化社会等级制度的社会功能。"礼乐"的制度化、法典化、神圣化，也就是建立在人伦宗法关系基础上的身份规则的制度化、法典化、神圣化。

我国从上古尧舜禹到西周周公就一直讲究所谓的"德"，周公注重"制礼作乐"，以"礼乐"教化民众。

"礼"作为典章制度或纪纲法度，规定了每个人在家庭、社会、国家中必须遵守的伦理法则和行为规范，因而被用来治理国家、安定社稷、稳定社会秩序，从而保障社会运行有序。"礼，经国家，定社稷，序民人，利后嗣者也。"（《左传·隐公十一年》）

"乐"本是一种人们用来调节性情、宣泄情感的活动，包括音乐、诗歌、舞蹈等活动，指多种声音、动作、情感的和谐统一，也被我国古代政治统治者用来感化人心、促进社会和谐。《国语》曰："夫政象乐，乐从和，和从平。声以和乐，律以平声。金石以动之，丝竹以行之，诗以道之，歌以咏之，匏以宣之，瓦以赞之，革木以节之。"（《国语·周语下》）《左传》曰："君子听之，以平其心，心平德和。"（《左传·昭公二十年》）

由于"礼乐"具有规范人的行为、协调社会秩序、调节人的性情的社会功能，因而被国家统治者广泛运用于治国理政的政治实践中，成为国家政治生活和社会生活运行的制度性保障。孔子主张"为国以礼"（《论语·先进》），要求实行"礼治"，他说："道之以政，齐之以刑，民免而无耻；道之以德，齐之以礼，有耻且格。"（《论语·为政》）孔子提倡的"礼治"以"德教"为前提，即"为政以德"（《论语·为政》），认为没有"礼乐"，刑罚也就失去了标准，"礼乐不兴，则刑罚不中"（《论语·子路》），"礼之教化也微，其止邪也于未形，使人日徙善远罪而不自知也"（《礼记·经解》），"移风易俗，莫善于乐；安上治民，莫善于礼"（《孝经》）。孔子对"礼乐"的社会功能作了高度概括。

荀子更是主张"隆礼乐"，他说："隆礼尊贤而王，重法爱民而霸。"（《荀子·大略》）荀子认为，"先王"为了防止争乱给人类的欲求划定了"度量分界"，是为"礼"，为了节制和疏导人的情感特地制定了"雅颂之声"，是为"乐"，"礼乐"的重要作用就是"乐合同，礼别异"（《荀子·乐论》），"礼"的社会功用就是分辨和确定社会成员的尊卑贵贱和等级身份，"乐"的社会功用就是和合社会各个等级，消除社会成员之间的积怨和矛盾，"礼乐"互济就能促使"尊尊、亲亲"的等级社会和谐而有序地运行。荀子奠定了我国古代儒家礼乐文化的基础。

《礼记》认为，"礼"及"礼义"是适应"小康"社会政治、经济和文化需要而发展起来的，其作用在于维持人类社会的纪纲法度，即"礼义以为纪，以正君臣，以笃父子，以睦兄弟，以和夫妇，以设制度，以立田里，以贤勇智，以功为己"（《礼记·礼运》）。"乐"是人类文明进步的产物，"乐者，通伦理者也"，"唯君子为能知乐"，"礼乐"与"刑政"说到底是一致的，都有"同民心而出治道"（《礼记·乐记》）的社会作用。

经过董仲舒建议，汉武帝定儒学于一尊，儒家以"纲常名教"为核心的道德教化思想遂占据了统治地位。尤其是在宋明新儒学对孔孟原始儒学作了充分发挥与创造性发展之后，儒家的伦理道德观念更成为不可移易的至理和全社会信守不渝的规矩绳墨。李觏认为，"礼"作为法制之总名，是治世的根本大法。在社会政治生活中，最重要的事情莫过于知礼、行礼，无论是圣人，还是平民，无人不需要以"礼"作为行为的规范和准则。李觏最重视《周礼》，认为《周礼》以"设官分职"为纲，设立三百六十职，管理各种事务，如"内治"预防"女色阶祸"，谋求后宫平安；"国用"讲究"利用厚生"，探讨富国之策；"军卫"讨论兵制，加强武备；"刑禁"制定刑法禁令，维持纲纪；"官人"研究用人之道，充实官僚机构；"教道"讲求道德教化，强化意识形态的统治。因此，是周公"致太平之道"。

在"程朱理学"那里，"礼乐"更是被提升到"天理"的高度。朱熹视"礼乐"制度为宇宙大化流行的产物，把"礼乐"看作"天理之自然"。他说："天高地下，万物散殊，而礼制行矣；流而不息，合同而化，而乐兴焉。"（《朱子语类》卷八十七）朱熹特别重视"礼乐"的制作与推行，主张参酌古今，制作"礼乐"，以资教化训戒，"养人心之和平"（《朱子语类》卷八十四），同时还强调"位"和"德"是制作"礼乐"必不可少的两个条件，认为"有位无德"或"有德无位"都是不能制作"礼乐"的。经过朱熹如此限定，制作"礼乐"的权利实际上就是只能由"圣王天子"所独擅，也只有"圣王天子"所制作的"礼乐"才具有至高无上的权威性，才能"通天下共行之"（《朱子语类》卷六十四）。

王守仁则把"礼乐"纳入"心"的范畴，他说："礼也者，志吾心之条理节文者也；乐也者，志吾心之欣喜和平者也"（《阳明全书》卷七），必须具有"中和之德"才可以制礼作乐。"礼乐"具有"安上治民"的作用，应该切实加强礼乐教化，使其"被于里巷，达于乡村"，乃至边徼之地，尽皆化为"邹鲁之乡"（《阳明全书》卷十八），即文明开化的礼仪之邦。

总之，我国古代历代统治者及思想家不断地将"礼乐"神圣化、法典化，也就是将人伦宗法关系及其身份规范礼制化、制度化，将以"三纲五常"的中国传统价值观具体化为人伦宗法关系网络中的各种等级身份规范，并加以礼制化、制度化，用以维护古代社会等级秩序，成为维护我国古代社会稳定的制度性保障。

（四）通过伦理角色和身份规范传递核心价值观

传说早在尧舜时代"身份"意识就开始孕育。据记载，舜帝使契为司徒，教以人伦，"慎徽五典，五典克从"（《尚书·舜典》）。所谓"五典"即指"五常之教"，意为"父义、母慈、兄友、弟恭、子孝"（《左传·文公十八年》）。

在血缘人伦的宗法制度下，亲疏、尊卑观念和等级意识成为社会生活秩序的基础，"礼"的制定和完善使每个人都被放置在血缘人伦宗法序列的不同身份位置上，形成了以"尊礼"为核心的价值体系和行为规范。《礼记》曰："亲亲、尊尊、长长，男女有别，人道之大者也。"（《礼记·丧服小记》）"尊尊"以事祖祢，"亲亲"以处子孙，"上治祖祢，尊尊也。下治子孙，亲亲也。"（《礼记·大传》）同时"尊尊"与"亲亲"还扩展到治理天下，成为家庭、家族、宗族和男女、长幼、上下处理血缘人伦关系的两项基本伦理原则。《礼记》曰："圣人南面而治天下，必自人道始矣。……其不可得变革者，则有矣。亲亲也，尊尊也，长长也，男女有别，此其不可得与民变革者也。"（《礼记·大传》）

春秋战国时期政治动乱、礼乐崩坏，社会秩序混乱，礼制的地位和作用受到冲击。以孔孟为代表的儒家学派从正名循礼、地位界定、角色扮演和规范遵循四条路径重建社会秩序。孔子继承了"周礼"的基本理念，建立了一套以"仁"为核心的伦理道德规范体系。在此基础上孟子建立了一套以"五伦"为主要内容的道德规范体系，曰："人之有道也，饱食、暖衣、逸君而无教。则近与禽兽。圣人有忧之，使契为司徒，教以人伦：父子有亲，君臣有义，夫妇有别，长幼有叙，朋友有信。"（《孟子·滕文公上》）后来发展成为"十义"之说，即"何谓人义？父慈子孝，兄良弟弟，夫义妇听，长惠幼顺，君仁臣忠，十者谓之人义"（《礼记·礼运》）。我国传统蒙学读物《三字经》总结说，"父子恩，夫妇从，兄则友，弟则恭，长幼序，友与朋，君则敬，臣则忠，此十义，人所同"，将社会生活中每个人应该践履的"人伦义理"即伦理角色和身份规范、道德义务与责任明确地表述出来。

在血缘人伦宗法关系的伦理角色、身份规范的基础上，董仲舒认为君臣、父子、夫妇三种人伦关系和身份规范最为重要，由此构建出一套以君臣、父子、夫妇三者为经，以"仁义礼智信"五者为纬的伦理道德规范体系，称之为"三纲五常"。

"三纲五常"的确立，标志着封建时代核心价值观的形成，标志着儒家的伦理道德规范体系成为我国古代社会价值体系的主流，对我国古代社会产生了全方位的深远影响。我国古代社会形成了非常细密的伦理角色和身份关系网络，家庭、家族、宗族直至国家，都成为伦理共同体，每个人在社会生活中总是以一种或多种伦理角色出现，总是被嵌定在某个伦理关系和伦理角色的位置上。基于血缘人伦宗法关系，中国古代社会把家庭、家族、宗族的血缘人伦宗法关系混同于国家的契约关系，把血缘关系等同于契约关系，呈现出"家国同构"的重要伦理特征和关系规范原则，大家为"国"，小家为"家"，国家层面的君臣关系被认为是家庭得以存在的重要前提，家庭内的父子、夫妇之间的伦理规范也被推而广之，用作国家的社会人际伦理范型。以家庭的关系来推演其他的人伦关系，有着一整套对应于每个人的伦理角色和身份的具体道德规范和行为依据，通过各种不同形式在社会生活中推行。

我国古代儒家思想为我国古代社会的伦理角色和身份规范提供了重要理论依据。孔子提出了"君君、臣臣，父父、子子"（《论语·颜渊》），要求君臣父子各自按照应有之道去行为，都要符合角色要求和道德规范。董仲舒在总结先秦和汉初儒家关于人伦角色和身份规范思想的基础上，系统地提出了"三纲五常"之道的形而上基础。他把"三纲"之道归结为所谓的"天道"——"王道之三纲可求于天"和"阴阳之道"——"君臣父子夫妇之义，皆取诸阴阳之道"（《春秋繁露·基义》），把"五常"之道作为人伦角色和身份的伦理原则和道德规范，他说："夫仁、谊（义）、礼、知（智）、信五常之道，王者所当修饬也。"（《汉书·董仲舒传》）

班固在《白虎通义》中系统总结了"三纲六纪"，即"谓君臣、父子、夫妇也"。"故《含文嘉》曰：'君为臣纲，父为子纲，夫为妻纲。'"（《白虎通义·三纲六纪》）何为"六纪"？班固曰："六纪者，谓诸父、兄弟、族人、诸舅、师长、朋友也。"（《白虎通义·三纲六纪》）所谓"纲纪"，班固曰："纲者，张也。纪者，理也。大者为纲，小者为纪。所以张理上下，整齐人道也。"（《白虎通义·三纲六纪》）班固认为，人皆怀五常之性，有亲爱之心，"是以纲纪为化，若罗纲之有纪纲而万目张也"，"六纪"的伦理原则和道德规范具体是"敬诸父兄，六纪道行，诸舅有义，族人有序，昆弟有亲，师长有尊，朋友有旧"《白虎通义·三纲六纪》）。

朱熹更是提出了"天理使之如此"作为人伦角色和身份规范的理论基础。他说："宇宙之间，一理而已，天得之而为天，地得之而为地，而凡生于天地之间者又各得之以为性。"（《朱文公文集》卷七十）"所因之礼是天做底，万世不可易；所损益之礼是人做底，故随时更变。"（《朱子语类》卷二十四）朱熹认为，"其张之为三纲，其纪之为五常，盖皆此理之流行，无所适而不在"（《朱文公文集》卷七十）。因此，"三纲五常"是"亘古亘今不可易"的。

儒家经典《仪礼》和《周礼》等还提出了"三从四德"的妇女人伦角

色和身份规范。《仪礼》曰:"妇人有三从之义,无专用之道。故未嫁从父,既嫁从夫,夫死从子。"(《仪礼·丧服·子夏传》)《周礼》曰:"九嫔掌妇学之法,以九教御:妇德、妇言、妇容、妇功。"(《周礼·天官冢宰·九嫔》)

可以看出,这些纲目都是依据社会成员所扮演的伦理角色和身份建构出来的行为规范体系。伦理角色和身份全面规定了每个人行为活动的方方面面,主次分明,严格且目标明确,通过教化、习得等不断渗透到每一个活生生的人,以"三纲五常"为主要内容的传统核心价值观就在这样一种"天理如此"、悄无声息的渗透方式中得以广泛的确立、践履并传递。由于人对自我的伦理角色和"身份"认同具有一种天然的性质,认同程度非常高,因此,对基于传统核心价值观赋予的身份规范的习得、践履和传递是自发性的、"顺理成章"的和发散性的,其习得、践履和传递的过程是一种环境熏陶式的、从传者到受者以身示范习得的、代际之间代代相传的过程,身份规范与每一个人的价值选择和行为规范相统一,传者和受者相统一,起点和终点都变成每一个具体的个人,从而在无形中以"三纲五常"为主要内容的传统核心价值观就转化为每一个具体的人的价值取向和行为规范体系,从而达到自发传递、传播的效果。

同时,由于对不同"身份"的行为规约,在实际社会生活中还会产生伦理角色和身份规范践履的典范,国家和社会再运用树立典型、书籍传播、告示公示、奖善惩恶、说唱艺术等方式扩大示范效应,在社会成员间就会形成一种相互制约、见贤思齐的浓厚氛围,向周边其他人发散出去,传递统一的价值理念、道德观念和行为规范,形成一种自然而然地传递、传播传统核心价值观的联动机制。

这种把核心价值观转化为伦理角色和身份规范的方法,使中国传统核心价值观能够转化为社会生活中每一个人的价值取向和行为准则,每一个人从出生直至死亡都按照自己的伦理角色和身份规范习得、践履并传递核心价值观。这是中国传统核心价值观得以真正落地践履、以身示范、代代相传的最主要途径。在当今多元价值观的社会文化环境下，如何这种利用伦理角色和身份规范引导人们认同、践履、传播核心价值观，值得认真借鉴和深入探讨。

（五）"三纲"伦常在身份规范中的具体体现

身份等级制度是封建社会等级关系的制度化，是由封建统治者有意识地设置的。依据中国古代的政治观念和社会观念，身份等级制度是根据维护封建社会等级秩序的需要，在历史文化传统的基础上，由君主专制政治的统治者制定和维护的，从政治、经济、社会、道德、法律等各个方面强化身份等级的有关规范，为天下臣民"立极""立义"，从而维护"尊卑贵贱，不逾次行"的社会秩序。

据《史记·秦始皇本纪》记载，秦始皇"作立大义，昭设备器，咸有章旗"，以使"贵贱分明，男女礼顺，慎遵职事"，"男乐其畴，女修其业，事各有序"，"职臣遵分，各知所行，事无嫌疑。黔首改化，远迩同度，临古绝尤"。

这种身份等级观念和制度作为"礼"重要内容，既是政治的、法律的，又是观念的、社会的，还与经济关系有一定的联系。在通常情况下，中国古代社会以人的身份等级来界定人与人之间的社会关系，包括经济关系、政治关系、家庭关系、法权关系、道德关系等。与人的身份等级相对应，谁有什么样的身份等级，就有什么样的政治、经济待遇和社会地位，享受什么规格的礼仪或祭祀形式，举行什么样的冠礼、婚礼、丧礼，住什么房子、穿什么衣服、用什么仪仗、乘什么轿子等，都非常严格，任何人不得逾越。

由于几千年的君主专制政治统治，在中国古代社会形成了一套维护封建统治者利益的"封建礼教"，成为社会生活中人们约定俗成的一种价值准则和道德规范。这些价值准则和道德规范，实质上都是以"三纲五常"为主要内容的中国传统核心价值观在人的身份等级上的具体化、生活化、社会化要求。

1.关于"君臣"之间的身份规范

我国传统文化十分重视"君臣"关系及其伦理准则和道德规范,强调"有君臣,然后有上下"(《易·序卦》)。关于"君臣"之间的身份规范形成了"君礼臣忠""君尊臣卑"等价值准则和道德规范。我国古代儒家思想十分推崇"君主""君权"至高无上的特权地位,这也是我国古代君主专制政治制度发展的需要。

从春秋时期的孔孟到汉代的董仲舒再到宋明理学的代表人物,他们都极力主张"君权天授""受命于天""道之大原出于天""奉天承运",认为君权是天授的,神圣不可侵犯,膜拜其"立生杀之位,与天共持变化之势"。孔子说:"天下有道,则礼乐征伐自天子出;天下无道,则礼乐征伐自诸侯出。"(《论语·季氏》)《尚书·召诰》曰:"有夏服(受)天命。"同时,我国古代儒家又对"君主"提出了极高的道德要求和伦理原则,如必须法"先王之道"、法尧舜,有仁性仁心、施仁政,重视"养民"和"保民",能够"急亲贤之为务"、使"贤者在位,能者在职",要求君心端正、以德修己、以公去私等。孟子曰:"今有仁心、仁闻而民不被其泽,不可法于后世者,不行先王之道也。故曰,徒善不足以为政,徒法不能以自行……遵先王之法而过者,未之有也。"(《孟子·离娄上》)朱熹说:"盖天下之纪纲不能以自立,必人主之心术公平正大,无偏党反侧之私,然后有所系而立。"(《宋史·朱熹传》)

对于"臣",我国古代儒家思想更是形成了一套处理君臣关系的伦理原则和道德规范,确立了"君使臣以礼,臣事君以忠"的伦理原则,尤其是要求臣在"礼仪"上要做到绝对"尊君"。在一定意义上,"尊君"虽然与"崇道"联系在一起,但在实质上主要还是为了维护君权至上的绝对地位、维护"君尊臣卑"的等级秩序,宣扬尊君、忠君的主旨,强化君主专制。如"臣"的职责在于"事君","事君"必"以忠",从内在认识到外在规范都应当显示一种对君主地位和指令的敬畏、尊从和服从。孔子曰:"入公门,鞠躬如也,如不容。立不中门,行不履阈。过位,色勃如也,足蹫如也，其言似不足者。摄齐升堂，鞠躬如也，屏气似不息者。"（《论语·乡党》）把"臣"在"君"面前应该表现得拘谨守礼、毕恭毕敬、小心谨慎都作为行为规范和道德要求，汉儒和宋儒甚至认为要以子对父的态度要求臣之事君。

2.关于"父子"之间的身份规范

关于"父子"之间的身份规范，我国传统文化形成了"父为子纲""父权至上""父严子孝"等伦理准则和道德规范。我国传统文化强调"父慈子孝"，但"慈"是服从于"严"的，一个"严"字更加凸显了血缘人伦宗法关系中父权的权威性和至上性。《孝经》曰："孝莫大于严父。"（《孝经·圣治》）绝对的父权制是儒家思想的基础，所谓"孝悌者，人之本"。在儒家看来，"父权"甚至高于"君权"，"有父子，然后有君臣"（《易·序卦》），所谓"事父母几谏，见志不从。又敬不违，劳而不怨"（《论语·里仁》），所谓"父仇不共戴天，子道须当爱日"（《幼学琼林》）。

我国古代社会是一种典型的"男权社会"或"父权社会"，一切权利都集中在父亲的手中，所有家族人员都在他的掌控中。子孙违反父亲的意志，不遵约束，父亲自可行使威权加以惩罚。父权享有财产权，"父母在不有私财"是中国古代一直秉承的条例，甚至"父亲实是子孙的所有者，他可以将他们典质或出卖于人"。父权享有祭祀权，因家族祭司的身份而更加神圣化，更加强大坚韧，可以支配子孙的婚姻，可以对不肖子孙进行殴打鞭笞等。

所谓"父为子纲"，就是要求为"子"的必须绝对服从为"父"的，以父是为是、以父非为非，是非、善恶的标准皆以父权的意志为标准，即使为"父"的有错，也要"子为父隐"，子女唯一必须明确的就是孝敬、孝顺、遵从。

我国古代儒家思想的精华是伦理道德思想，其核心范畴是"仁""德""善"等，儒家给予了"孝"在"仁""德""善"中的崇高地位。一为

"仁之本"，孔子曰："君子务本，本立而道生。孝弟也者，其为仁之本与！"（《论语·学而》）二为"德之本"，孔子曰："夫孝，德之本也，教之所由生也。"（《孝经》）三为"百善之先"，曰："百善孝为先。"（《围炉夜话》）"孝乎？惟孝，友于兄弟，施于有政。是亦为政，奚为为政乎？"（《孝经》）可见"孝"的道德地位之高。

我国传统文化还把"孝"视为最崇高的美德、作为选拔官员的标准，成为社会道德教化的核心内容，构建了一套系统的、严密的、哲理化的"孝道"思想，世代相袭。孔子创立私学，把"孝"放在教学首位，作为道德的根本。孟子提出了"世俗所谓不孝有五"：一不孝是"惰其四肢，不顾父母之养"，二不孝是"博弈好欲酒，不顾父母之养"，三不孝是"好货财，私妻子，不顾父母之养"，四不孝是"从耳目之欲，以父母戮"，五不孝是"好勇斗狠，以危父母"（《孟子·离娄下》）。孟子还提出了"不孝有三，无后为大"（《孟子·离娄上》）的观点。

朱熹是我国古代儒家思想的集大成者，在继承儒家传统思想的基础上，把"父子有亲，君臣有义，夫妇有别，长幼有序，朋友有信"作为"五教之目"，提出了"孝、悌、忠、信、礼、义、廉、耻"等"朱子八德"。朱熹还把学校教育分为小学（8—15岁）和大学（16岁以后）两个阶段进行道德教化，无论是小学还是大学都明确要求以"明人伦"为教育目的。小学阶段要学习"洒扫、应对、进退之节"等，遵守"孝、悌、忠、信"等伦理原则和道德规范；大学阶段要"明明德"，修身、齐家、治国、平天下，认为"孝"不仅仅是对"事亲"而言，而且拓展到"事君"与"立身"。

在我国传统社会"君臣，父子，夫妻，兄弟，朋友"的"五伦"关系中，"君臣"关系被认为是"父子"关系的延展。《孝经》曰："夫孝，始于事亲，中于事君，终于立身。"（《孝经·开宗明义》）所谓"事君"就是指做官侍奉君主，要以"忠诚"体现"孝道"。

我国传统文化还将"孝"与个人成就联系起来，认为光宗耀祖是"孝之终",《孝经》曰:"立身行道,扬名于后世,以显父母,孝之终也。"(《孝经·开宗明义》),要"立身"就要有崇高的道德修养、成就功名事业、显扬名声,给予父母荣耀,这才是最好的"孝道",是"孝"的目标。

我国古代形成了一整套包括祭祀祖宗、敬养父母、生育后代、推恩及人等的孝道文化,是一个由个体到家庭、宗族乃至国家、民族,从修身、齐家到治国、平天下的伦理准则和道德规范体系,成为君主专制政治统治教化的根本和有力武器。

3.关于"夫妻"之间的身份规范

在我国传统文化中,"夫妻"之间形成了男尊女卑、夫为妻纲、三从四德、夫唱妇随等伦理准则和道德规范,将男女关系以尊卑、贵贱表示出来,把"男尊女卑"说成是一种自然法则。《易经》曰:"天尊地卑,乾坤定矣;卑高以陈,贵贱位矣。""乾道成男,坤道成女。"(《易经·系辞》)

我国封建社会的家庭关系把丈夫看作是家庭的绝对权威,强调父子、兄弟关系的神圣和至上,妇女在家庭中几乎没有地位,一切财产的所有权、支配权和家务管理权都统一掌握在男性家长手里,嫡长子继承制剥夺了女性的财产继承权。据《礼记》记载:"子妇无私货、无私蓄、无私器,不敢私假,不敢私与。"(《礼记·内则》)女子没有受社会教育的权利,只能在家中接受有别于男子的有限教育,主要内容是"礼教"及"妇道",将贞节、服从、柔顺与卑弱定为女子的终生追求。女性在婚姻家庭的地位相当低下,"父母之命,媒妁之言",女子没有独立的人格,只是男性的附属品,必须以"三从四德"作为伦理准则和道德规范,所谓"三从"即指"未嫁从父、既嫁从夫、夫死从子",所谓"四德"即指"妇德、妇言、妇容、妇功",妻子在家庭中扮演的只是"相夫教子"的角色。

除此之外,由于夫妻形成的人伦关系是家庭得以产生的基础,要求妇女应该恪守的伦理准则和道德规范是"节",要求妇女必须恪守"贞节"观,如一女不事二夫、从一而终、"饿死事小,失节事大"、"嫁鸡随鸡,嫁狗随狗"等。

以身份等级规范实现中国传统核心价值观的生活化日常化，是我国传统文化的重要特点，其中既有精华也有糟粕。身份等级规范作为我国传统核心价值观生活化日常化的重要方法，值得新时代培育践行社会主义核心价值观批判借鉴。

（六）家庭家族中的尊卑与等级身份要求

我国古代社会对人伦角色和身份规范极端重视。由于社会结构建立在血缘人伦关系的基础上，宗法制成为我国古代社会的典型组织形式，无论是在家庭、家族、宗族内部还是社会上，无论是法律规定还是日常生活，都渗透着人伦角色和身份对人的思想行为的规定和约束，形成一整套伦理原则和道德规范，成文或不成文地规定了不同角色和身份的不同地位和待遇。

"家"和"族"都是以婚姻和血缘关系结成的亲属集团，是社会的基本单位，但两者是不同的概念，家是家，族是族。我国古代社会的"宗法制"主要包括两项内容：

一是"父家长制"，指每个家庭都有一个核心，这就是"父家长"，既指父亲为家长，父亲在家庭中拥有至高无上的权力和绝对权威。《礼记》曰："父，至尊也。"（《礼记·丧服传》）这个"至尊"的父亲是家族中的家长，是主宰，"家无二主，尊无二上"（《礼记·坊记》）。父亲作为"家长"操持把控家庭、家族中的大小事务，"凡诸卑幼，事无大小，毋得专行，必咨禀于家长"（《朱子家礼》）。

二是"嫡长子制"，指每个家庭都有一个法定继承人，就是"嫡长子"，也就是正妻所生的第一个儿子。血缘血统属于家庭，家庭构成家族。家族也有一个最早的、共同的"父家长"，就是"祖"，"祖"有一个唯一的法定继承人，这就是"宗"，"宗"分"大宗"和"小宗"，于是家族演化形成了宗族。

"家庭"是家族、宗族的基础和基本构成单位。家庭直接维持着人类社会的延续性，是"家族"的基础并形成家族体系和宗族体系。"家"是一种由夫妻关系与亲子关系组成的社会生活共同体。"家"一般都具有共同的、直接的血缘关系，是一种共同居住、共同生活的亲属团体，相对范围较小，通常包括两个或三个世代的人口，大则四世同堂、五世同堂。由于我国传统文化重视家庭观念，认为几代共同居住、共同生活是一种荣耀、福分，于是父母在世时多不愿意儿子在婚后分家，就出现几代人生产生活在一起的现象。古人认为家庭越大就越显得兴旺发达，在高祖、曾祖、祖父、父亲、自身、儿子、孙子、曾孙、玄孙九代人中相邻近的四代都可能"祖孙四代"同堂，成为我国古代家庭的一种追求。

"家族"是家庭的扩展。所谓"族"是指一种具有共同血缘关系但不一定是共同居住、共同生活的人和家庭组成的综合体和社会群体，通常包括同一血统的几辈人。管子曰："公修公族，家修家族。使相连以事，相及以禄。"（《管子·小匡》）。以父亲的血缘关系为支点，把生己者称为父母，父之父为祖、祖父之父为曾祖、曾祖之父为高祖、高祖之父为天祖、天祖之父为烈祖、烈祖之父为太祖、太祖之父为远祖、远祖之父为鼻祖，故鼻祖为始祖。

我国古代把始祖之庙叫做"祖庙"，始祖之后历代先人的庙叫做"宗祠"。我国古代的宗法制度都奉行或者说推行的是嫡长子继承制，因此只有嫡长子才享有建立、奉祀历代"宗庙"的特权，被称为"宗子"，其弟兄则被称为"支子""别子"或"庶子"，仍属于原有家族，到玄孙已满五代之后则奉行"五世而迁"，这时就要从"宗子"之族中分出，作为家族的分支另建"祖庙"，奉祀该分出的"支子"，标志是这一分支的"始祖"，"支子"的后代子孙另立"宗庙"以标志这一分支从哪里来，那么这一同"祖庙"的分支就被称为"族"。因此，所谓"家族"就是指奉祀同一"宗庙"的各家族分支，是以"宗庙"为中心聚集起来的具有共同血缘关系的生活共同体和社会群体，血统关系为其划分标准。

"宗族"是家族的扩展。所谓"宗族"是指以血缘关系为纽带，同一个男性或者说"父亲"祖先的若干代子孙世代在一起共同生活，按照一定的宗法制度、伦理原则和道德规范结合而成的一种特殊社会组织。在我国古代漫长的宗法制度下，不论大家族内部包罗的小家族、个体家庭有多少，都始终保持着对同一"父亲"、同姓家族的宗法观念，以父系家长制为划分标准，以大宗、小宗为划分原则，按照尊卑、长幼关系等伦理原则和道德规范，制定了一整套等级森严的宗族宗法制度，既具有道德规范的性质，又具有一定的法律制度的性质。

在嫡长子继承制的前提下，为了处理嫡长子及其庶兄弟之间的关系，立正妻所生的长子为嫡子，是家族的"大宗"，享有主祭的权利，庶子对嫡子的"大宗"来说是为"小宗"。《仪礼》曰："为人后者孰后？后大宗也。曷为后大宗？大宗者，尊之统也。"（《仪礼·丧服》）《礼记》曰："别子为祖，继别为宗，继祢者为小宗。"（《礼记·大传》）唐朝经学家孔颖达疏："别子谓诸侯之庶子也……继祢者为小宗，谓父之嫡子上继于祢，诸兄弟宗之，谓之小宗。"

由于实行宗法等级制度，由孔子倡导的伦理道德形成了一整套建立在以"三纲五常"为主要内容的传统核心价值观基础上的传统礼制，体现在家法族规当中。尊卑关系、等级观念和长幼有序是家长制、礼制和孝道的前提，"父辈曰尊，而祖辈同；子辈曰卑，而孙辈同；兄辈曰长，弟辈曰幼"（《清律辑注》）。由于实行嫡长子继承制对区别嫡、庶很重要，在我国古代男子可娶妻妾的婚姻制度下，"妻"所生子与"妾"所生子也有着严格的尊卑之分，家长之妻为"主母"，其余为妾。"妻者，齐业。"（《礼记·郊特牲》）"妾"的地位相比之下较为低下。

宗族主要以家族的方式体现出来。一个宗族长盛不衰的主要依据是祠堂、家谱、族规、族权的延续性。

祠堂是我国传统文化对祖先崇拜的重要场所和重要特征，主要是供奉祖先的神主牌位。我国古代把对祖先的崇拜称为"祭祀"，并成为宗族对祖先最重要、最严肃、最重视的一种礼制，"礼有五论，莫重于祭"（《礼记·祭统》）。祠堂不仅是向宗族成员灌输家规族规、处理宗族事务的重要场所，也是宗族祭祀的重要场所，所以祠堂具有强化宗族意识、规范宗族行为、维系宗族团结、训导宗族尊宗的重要作用。

家谱（又称族谱、宗谱）是记载一个家庭的成员档案、尊卑秩序、婚姻状况、世系繁衍、家族分宗、重要事迹、家法族规等的表谱形式，一般以记载父系家族世系、人物为中心，记载的是某个同宗共祖的血缘共同体世系人物及其子孙的世系传承，具有区分家庭、家族、宗族成员血缘关系亲疏远近的作用，是我国古代宗法制度的重要产物。

族规是家族、宗族制订的具有一定约束力的制度，在唐代以前多表现为一家一户家长教养子孙的仪礼与规矩，宋代以降一家一户的家训转变为由家族、宗族专门制订的约束家族、宗族成员的规章制度，成为我国古代封建国家法律制度的重要补充。族规的主要社会功能不仅强制尊祖祭祖、维护宗法等级制度以严格区分地位、尊卑、上下、辈分、嫡庶、房分、年龄等的不同，强制实行"尊礼奉孝"和伦理纲常，而且具有惩戒不孝子孙、解决家族纠纷、防止家族瓦解的作用，甚至可以止息族乱，防止因流动所导致的血缘关系紊乱等。

族权是宗法制度下族长对家族的支配权力，或家长对家庭成员的支配权力。宋明以降，宗族制得到我国君主专制统治阶级的大力支持，族权遍及我国传统社会的众多家族、宗族，成为仅次于国家政权的重要权力体系。宗族族权与国家政权互补互用，是我国传统社会得以长期延续的重要原因，对我国历史发展影响深远。毛泽东深刻指出："这四种权力——政权、族权、神权、夫权，代表了全部封建宗法的思想和制度，是束缚中国人民特别是农民的四条极大的绳索。"[①]

在我国古代家庭内存在着家长与家庭成员的身份差异，在家族内则存在着族长与族员的身份差异，一般遵从长尊幼卑、夫主妻从、嫡贵庶贱等

---

① 《毛泽东选集》第一卷，人民出版社，1991，第31页。

原则。例如我国古代的"五服"制度，是我国古代礼制中一种为死去亲属服丧的制度，规定了因血缘关系亲疏不同的亲属之间服丧的服制，据此把亲属由亲至疏依次分为斩衰、齐衰、大功、小功、缌麻五等。

由于我国古代社会是一种由父系家庭、家族、宗族为基本单位组成的社会结构，以父宗为标准，其亲属范围包括自高祖以下的男系后裔及其配偶，通常称为"本宗九族"。在此范围内包括直系亲属和旁系亲属为"有服"亲属，服丧，亲者服重，疏者服轻，依次递减。"五服"之外同五世祖的亲属为袒免亲，同六世祖的亲属为无服亲。我国古代的"服制"赋予了家庭、家族、宗族成员不同的身份，其核心就是尊卑观念和等级秩序，体现了尊卑贵贱，内外亲疏，从而使家庭、家族、宗族成员在日常生活中依"服制"身份行事，甚至在法律上由"服制"断罚、判刑。《晋律》明确提出："峻礼教之防，准五服以制罪。"

四　以礼入法提供法制保障

"以礼入法"是指我国古代一种"礼法结合""礼法合一""德刑并用"的法律制度模式，通过引"经"注"律"，以儒家经义为伦理准则和道德规范对法律制度进行诠释或注释，进而通过法律制度的实施将以"三纲五常"为主要内容的传统核心价值观推广为全社会的行为准则和道德规范。"以礼入法"的法律制度模式，既使我国传统核心价值观凭借法律的权威性和强制力得到制度保障，又使法律通过"礼"的渗透和道德教化成为全社会普遍认可和遵守的伦理准则和道德规范，成为维护君主专制政治统治、调整社会关系和维护社会秩序的重要制度性保障，从而成为一种独具中华民族特色的国家治理和社会治理模式——"礼治"模式。

"以礼入法"体现了我国古代以德治国和以法治国相结合的重要特质，上至国家政治统治者，下至社会普通百姓，人们在社会伦理纲常和国家法律制度的双重约束下，普遍遵照"礼"的要求规范自己的思想行为，普遍践行以"三纲五常"为主要内容的传统核心价值观，从而为我国古代社会长期稳定发展创造条件。

（一）中国古代"礼法结合"的文化传统

"礼"源于我国古代的一种祭祀活动和宗教仪式。由于古代社会生产力低下，古人出于对自然界以及祖先的崇拜发展出各种祭祀活动。祭天地、祭神明、祭祖先是古代最重大的社会活动，要求遵循严格庄重的程序和仪式进行，"礼"即由此逐渐产生发展演化而来，成为一种保证祭祀活动按照规定、程序和仪式顺利进行的基本规则，对参与祭祀活动成员的身份、地位、秩序及与之相应的权利义务作出明确规定。国家出现之后，"礼"由祭祀活动扩展、辐射到社会生活的各个方面，逐渐发展为一套规范社会行为的典章制度、道德准则和礼节仪式，定位和调整各种社会关系，成为评判思想行为是非曲直的道德准绳，也成为具有一定法律功能的权威性规范和调整各种社会关系的行为准则。

西周时期周公"制礼作乐"，"礼"成为维护血缘人伦宗法关系及其等级制度的重要工具。我国古代儒家思想认为，一个理想社会的秩序就是尊卑、贵贱、长幼、亲疏有别，要求人的思想行为必须符合每个人在家庭、家族、宗族、社会、国家中的身份地位，不同的身份有不同的伦理准则和行为规范，认为这就是"礼"。孔子认为，西周的国家治理模式可以概括为"为国以礼"，即"礼治"，所有一切都必须以"礼"为准绳，是"定亲疏、决嫌疑、别同异、明是非"（《礼记·曲礼》）的依据，具有"经国家、定社稷、序民人、利后嗣"（《左传·隐公十一年》）的重大作用。"天尊地卑，君臣定矣。卑高已陈，贵贱位矣。动静有常，小大殊矣。方以类聚，物以群分，则性命不同矣。在天成象，在地成形，如此，则礼者天地之别也。"（《礼记·乐记》）

孔子明确提出必须以"礼"规范人的思想行为，他说："不学礼，无以立。"（《论语·季氏》）我国古代"礼"涉及的内容十分庞杂，如涉及伦理、道德、政治、军事、经济、行政、教育、司法、宗教、婚姻、家庭等各个方面，其根本目的在于维护"君君、臣臣、父父、子子"的政治和社会地位，维护尊卑贵贱、长幼亲疏有别的社会秩序。《礼记》曰："道德仁义，非礼不成；教训正俗，非礼不备；分争辨讼，非礼不决；君臣上下、父子兄弟，非礼不定；宦学事师，非礼不亲；班朝治军、莅官行法，非礼威严不行；祷祠祭祀、供给鬼神，非礼不诚不庄。"（《礼记·曲礼》）孔子曰："恭而无礼则劳，慎而无礼则葸，勇而无礼则乱，直而无礼则绞。"（《论语·泰伯》）

我国古代的"礼"也有广义和狭义之分。广义的礼是国家典章制度（官制、刑法、律历等）、伦理规范（如"三纲五常"等）与行为仪式（朝聘燕享、婚丧嫁娶等）的总称，狭义的礼则指人类日常生活中所奉行践履的行为仪式与规范，是一个伦理学的概念。[①]《周礼》将"礼"分为了吉、凶、军、宾、嘉等"五礼"，这一分法使得深入社会各个层面的"礼"有了明确归类，得到后世的认可和延续。

"法"的本意是法律法令，它的含义古今变化不大，在古代有时特指刑法，在现代多指由统治者为了实现统治并管理国家、社会所颁布的一切规范、政令、法律的总称。我国自古以来就有重视发布政令、法律的传统，早在西周时期就出现了"悬法象魏"之制，是朝廷宣示法律和对民众进行法制教育的一种重要方式。据记载："正月之吉，始和布刑于邦国都鄙，乃县刑象之法于象魏，使万民观刑象，挟日而敛之。"（《周礼·秋官·大司寇》）我国古代历代为把法律和政令贯彻到民间，使百姓知法守法，都很重视法律和政令的公布。

在我国古代，"礼"与"法"的关系极为密切。"礼"为立法之本，是"法"的人文精神、价值理念、伦理原则与重要载体。"礼法结合"是"礼"与"法"关系的主要表现形态，一是表现为"礼法合一"，"礼"成

---

① 谢谦：《中国古代宗教与礼乐文化》，四川人民出版社，1996，第2页。

为我国古代规范社会行为、维护社会等级秩序的重要方式；二是表现为"以礼入法"，"礼"成为我国传统法律制度的核心思想和重要内容，以"礼"作为维持社会等级制度和尊卑秩序的伦理原则、道德规范和法律制度体系，从而形成了法律为"礼教"所支配的局面，对我国古代法律制度的发展产生了重大而深远的影响。我国古代所谓的"明德慎罚""德主刑辅""明刑弼教"等，实质上都是以法律制裁的力量来维持"礼"，强化"礼"的正当性、合法性和强制性。也就是说，只有"礼"认为是对的，法律上才认为是合法的，"礼"所不容许的在法律上也是禁止的，也是为法律所制裁的。

自汉武帝采纳董仲舒提出的"罢黜百家、独尊儒术"的治国之策后，儒家思想开始改变我国古代法律制度的面貌，儒家经义成为制定和诠释我国古代法律制度的重要依据。这主要表现在撰写法律章句来解释法律规范和以经义决狱两件事上。在汉武帝之前，我国秦汉时期的法律制度主要是法家的代表人物拟定的，如商鞅制定的秦法主要源于李悝的《法经》，汉初萧何制定的汉律主要承袭秦制，也与法家一脉相承。如果说在汉武帝之前汉承秦制基本上没有突破秦朝模式，那么在"独尊儒术"之后承袭秦制就是改造和发挥儒家学说，吸取法家、道家的合理成分，而儒家思想成为正统思想，占据主导地位。

在撰写法律章句来解释法律方面，据记载："后人生意各为章句。叔孙宣、郭令卿、马融、郑玄诸儒章句十有余家，家数十万言，凡断罪所当由用者，合二万六千二百七十二条，七百七十三万二千二百余言。"（《晋书·刑法志》）在经义决狱方面，则有儿宽（又称倪宽）、董仲舒、应劭等将儒家经典作为判罪量刑的标准，儒家思想在司法上逐渐发挥了主导作用和实际作用。如董仲舒、应劭等以《春秋》决狱，撰《春秋断狱》，《春秋》《尚书》等儒家经义成为最高司法原则。

我国古代社会的"礼"，有着规范"尊卑贵贱"等级制度和"长幼亲疏"伦理道德的两方面涵义。尊卑贵贱、长幼亲疏各有不同，"王命诸侯，名位不同，礼亦异数"（《左传·庄公十八年》），所谓"礼"即制定富于差别性的行为规范，孔子曰："亲亲之杀，尊贤之等，礼所生也。"（《中庸》）荀子曰："人道莫不有辨，辨莫大于分，分莫大于礼。"（《荀子·非相》）作为规范政治等级制度的"礼"强调"名位"，也就是"君君、臣臣、父父、子子"的名分和等级秩序，是君主专制政治制度的"名位"体现，是维护政治上层建筑以及与之相适应的人际交往行为中的伦理准则和礼节仪式；作为规范伦理道德规范的"礼"是国家和社会中人际交往行为的伦理准则和道德规范，具体内容包括"三纲五常"、忠孝廉耻勇、恭宽信敏慧、温良恭俭让、慈恭顺敬和等。

在"礼"的这两个方面的涵义中，政治等级制度是"礼"的本质，伦理道德规范是政治等级制度在社会行为中伦理要求和外在显现。也就是说，通过向全社会灌输"三纲五常"等伦理道德规范，把这些伦理要求和外在显现转变为做人的内在需求，去规范人的思想和行为，以达到维护等级制度的目的。

汉武帝"罢黜百家、独尊儒术"以后，"礼法结合"逐渐成为儒家伦理道德渗透到我国古代法律的主要途径，成为汉律儒家化、法律伦理化的源头，儒家经义中大量关于"礼"的思想观念、伦理原则和道德规范成为制定法律制度的根本依据。董仲舒通过确立"三纲五常"之道将宗法伦理纲常和政治等级制度相结合，使"礼"成为治理国家具有强制力的法律制度。《礼记》曰："礼义以为纪，以正君臣，以笃父子，以睦兄弟，以和夫妇，以设制度……故圣人以礼示之，故天下国家可得而正也。"（《礼记·礼运》）自魏以后，儒家代表人物参与制定法律成为普遍现象，于是更有机会将体现儒家中心思想的"礼"糅杂在法律条文里，使得我国古代法律制度发生重大变化，影响深远，一直沿用到清末。

我国古代的法律制度高度体现了"礼"的仁义精神、"德治"之道和伦理要求，直接或间接取自"礼"的行为规则和道德规范，法律制度、条文的解释以"礼"为标准，高度体现了"以礼入法""礼法合一""礼法结合"的特点。

例如,"十恶"作为我国古代社会的"十类重罪"的总称,实质上是"三纲五常"原则的具体化和条文化,所谓"十恶"历代有所不同,一般是指"谋反、谋大逆、谋叛、恶逆、不道、大不敬、不孝、不睦、不义、内乱"等十大行为,被视为不可饶恕、必须严惩的重大罪恶,自秦及以后逐渐形成,至隋代以"十恶"之名定入法典制度。

从"十恶"入法可以看出,我国古代儒家思想所维护的等级制度和社会秩序以及相应的礼制规范和伦理纲常成为凌驾于法律制度之上的最高准则。《唐律疏议》称:"五刑之中,十恶尤切,亏损名教,毁裂冠冕,特标篇首,以为明诫。"

"以礼入法""礼法合一""礼法结合",不仅使"礼"成为立法的指导思想,而且使"礼"成为法律的重要组成部分。"礼法结合"的过程,亦即我国古代法律儒家化、伦理化的过程。例如在《唐律》的制定过程中,主要以儒家思想为指导思想、以"礼"为立法的重要依据,伦理纲常之"礼"成为《唐律》的主体内容而被确定下来,严格维护君权、父权、夫权、族权的至高地位,赋予君权在国家、父权在家庭、夫权在夫妇、族权在家族中的绝对权力,进一步确立君尊臣卑、父尊子卑、男尊女卑等的等级秩序和行为规范,尤其是在家庭中严格要求婚姻制度与儒家"礼治"的一致性。部分法律条文几乎是"礼"之翻版,如《名例律》之"八议"乃《周礼·秋官·小司寇》。《唐律》还在以儒家经义诠释法理、以"礼"注释经典、完善司法原则与法律制度等方面将法律儒家化、伦理化巩固下来。因此,《唐律》亦被称为"一准乎礼"。

我国古代法律儒家化、伦理化的过程,实质上就是儒家的伦理道德思想和以"三纲五常"为主要内容的传统核心价值观法律化、制度化的过程,"三纲五常"成为我国古代制定法律制度的指导思想、伦理准则。我国古代法律制度以维护君权、父权、夫权、族权为指向,以维护君主专制政治制度和社会等级制度为目的,以"君为臣纲、父为子纲、夫为妻纲"

为指针，以"仁义礼智信"为伦理准则和道德规范。例如，在君臣方面强调臣有绝对忠于君的责任和义务，"君叫臣死，臣不得不死"；在父子方面强调子有绝对孝顺父母的责任和义务，"天下无不是的父母"，"父叫子亡，子不得不亡"，子女必须听从父母的意见和安排，绝对顺从而不能违背父母的意志；在夫妻方面强调妻子有绝对侍奉、服从丈夫的责任和义务，"在家从父、出嫁从夫、夫死从子"，"一女不嫁二夫"等。对于违背这些责任和义务的行为，法律均明确规定了较为严厉的惩罚措施。

"礼"作为我国古代法律制度的重要内容，规范着我国古代国家治理、社会活动、人民生活的方方面面，是国家法律制度权威性和强制力的重要体现，是一套自上而下普遍推行遵守的伦理准则和道德规范，也是法律制度与伦理道德的结合。"礼"作为"法"的核心，"法"作为"礼"的载体，二者难舍难分。违反"礼"的行为要受到道德舆论上的谴责，触犯法律制度要处以刑罚。"礼"作为国家典章制度和伦理规范体系的有机统一，依靠国家法律的权威性、强制力和个人道德修养的自觉性、自律性共同维持，成为一套综合政治、法律、伦理、道德等多重要素的一套国家和社会治理体系。我国古代的法律制度以"礼"的纲领和原则构成法律的义理基础，从而使以"三纲五常"为主要内容的传统核心价值观成为法典、法律编纂的枢纽，也成为法典、法律制度具体内容的枢纽。

"礼法结合"体现了我国古代社会以人伦宗法等级制度为核心的法律价值取向和规范要求。我国古代社会以小农自然经济为经济基础，建于其上的君主专制政治制度需要一套与其相适应的法律制度来维系和巩固，我国古代儒家思想倡导的"以礼治国"之所以为君主专制政治统治者所采纳，并在漫长的历史时期中发扬光大，关键在于适应了自然经济基础及政治上层建筑的需要。《礼记》曰："亲亲也，尊尊也，长长也，男女有别，此其不可得与民变革者也。"（《礼记·大传》）

在我国古代社会，君臣、父子、夫妇有别，尊卑贵贱、长幼亲疏有别，不同社会地位、不同人伦角色享有截然不同的权利和义务。"礼"作为维护人伦宗法等级秩序的典章制度、伦理准则和道德规范体系，维护在宗法等级基础上形成的各种社会关系。荀子曰："礼者，贵贱有等，长幼有差，贫富轻重皆有称者也。"（《荀子·富国》）董仲舒更是从"天人感应"的高度肯定"礼"的社会功能："礼者，继天地，体阴阳，而慎主客，序尊卑贵贱大小之位，而差外内远近新故之级者也。"（《春秋繁露·奉本》）

我国古代"礼法结合"之后的"礼"，几乎涵盖政治、经济、教育、婚姻等各个方面，无所不包、无所不及，以法律制度的形式体现国家意志的权威性，成为君主专制政治统治国家治理的纲纪法度和社会治理的伦常标准。

（二）"以礼入法"的身份规则体系

"礼"是我国古代"德法结合"的行为规范体系，是我国古代社会身份规则的重要表征，也是一种关于人的身份行为规则的社会规范体系和制度化载体。先秦时期的儒家就非常重视"礼"的这种身份规则的意义和作用。先秦儒家认为，所谓"礼"就是给君臣、上下、长幼制定恰到好处的"名分"其相应的行为规则，是正名分、定人伦的标准，以确立尊卑、贵贱的等级秩序。荀子曰："辨莫大于分，分莫大于礼，礼莫大于圣王。"（《荀子·非相》）他还说："程者，物之准也；礼者，节之准也。程以立数，礼以定伦；德以叙位，能以授官。"（《荀子·致士》）

我国古代社会的等级秩序是尊卑、贵贱、长幼、亲疏有别，要求人们的思想行为必须符合自己在家庭、社会和国家中的身份和地位，对不同身份和地位的人有不同的伦理原则和行为规范要求，这就是"礼"。韩非子曰："礼者……君臣父子之交也，贵贱贤不肖之所以别也。"（《韩非子·解老》）"礼"具有"序上下、正人道也"（《白虎通义·礼乐》）的社会作用，制定"礼"的目的就在于维持建立在等级制度和亲疏关系上的社会差异。董仲舒云："礼者""序尊卑、贵贱、大小之位，而差外内远近新故之级者也。"（《春秋繁露·奉本》）因此，"礼"实质上是一种具有差别

性、因人而异的行为规范体系。"名位不同，礼亦异数。"(《左传·庄公》)

每个人必须根据他自己在家庭、家族、社会和国家中的身份和地位选择相应的"礼"去做事，称为"有礼"，否则就是"非礼""无礼"。孔子说："非礼勿视，非礼勿听，非礼勿言，非礼勿动。"(《论语·颜渊》)例如我国古代的"冠、婚、丧、祭、乡饮"等"礼"，都是按照当事人的爵位名分、品级地位等角色和身份制定的，对所用的衣饰器物以及程序仪式都有详细、繁琐的规定，不能僭越。《礼记》曰："君臣上下父子兄弟，非礼不定。"(《礼记·曲礼上》)不同的"礼"确定国家、社会、家族或家庭中各种人的不同身份和行为规范，从而使人人各尽本分。

我国古代的"礼"，是人们在血缘人伦宗法关系中的身份及其规则为基础确立起来的，血缘人伦是形成"礼"的身份、名分基础，"礼"则是确定血缘人伦的伦理准则和行为规范。血缘人伦是一种由男女最初的本能行为演化而来的，"礼"则从古代的祭祀活动演化而来的，二者发展到西周时期"珠联璧合"，周公"制礼作乐"，"礼"从而构成我国古代社会的基本制度。"礼"由身份、名分而来，反过来"礼"又约制和强化身份、名分，突出人伦身份的行为规则。我国古代的法律是在"礼制"的基础上形成的，"礼"是非强制性的身份规范体系，我国古代"以礼入法"，又使"礼"成为具有强制性的身份规范体系。

在我国古代还有一个与"礼"密切相关的概念，这就是"名教"。"名教"是一种以"正名分"为中心的"礼教"，是我国古代为维护和加强等级制度而制定的行为规范和规则体系。"名教"观念是我国古代儒家思想的重要组成部分，它以身份、名分为基础，"名"即指身份、名分，"教"即教化，指通过"上定名分"来教化天下，也就是通过伦理纲常的教化来维护等级制度和社会秩序。

"名教"观念最初始于孔子，认为"为政之要"就是"正名"，强调以等级名分来教化社会，从而维护社会等级秩序，实现社会稳定和谐。董仲舒继承孔子的"名教"观念，倡导审查名号、教化万民，"欲审曲直，莫如引绳，欲审是非，莫如引名"，"古之王者，莫不以教化为大务"（《春秋繁露·深察名号》）。汉武帝把符合君主专制政治统治的思想观念、价值理念、伦理原则和道德规范等立为"名分"、定为"名目"、号为"名节"、制为"功名"，在全社会进行教化，称为"以名为教"。所谓"以名为教"，实质上就是以儒家思想和"三纲五常"教化天下，宋明以后"名教"更是被上升为"天理"的高度，成为禁锢人们思想和行为的精神桎梏，如违犯"三纲五常"等伦理纲常即被视为"名教罪人"。

"三纲五常"和"名教"观念作为我国古代社会的价值观念、伦理准则和行为规范，不仅为国家法律制度所确定，还被写进家谱家法族规之中，共同起着规范思想行为的重要作用。

（三）"礼法合治"强化中国传统核心价值观践行

礼法可以看作是我国古代社会行为规范和制度准则的综合和总称，"礼"是一种非强制性规范，"法"是一种强制性规范。从夏商周起直到晚清，"礼法"作为中国古代社会维护人间秩序的行为规范体系，兼具伦理、政治、文化等多层含义，并在国家、乡里及家庭、家族、宗族中有着不同的建构和运作机制。中国古代礼法规范在不同层面和不同时代的推行和演进，体现了中国古代社会不断发展变迁的结果，同时也体现着其背后的传统核心价值观与主流文化的演变和发展。在国家社会层面，它以礼与法、德与刑之间的张力与互动，体现着中国古代的世界观、道德观与法治观、刑罚观；在乡村社会层面，它作为乡规民约贯彻了教化育民思想与社会和谐理念；在家庭家族层面，它体现在历代家风家谱家教和家训家法族规之中，传承着中国传统核心价值观的道德规范体系和家国情怀。

"礼"虽然最初产生于原始社会的祭祀习俗，但逐渐成为规范人们思想和行为的道德规范体系和法律制度体系。我国传统文化认为，"礼事起于燧皇，礼名起于黄帝"（《礼记·标题疏》），"礼，履也，所以事神致福也"（《说文解字》）。《礼记》曰："夫礼，必本于天，殽于地。"（《礼记·礼运》)"礼"逐渐被视为一种分天地、阴阳、四时、鬼神的规则，"夫礼者，分而为天地，转而为阴阳，变而为四时，列而为鬼神"（《礼记·礼运》）。周公"制礼作乐"，作《周礼》，将各种礼仪、制度和规范以礼典的形式加以全面确立，以"经国家，定社稷"，"礼"被当作天地间万物共同遵守的根本法则。天地运行长久不变，由天地所生成之"礼"亦永恒长久，违"礼"即是违天，从而将"礼"视作一种于自然而言使万物各得其所、各安其命的典章制度，使人的思想和行为各有依循的伦理准则和道德规范。

孔子认为，"礼"维系世袭王权的正当性、合理性和合法性，尊卑等级理所当然地应当得到维护、受到尊敬、受到膜拜，他说："今大道既隐，天下为家。各亲其亲，各子其子，货力为己。大人世及以为礼，城郭沟池以为固。"（《礼记·礼运》）同时，孔子又将"礼"看作是"大道既隐"后人间秩序的纲纪标准，用以规范人的一切思想和行为，他一连列举了七个方面的行为规范："礼义以为纪，以正君臣，以笃父子，以睦兄弟，以和夫妇，以设制度，以立田里，以贤勇知，以功为己。"（《礼记·礼运》）

董仲舒以儒家思想为基础，杂糅道家、法家思想并吸收了"阴阳五行"学说加以发展，通过"天人感应"原理和对自然现象的比附来论证天人关系，从而为君主专制政治制度下"君权"的尊位及其统治找到一种神学宇宙观、世界观根据。董仲舒把"天"作为形而上的理论依据，不仅把"天"与"人"紧密联系在一起，而且把"天"与"君"紧密联系在一起，将儒家宇宙观、世界观与君主专制政治观念紧密联系起来，将统治者的"君权"建构在"天道"的"神权"依据之上，"王者欲有所为，宜求其端于天"（《汉书·董仲舒传》），把"君权神授"与"天人感应"作为神学目的论和天人关系思想的核心。

董仲舒认为，"天"为"万物之祖，万物非天不生"，"天者，百神之君也"（《春秋繁露·郊义》），他把"天"看作是宇宙间的最高主宰，有着绝对的权威，宇宙间有"天命""天志""天意"的存在。"人"为"天"所造，"天人合一"能够相互感应，"天"能干预"人"事，"人"亦能感应上"天"，"为人者天也，人之为人本于天，天亦人之曾祖父也"，但是"唯天子受命于天"，而"天下受命于天子"（《春秋繁露·为人者天》）。董仲舒把"君权"建筑在"天恩眷顾""君权天授"的基础上，人君受命于天，君权乃天所授，奉天承运，又通过虚构"天"的至高无上来论证君主专制政治统治的合理性，从而树立和维护君权的最高权威，一切臣民都应该绝对服从君主的统治，"屈民而伸君，屈君而伸天"（《春秋繁露·玉杯》）。董仲舒对礼法问题的阐述，也是在"天人感应"的架构中展开的，从而使礼法的权威性合法化、绝对化、神圣化。

礼法关乎德教、风化与体制。我国古代的"礼治"与"德治"也一直体现在礼与法、德与刑的张力与互动之中。春秋之前，"礼法"没有明确的分立和界限，统治者以礼为法，经济、政治、文化、法律、军事、道德、教育、宗教皆出于"礼"。战国至秦礼制崩坏，法家思想愈趋隆盛，"法"从仅是"礼"的一个方面发展出来，成为与"礼"相抗衡的独立体系，并最终形成了礼、法两种观念的并列，在秦时"法治"曾一度代替了"礼治"。汉代总结秦亡教训，将儒家思想广泛、深入地融入政治，以礼为本、以法为用，援礼入法，最终形成了礼法合治、德主刑辅的治理格局。

礼法合治、德主刑辅的治理格局，作用于我国古代社会两千多年，最鲜明的特征就在法律中体现了一套根本的道德原则和行为规范体系，体现了中国传统社会的核心价值观。

首先，"礼"在本意上是确定贵贱上下有别，孔子强调"君君，臣臣，父父，子子"的等级名分，"正名"的要求也是各持本职的名分，各守严格的道德，由此规定了一套权利义务关系，确定了社会的伦理纲常。

其次，中国古代在立法上"援礼入法"，以"礼"作为制定法律的主要依据。从汉开始历经隋唐，直至明清，长达两千多年。如《孝经》曰："五刑之属三千，而罪莫大于不孝。要君者无上，非圣人者无法，非孝者无亲，此大乱之道也。"(《孝经·五刑》)隋唐以来，关于郊庙、亲属、继承等法律，都是以"礼"为依据制定的。在内容完备、体系成熟的唐律中，"礼"与"法"几乎实现了"合一"，"唐律一准乎礼"(《四库全书·总目》)，其体融仁、义、礼、智、信、政、禄、刑于一，其用将忠、孝、行、务、和、静、刚、强等并举。不仅是唐律，中国古代法律皆如此。

"刑罚"起于夏商周三代。《周礼》载有"墨、劓、刖、宫、大辟"五刑，共计两千五百之数，与周礼的"礼仪三百，威仪三千"体量相当，可见在当时礼乐达天下的社会也并非只有德教。据记载，"明于五刑，以弼五教"(《尚书·虞书·大禹谟》)。"刑"的作用被统治者用以配合内化于心的德教，务求礼法之不坠。因此，"礼"与"刑"虽为治理天下的两种极端，却是一事之两面，礼教为本，刑罚为辅，相辅相成，二者殊途而同归，递用而相济。

在司法过程中，我国古代的刑罚观则表现为"以礼入刑"，尤其在汉及以后"经义决狱"蔚为风尚。董仲舒以《春秋》公羊学开风气之先，"别嫌疑，明是非，定犹豫，善善恶恶，贤贤贱不肖"(《史记·太史公自序》)，"《春秋》之义，原心定罪"(《汉书·哀帝纪》)。案件审理改变了以往尤其是秦时代依照客观情况"一刀切"的司法方式，变成可以按照主观心理动机以及伦理道德来定罪量刑，当法律规定与儒家经义发生冲突或矛盾时，往往舍法律制度而取儒家经义，并最终将此类儒家经义法典化、法制化，即"以礼入法"，使之成为一种更具现实性和实践意义的治世观。从此，"教化"并非只悬于礼乐仁义之道，而是取政令法律制度予以改造，因而具有了"刑罚"的法制保障；"刑罚"也不但不妨碍教化，而是成为"德教"的重要保障，可先刑后教，二者相通。故后世儒者多不讳言功利，亦将政刑视为当然。

(四)"乡规民约"强化中国传统核心价值观教化

我国古代的"乡规民约"作为我国传统文化的重要组成部分，是"礼"与"法"的重要补充，在一定意义上说它兼具"礼"与"法"的性质。在我国历史上,"乡规民约"源远流长,它的起源可以追溯到原始社会以地缘关系为纽带的异姓杂居村落或部落的形成之时。由于异姓家族、宗族之间因同居一村而产生的社会关系日益复杂,事务处理日益繁多,客观上要求有一种超越家族、宗族规范的村落公共规范来协调,以弥补以血缘关系为基础的家庭、家族和宗族内部行为规范,从而协调和处理多个家族甚或村落与村落之间、不同宗族之间的社会关系和事务。这种适用于同一村落乃至不同村落中各家族和各村民的公共行为规范,逐渐被称为"乡约乡规""村约民约"或"乡规民约",对我国传统核心价值观也起到了重要的教化、传播和推动作用。

从形式上看,我国古代的"乡规民约"是一种介于正式制度与非正式制度之间,存在于我国乡土社会,具有一定权威性和强制性的民间行为规范,可分为劝诫性与惩戒性、成文与不成文等多种形式。从作用的特点看,既有一定的劝导性、教化性,又有一定的强制性、惩戒性。

随着我国古代中央集权国家体制的日趋增强,从春秋战国时期起,中央集权国家逐渐确立和发展乡村控制的乡里制度,"乡规民约"也逐渐成为乡里制度的一项重要内容。据台湾学者展恒举先生考察,在我国汉代就出现了以"乡规民约"听讼裁判,到唐代更是作为重要依据,讼案须先经里正、村正、坊正处置,必须裁判者,则归县理之。乡村里社听讼裁判的主要依据就是"乡规民约"。在我国传统社会治理中,主张"治一国,必自治一乡始;治一乡,必自五家为比、十家为联始"(《保甲书·广存》),"乡规民约"在构建和维护我国传统社会秩序尤其是乡村秩序中发挥了重要作用。

我国古代的国法为了巩固和强化君主专制皇权,一般"法自君出",由代表君主专制皇权的朝廷和官府制定与颁布,除法律制度外,皇帝还可根据需要随时发布诏、令、格、式等,体现了专制主义、礼法结合、诸法合体、法定特权等重要特征,是维护君主专制政治统治和国家控制社会的基本工具。

由于我国古代社会主要是在自然经济的农耕文明基础上形成的，乡、里成为我国古代国家政权的基层社会组织，是国家加强地方控制的重要手段和形式，既不同于国家法律制度又不同于"家法族规"的"乡规民约"，就成为我国古代治理乡土社会的重要手段。尽管"乡规民约"不是国法，但仍获得国家权力机关不同程度的认可和支持，也没有遭到国家权力机关的明令禁止，实际上也就获得了一定的合法性，从而具有一定的权威性和强制力，具有一定的法律性质。同时，由于"乡规民约"与家族、宗族的"家法族规"紧密联系、相互为用，甚至重叠，因而也是一种家族、宗族成员共同约定、自然认同的行为规范，也为"乡规民约"的合法性和约束力提供了重要依据。应当看到，"乡规民约"毕竟严格区别于国家法律制度和"家法族规"而独立存在，具有自我约束、自我管理的性质，重视道德教化与礼法惩治相结合，重视维护家族、宗族自我利益和协调与其他家族、宗族的关系相统一，因而成为我国古代社会中稳定乡村社会的重要手段，为我国古代历代君主专制政治统治者推崇并用为"长治久安"之策，发挥着国家法律制度和"家法族规"难以达到的重要作用，在我国古代乡间社会生活中具有指引、规范、评价、预测、教育、惩罚等多种功用，发挥着调整乡民关系、规范乡民言行、维持乡里秩序的重要职能。

"乡规民约"仿照国家法律制度，一般都有实施的组织、场所、主事者、原则、范围、措施、程序和仪式等。这种仪式化的约定是"乡规民约"实现乡土治理的基础。制定"乡规民约"的主要依据是国家主导的意识形态及统治者的政治要求。因此，传统的"乡规民约"与中国古代律法一样是以国家意识形态——儒家思想道德体系为其渊源及精神内核的。

例如，从现存文献看，被称为我国古代第一部"乡规民约"的文本《吕氏乡约》所提倡的"德业相劝，礼俗相交，过失相规，患难相恤"的宗旨，与儒家神学所倡导的"仁、义、礼、智、信"五常基本吻合。我国古代的"乡规民约"大多以儒家的"仁爱"思想为基石，在"亲亲"的血缘之爱中"推己及人"，将之发展为"尊尊"，推广到整个乡里社会，成为古代乡村社会的基本治理手段。宋明理学确立后，我国古代的"伦理纲常"思想被统治者强力宣扬，尤其是"存天理""灭人欲""忠君"等价值理念和"上承宗祀，下表宗族"的宗法观念外化为一系列严格的礼仪行为规范，渗透到基层的乡里社会，"乡规民约"无论是内容还是形式上都发生了显著变化，同时也使这样的价值理念和宗法观念获得了更多更广泛的认同，并逐渐成为广大基层乡村制定民间规范的理论基础。

制定"乡规民约"的目的在于维护基层乡里社会的既有秩序和统治者的政治利益，保持整个国家范围内社会结构的稳定，维持和建设乡村秩序，实现乡治。由于"乡规民约"的主要来源是民间，属于民间法范畴，决定了"乡规民约"是一种非正式制度，区别于国家的正式法律制度，不具备执行过程中的绝对强制性。因此，"乡规民约"更具有引导性、劝导性和教化的性质，主要以积极引导乡民认同、习得、遵从社会价值体系和行为规范，适应既定习俗为目的，实现内化于心，进而从思想上、道德上约束自己的行为，其道德教化作用显而易见。

例如，朱熹在《吕氏乡约》中增列"畏法令，谨租赋"一条，将奉公守法、交租纳粮的行为上升到德行的高度并要求乡民遵守，实现了将乡里规范与国家法度的对接与统一。明朝建立后，太祖朱元璋认为"天下初定，所重者在教化"，将社会教化作为治国治民的首要指向，为此他颁布了《圣训六谕》，并命户部令乡里宣读学习。明朝嘉靖至万历年间，曾任刑部郎中的董燧为了"正人心，一教化"，在江西的乐安县流坑村设立了"会社"，邀请乡里的父老子弟每月集会两次，宣讲学习明太祖圣训及伦理纲常，被时人称为"圆通会"。类似"乡规民约"文本的制定，都是基于"广教化"和"厚风俗"的基本精神，奖掖后进、改进民风，通过思想道德的教化，以"礼教"规范人们的行为，使乡民从内心深处自觉遵守伦理道德标准，在无形中达到行为规范的效果。

"乡规民约"作为我国古代乡村社会的"准法律"，几乎覆盖了乡里生产生活的各个方面，体现着建立在儒家"仁爱"思想基础上的互助精神与和谐理念。从农业生产互助到生活救济和救助,从生态环境保护到文明风尚倡导,从家庭关系稳定到社会秩序稳定,都可见一斑。"农业生产互助"体现在必要的生产工具如铁农具和耕牛的共享,多人合作进行农业生产;"经济生活的救济和救助"体现在婚丧、嫁娶、出行等耗费较大财力和人力的生活事务中。《史记》载:"邑中有丧,平贫,侍丧,以先往后罢为助。"《论衡》云:"贫人与富人,俱赍钱百,并为赗礼死哀之家。"这种帮助以互助形式进行,当施惠方遇到个人难以承办的事情而需要集中众人力量应付时,受惠方也要相应提供帮助。这种患难与共、互帮互助的传统美德,催生了许多自发性和自愿性的乡村会社组织。

例如,清朝乡里会社组织的发展非常兴盛,成为乡村社会中普遍存在的社会现象,如养山会、牛马会、羊头会、青苗会、土地会、脚户自保会等一类生产互助性会社组织,如合会、摇钱会、舍汤会、义仓会、月光会等一类经济互助性会社组织,如水龙会、桥会、路会、育婴会等公益性会社组织,如哥老会、大刀会、红枪会、老碗会等民间帮会组织和喜孝会、喜丧会、坟头会、同乡会、朝山会、乞巧会等各种会社。

这些名目繁多的乡里民间组织在经营和管理上几乎看不到国家权力机构的影子,主要是熟人社会人际间互相联系而结成,以互助互爱、患难相恤、志同道合、和谐共存等理念和方式结社或集会,协调乡村民间社会关系,维护日常生产生活秩序,体现了我国传统社会重视人伦情谊、遵循纲常礼法、维护社会和谐的人文精神、价值理念和行为规范。

五 中国古代家教家训家风的传承作用

与自给自足的自然经济基础相适应,我国古代的家庭除了繁衍人口、组织消费的社会职能之外,还是组织农业生产、情感交流、家庭教育等的重要单位,具有重要作用。家庭教育特指在家庭中实施的教育,同时也指家庭成员之间的相互影响和相互熏陶。在我国古代，绝大多数家庭无法接受官学教育，因此，父母或其他年长者对子孙晚辈进行教育，就成为我国古代很重要和很广泛的教育方式。家庭教育在我国可谓源远流长，自古以来就是一种重要的教育形式，对推动我国古代家庭的巩固与发展、促进我国古代学校教育的产生与发展、传承和弘扬我国传统文化，都有着深刻而久远的影响，对践行和传承我国传统核心价值观也发挥了不可忽视的重要作用。

（一）家庭美德是中国传统核心价值观的家庭化具体化

在我国古代社会，家庭处于最基础的地位，是贯彻国家政治秩序和意识形态的基本单位。由于儒家思想诞生于血缘人伦宗法关系和"家国一体"的社会结构和社会制度，决定着儒家的价值追求必然从"治家"走向"治国"，家庭的人伦道德观念最终必然指向国家社会的礼法观念。这种理论诉求和价值诉求，体现在中国古代家庭教育中对"家国情怀"的提倡，也使家庭、社会、国家三者整体关联，"修身、齐家、治国、平天下"成为一脉相联的逻辑进路，从小我最终成就大我，成为家风家训中的重要价值引领和价值诉求，以"三纲五常"为核心价值观的儒家伦理纲常也就成为家风、家训的深层底蕴和抽象价值，中国古代家庭美德也就是中国传统核心价值观的家庭化具体化。

首先，儒家认为"治国"和"治家"并无二致，欲"治国"就必先"治家"。儒家的"齐家"思想，即是对如何持家、治家的总结，其中最有具代表性的见解是"修己正身"以"齐家"。《礼记》认为"身不修不可以齐其家"，只有正心正己，才能正人伦，才能在治理家庭中实现父慈、子孝、兄友、弟恭、夫健、妇顺，而社会道德就是家庭道德的扩展与推演。

其次，把家庭美德和家庭教育看作是人生轨迹的第一步。孟子认为，道德是"天"赋予人的德性，人们要通过不断接受教化、不断完善自己去追求并获取这些美德。在家庭中，就体现为对家庭美德的累世传承与实践。家庭美德是对一系列传家优良品格的总括与提炼。儒家倡导"父慈子孝",即在父子关系上,父辈要关爱教育晚辈,晚辈要孝敬父母长辈;"兄友弟恭",即兄弟同辈之间,兄亲弟,弟敬兄,和悦相处;"夫义妻贤",即夫妻之间要彼此相敬,互相体恤,不离不弃,共同经营家庭;"长幼有序",即不同代际之间要尊老爱幼。

再次,关于"仁""孝""俭""让""谦""学"等诸多家庭美德。孟子提出"亲亲,仁也",即作为儒家思想基础的"仁",其实践的推行也要先从对亲人的"仁爱"开始。《国语》"爱亲之谓仁",在家庭教育中就注重培养"仁爱"的德性;"孝"是儒家人伦道德思想的核心观念,孔子眼中的"孝"是最高的道德规范与行为准则,"弟子入则孝,出则弟";《尚书》载"克勤于邦,克俭于家",就是推崇勤俭持家,以俭养德,将勤俭作为立业成家的根本;三国时王昶作《家诫》专论谦虚美德,对谦虚待人的提倡成为古代家庭教育子女的重要内容;司马光在《家范》中提出"苟能相与忍之,则常睦雍矣",在家庭中提倡忍让,认为家庭成员之间互相包容理解、宽以待人,才能实现家庭和睦。

又次,在乡里层面将"仁爱"观念推己及人,亲宗族、睦邻里。一方面,家族、宗族成员之间要扶危济困、友善关爱、守望相助,同时要教导宗亲,通过家族、宗族教育等方式引导规劝族人,使其明礼乐、明祖训、明持家之道。另一方面与邻为善,邻里乡党之间要谦虚好礼、依礼而行,形成淳朴仁厚的环境和风尚。

最后,上升至天下国家,自身修心正德本于"天之义"而行"天道",最终使天下国家得到治理。在儒家思想的指导下,中国古代家庭将修身、齐家、济世的价值理想融入家风家训之中,大力促进了儒家思想的社会化,也促生了文人士大夫的群体品格,关心国家社会,以天下为己任。因此,家风家训中所蕴含的社会责任与担当意识也不言而喻。

(二)家庭教育对传承践行传统核心价值观的重要作用

我国古代的家庭观念和概念与西方的不同,与现代社会的也有所不同。我国古代高度重视家庭的重要作用,孟子曰:"天下之本在国,国之本在家，家之本在身。"（《孟子·离娄上》）自西周以后，家庭成为构成中国古代社会的基本单位，以血缘人伦宗法关系为基础建立起来的宗族制度成为我国古代社会的基本组织形式，家庭、家族、宗族甚至国家都带有不同程度的血缘性质，家国同构、家国一体，"亲亲""尊尊"成为家庭、家族、宗族直至国家的根本原则。家庭与家族、宗族又不完全不同，家庭为同居之亲，家族、宗族为同祖之亲，家庭是家族、宗族的组成细胞和基本单位。

在甲骨文和金文中，"家"多是指"豕"之居处，后来才引申为人之居所。从有关"家"的解释和使用上看，"家"有广义和狭义之分。广义上的"家"原本指一个大家族，如《左传》曰："天子建国，诸侯立家，卿置侧室，大夫有贰宗，士有隶子弟，庶人工商各有分亲，皆有等衰。"（《左传·桓公二年》）把国家比喻为一个大家庭、大家族，王室居于国家统治阶级的最顶层，天子是国家的代表和天下共主，天子、诸侯、卿大夫、士和庶人工商是社会的不同阶层，全体社会成员因其经济、政治和社会地位不同被划分为不同等级，形成了以宗法制度为显著特点的等级制。

孔子曰："三家者以《雍》彻。"（《论语·八佾》）按朱熹注，所谓"三家"，乃指鲁国当政的鲁大夫孟孙氏、叔孙氏、季孙氏三家，都是鲁桓公的后代，又称"三桓"。"千室之邑，百乘之家"（《论语·公冶长》），指的也是拥有"千室之邑"的卿大夫之家和拥有"百乘之车"的卿大夫之家，都是大家庭或大家族。

狭义上的"家"是指男女夫妻及其子女之家，亦称为"庭庭"。"家，居也"（《说文》），"牖户间谓之扆，其内谓之家"（《尔雅·释宫》），《易传·象传下·家人》称包含父子、兄弟、夫妇等为"家"。

在"家国同构""家国一体""家天下"的我国古代社会，自古以来就重视家庭教育在治理国家和社会中的重要作用，把"修身齐家"看作为"治国、平天下"的根本之道，认为"齐家"是修身的目标更是"治国、平天下"的基础，是我国古代家庭教育的根本追求和最高理想。所谓"教先从家始","正家,而天下定矣"(《易传·象传下·家人》),"身修而后家齐,家齐而后国治,国治而后天下平"(《礼记·大学》),我国古代家庭教育与"家天下"的君主专制政治统治相辅相成,以"三纲五常"为主要内容的我国传统核心价值观也作为古代家庭教育的总纲贯彻到方方面面。

1.以"孝悌"和"忠孝"为核心开展家庭伦理道德教育

我国古代社会以家庭为基本构成单位,在我国传统伦理道德思想中则把"孝"作为维系家庭的核心价值理念和道德规范。《孝经》曰:"夫孝,天之经也,地之义也,民之行也。天地之经而民是则之。"(《孝经·三才》)认为"孝道"是道德的根本,教化也是由此而产生的,"夫孝,德之本也,教之所由生也"(《孝经·开宗明义》)。"孝"是指对父母、先祖的爱、养、畏、敬,其终极关怀是慎终追远,最高价值追求是对国家、民族的无私奉献。

我国古代以"家"为本的"孝"道伦理观念,自然而然地与以"君"为上的"忠"道伦理观念紧密相连,几乎把"忠孝"连为一体。《礼记》曰:"忠臣以事其君,孝子以事其亲,其本一也。"(《礼记·祭统》)《孝经》曰:"君子之事亲孝,故忠可移于君。"(《孝经·广扬名》)这些论述都充分体现了"孝"的家庭伦理观与"忠"的社会伦理观的高度统一性。

我国古代社会以血缘人伦宗法关系为出发点来构建伦理道德规范体系,并在此基础上开展家庭教育,不仅继承家族传统、振兴家门,而且追求"忠孝双全",讲求"移孝作忠",报效国家,不仅要求晚辈自强自立,还要求后代光宗耀祖,"孝悌"之德与"忠孝"之德便成为我国古代家庭教育的核心内容。孔子曰:"弟子入则孝,出则弟,谨而言,泛爱众而亲仁,行有余力,则以学文。"(《论语·学而》)

在我国历史上,"忠孝"伦理关系的道德问题,不仅是一个家庭伦理的道德问题,更是一个国家伦理和社会伦理的道德问题,与国家政治制度、法律制度、选官用人制度等的设计密切相关。在"家国同构""家国一体"的伦理观念下,在以"三纲五常"为主要内容的我国传统核心价值观中,"君为臣纲"与"父为子纲"紧紧相连,"忠孝"互为一体,"国"由"家"组成,是"家"的放大,"家"是"国"的缩小,"国"是最大的"家","家"是最小的"国","家"以父为最高权威,"国"以君为最高权威,认为一个人只要在家庭中孝顺父母尊长,就为效命国家、为君尽忠打下了思想和行为基础,谓之"移孝于忠"。在"忠孝不能两全"的情况下,"为君尽忠、报效国家"被看作是最大的"孝",充分体现了我国传统核心价值观在家庭教育中的落地。

2.以立身处事教育为重要内容的"学以成人"教育

我国古代家庭教育非常重视教育子女如何成人做人,认为"学高"即学习知识不是主要目的,"学高"是为了"品高",即修身养性,培养子女高尚的道德人格和崇高的道德境界。家庭教育虽然也强调品学兼求、品学兼优、德才兼备,但更注重"以德为先""学会做人""学以成人",把培养道德人格放在第一位。这是我国古代家庭教育的优良传统。

为了培养子孙后代的完美道德人格,以我国传统核心价值观为基本遵循的伦理道德教育便成为我国古代家庭教育的重要内容。例如,我国古代家庭教育十分重视"立志"。孔子认为,"立志"是修身之基,是人的行为的强大动力,曰:"志以发言,言以出信,信以立志,参以定之。"(《左传·襄公二十七年》)孟子曰:"故闻伯夷之风者,顽夫廉,懦夫有立志。"(《孟子·万章下》)朱熹更是把"立志"看作是一个人成就品德学问的"着力点",曰:"书不记,熟读可记;义不精,细思可精。惟有志不立,直是无著力处。只如而今贪利禄,而不贪道义;要作贵人,而不要作好人,皆是志不立之病。"(《朱文公文集·卷七十四》)

我国传统文化主张教育子女立大志、立圣贤之志,立志以报国、光宗耀祖。诸葛亮说:"夫学,须静也;才,须学也。非学无以广才,非志无以成学。"(《诫子书》)他不仅强调"修身学习"的重要性,更加重视

"立志做人"的重要性,并提出了一套"立志做人"的学习方法,他说:"夫志当存高远,慕先贤,绝情欲,弃疑滞,使庶几之志,揭然有所存,恻然有所感,忍屈伸,去细碎,广咨问,除嫌吝,虽有淹留,何损于美趣,何患于不济。若志不强毅,意不慷慨,徒碌碌滞于俗,默默束于情,永窜伏于凡庸,不免于下流矣。"(《诫外甥书》)曾国藩教育子女要"有志、有识、有恒"。我国古代甚至把"立德立功立言"所谓的"三不朽"和"横渠四句"——"为天地立心,为生民立命,为往圣继绝学,为万世开太平"作为教育孜孜以求的永恒价值。

我国古代家庭教育还十分重视子孙的习惯养成教育。我国古代教育思想认为,所教之事"如事君、事父、事兄、处友等等,只教他依此规矩去做"(《朱子语类》)就可以了,即遵从"三纲五常"之道。我国古代的家训和蒙学读物对那些未冠子弟、学童的行为习惯规定得非常具体详尽,把"三纲五常"之道具体化程序化,具有极强的可操作性。

例如,朱熹十分重视蒙学和小学教育,认为从8岁至15岁阶段的小学教育的任务就是打下良好基础,才能培养"圣贤坯璞"(《朱子语类》),同时指出"蒙养弗端,长益浮靡"(《朱子语类》)。如果蒙学和小学阶段没有打好基础,长大之后做出违背伦理纲常之事再要弥补就极为困难。为此,朱熹提出了教育要有先后顺序和以"教事"为主的思想,他引用程明道的话说:"君子教人有序,先传以小者、近者,而后教以大者、远者。非先传以近小,而后不教以远大也。"(《小学·嘉言》)朱熹详细阐发了以"教事"为主的教育思想,他说:"人生八岁,则自王公以下,至于庶人之子弟,皆入小学,而教之以洒扫、应对、进退之节,礼、乐、射、御、书、数之文。"(《大学章句序》)又曰:"古者小学,教人以洒扫、应对、进退之节,爱亲、敬长、隆师、亲友之道。"(《小学书题》)

我国古代重要蒙学读物《弟子规》以《论语》中的"弟子入则孝,出则弟,谨而信,泛爱众而亲仁,行有余力,则以学文"为总纲,内容涉及生活起居、衣服纽冠、行为仪止、道德品性、处世之道等方面,阐述了学习的重要性、做人的道理和待人接物的礼貌常识等，尤其是详细阐发了"孝""悌""谨""信""爱众""亲仁"等道德准则，从人人皆知、人人可行的日常习惯养成做起，为学童开蒙识字，逐渐凝成品质。

我国古代家庭教育十分重视环境濡染的重要作用，既重视言传更重视身教，要以身作则、以身示范，潜移默化。家庭环境具有十分重要的熏陶作用，贾谊说："夫习与正人居之不能毋正，犹生长于齐，不能不齐言也；习与不正人居之不能毋不正，犹生长于楚不能不楚言也。"（《汉书·贾谊传》）隋代颜之推也十分重视家庭环境潜移默化的熏染作用，他说："人在年少，神情未定，所与款狎，熏渍陶染，言笑举动，无心于学，潜移暗化，自然似之。"（《颜氏家训·慕贤》）南唐蒙书《太公家教》说："近朱者赤，近墨者黑。蓬生麻中，不扶自直。白玉投泥，不污其色。近佞者谄，近偷者贼；近愚者痴，近贤者德。近圣者明，近淫者色。"

我国传统家庭教育对环境的重视还表现在强调家长的以身示范作用，认为只有家长先端正自己的行为才能引导和端正孩子的行为。如颜之推主张家长要注意表率示下、以身示范，他说："夫风化者，自上而行于下者也，自先而施于后者也。"（《颜氏家训·治家》）

我国古代家庭教育也很重视环境习染、师友选择等对孩子教育的影响，注意到家庭教育与学校教育、社会教化的相互配合。颜之推说："与善人居，如入兰芷之室，久而自芳也；与恶人居，如入鲍鱼之肆，久而自臭也。墨子悲于染丝，是之谓矣。"（《颜氏家训·慕贤》）清代陈宏谋说："父兄教之于家，师长教之于塾，内外夹持，循循规矩，非僻之心，复何自入哉！"（《养正遗规》）同时，还要求家长对孩子的教育既要有教又要有爱，做到教爱结合；既要慈又要严，做到严慈相济，才能收到良好的效果。这些做法和经验，都值得新时代倡导青少年践行社会主义核心价值观学习借鉴。

3. 以蒙养教育为主要内容开展综合教育

据记载，我国早在周代就出现了"庠""学"这样类似学校的教育机构，并逐渐演变成为传授伦理道德规范和知识技能的场所，即所谓的"学校"。《礼记》曰："有虞氏养国老于上庠，养庶老于下庠。"（《礼记·王制》）《说文解字》曰："庠，礼官养老，夏曰校，殷曰序，周曰庠。"选拔德高望重的老人为师，传授礼、乐等典章文化，分为"国学"与"乡学"两大类，"国学"又分为小学和大学，"乡学"又分为庠、序、塾等。孟子曰："设庠、序、学、校以教之，庠者养也，校者教也，序者射也。夏曰校，殷曰序，周曰庠，学则三代共之。皆所以明人伦也。"（《孟子·滕文公上》）

周代将"小学"即蒙养教育归于官学。据《周礼》记载："大夫七十致仕老于乡里为父师，士七十致仕老于乡里为少师。"（《周礼·春官》）我国古代将蒙养教育看得特别重要，认为教育人培养人应从"人之初"开始，从小开始培养纯真无邪的崇高品质是造就圣人的成功之路。如曰"蒙以养正，圣功也"（《易经·蒙卦》），主张"少成若天性，习惯成自然"（《汉书·贾谊传》）和"心未滥而先喻教，则化易成也"（《颜氏家训》）。因此，我国古代教育特别重视"慎始边"即蒙养教育，否则"失之毫厘，差之千里"。《大戴礼记》曰："正其本，万物理，失之毫厘，差之千里。故君子慎始也。"（《大戴礼记·保傅》）

我国古代形成了形式多样的蒙养教育系统。所谓蒙养教育，是指对子弟儿童时期的启蒙教育。我国古代蒙养教育的内容非常广泛，涉及伦理、道德、历史、理学、名物、科技等类，包括农工商各业的实际知识、实用技艺、生活常识等各种"杂学"，还包括吃饭、说话、缝补等生活技能，识字数算等基本知识和男女礼让等基本礼仪，涉及帝王朝廷、文臣武职、文事科名、人伦关系、岁时节令、礼仪乐舞、饮食服饰、居处宫室、农耕蚕桑、草木蔬果和鸟兽虫鱼等众多内容。

但是，我国古代蒙养教育的重中之重，还是强调"养正"教育，即道德品质教育，强调"德教为先"和"学以成人"、学会做人，各种教学内容都渗透着浓郁的伦理纲常之道和为人处世之道的教育。孔子作为我国古代私学的开创者，为我国古代蒙养教育奠定了理论基础。我国古代教育极力推崇"修身齐家治国平天下"，蒙养教育亦然。据记载，孔子为学生开设的四门课程"子以四教：文，行，忠，信"（《论语·述而》），其中"行""忠""信"三门课程都属于伦理道德教育的内容。

宋代司马光在《居家杂仪》中设计的家教程序，也是将德育放在家庭蒙养教育的首位，对孩子成长的不同阶段设计安排了不同的教育养成内容，对违背"礼教"的行为"严诃禁之"，要求蒙养教育不仅要教小孩识字读书，还要教小孩懂得做人做事的常识和道理。

我国古代不仅重视家庭蒙养教育，而且也十分重视家庭蒙养教材的编写。不同的教材承担的教育目的也不同，比如以识字为主的综合知识教材有"三百千千"，即《三字经》《百家姓》《千字文》《千家诗》，以伦理道德教育为主的蒙学教材有《弟子规》《孝经》《二十四孝》等，还有一类教材就是"家训"，是父祖对子孙、族长对族人的训示教诲，如《颜氏家训》《朱子家训》《曾国藩家训》等。我国古代各种蒙养教材几乎都以儿童的伦理道德教育为中心，并十分注意适应儿童的心理特点，多用故事，常配插图，以易记易诵的形式提高儿童的学习兴趣，十分讲求教育效果，值得今天学习借鉴。

在我国古代蒙养教育中，还非常重视以"耕读"的方式教育子孙，认为这是一种非常稳妥的处世之道。所谓"耕读"即边种田边读书，进可以应科举以出仕、光耀门庭，退可以力田以为生、抚保妻子，可显可隐，可出可伏。我国古代民间有言："耕读传家久，诗书继世长。"孔子曰："君子谋道不谋食，耕也，馁在其中矣；学也，禄在其中矣。"（《论语·卫灵公》）清代袁可立曰："九世桂，字茂云，别号捷阳，三应乡饮正宾。忠厚古朴，耕读传家，详载州志。"（《睢阳尚书袁氏家谱》）曾国藩说："久居乡间，将一切规模立定，以耕读二字为本，乃是长久之计。"（《曾国藩家书》）"耕所以养生，读所以明道，此耕读之本原也。"（《围炉夜话》）我国古代的"读"指都是读圣贤书，既为参加科举考试中举做官，又为学习"三纲五常"之道和"礼义廉耻"等做人的道理，做人第一，道德至上，教子孙读书是为了教其做人。

我国古代家庭蒙养教育与儒家思想重视血缘家庭伦理密切相关，也与隋唐以来的科举考试制度密切相关，从一开始就注重培养孩子"三纲五常"的伦理观念，同时又充满选官文化的色彩，使得"学而优则仕"成为家庭教育的重要目标。中国古代家训以"教家立范"为宗旨，以儒家思想为基本内容。在中国古代社会，家训长期潜移默化地影响着家庭成员，儒家伦理纲常成为家训对家庭成员的行为规范。中国古代家训还常常把正心修身视为处世基础，把"治国平天下"作为训导目标，提倡"学以致用""经世致用"，从而把个人与家庭、社会、国家紧密地联系在一起。良好的家风为统治者所提倡，逐渐影响社会风气，从而实现统治者"修齐治平"的政治目的，做到了政治与文化功能合一。

（三）中国古代家训对传统核心价值观的强化作用

从广义上说，家训、家规、家风都是我国古代家庭教育的重要内容。"家训"是我国传统文化的重要组成部分，是我国古代家庭教育的重要内容。所谓"家训"，是指家长为教育、训诫子孙而撰写的文字，包括家诫、家范、家规、家书、家诲、家约、遗命等，是中国古代家长对子孙进行家庭教育的基本方法和基本形式。"家训"包含着中国古代家庭的先辈对家庭教育进行的深刻理解和思考。受汉以来"独尊儒术"的影响，中国古代家训提倡以儒家思想为指导，产生了家学、家教、家风等概念，日益重视对子女后代的训诫，且形式日益多样，对倡导和传播以"三纲五常"为主要内容的中国传统核心价值观发挥了不可忽视的作用。

1.中国古代家训是传统核心价值观的家庭化家族化

我国古代家庭的发展不仅受到家庭成员之间关系的影响，也受到家族、宗族之间社会关系的影响。中国古代家训一般结合时代背景，结合处理家庭成员之间的家庭关系和家族、宗族成员之间的社会关系的伦理道德要求，对子孙进行处世之道教育。如朱熹在《家训》中说："慎勿谈人之短,切勿矜己之长。"中国古代家训还把"和谐"作为重要目标,以"父慈子孝,兄友弟恭,夫义妻顺"和"家和万事兴""和为贵"为代表的和谐思想体现得非常明显。

我国古代家训的内容非常丰富,包括律己之道、立身之道、治家之道、处世之道、经营之道等。道德教育是中国古代家庭教育的核心理念,"律己"是家训的关键内容。中国古代家训把追求高尚的道德人格作为目标,提倡以德立身,希望家庭成员把"德"融入日常生活的方方面面,使讲道德尊道德守道德成为一种自觉行为。

例如,《颜氏家训》内容非常丰富,在总结前人家庭教育成果的基础上,在各方面都做了较为具体的要求,成为我国古代第一部最为完整的家训。《颜氏家训》不仅是颜之推个人经历、思想、学识的记述,也是进行家庭伦理教育、告诫子孙为人处世的著作,共七卷二十篇,内容包括序致、教子、兄弟、后娶、治家、风操、慕贤、勉学、文章、名实、涉务、省事、止足、诫兵、养心、归心、书证、音辞、杂艺、终制等,被誉为我国古代"家训之祖"。《颜氏家训》强调教育体系应以儒家思想为核心,尤其注重对孩子的蒙养教育,其内容涉及许多领域,尤以"明人伦"和立身治家的方法为主,并对儒学、文学、佛学、历史、文字、民俗、社会、伦理等方面提出了独到见解。

明末清初理学家朱用纯把老百姓治家的格言编撰成《治家格言》,用家训、家规的形式加以巩固,教育后代。《治家格言》的核心思想就是教育孩童成为一个正大光明、知书明理、生活严谨、宽容善良、理想崇高的人,从"治家"的角度,提倡忠厚治家、孝敬父母、勤俭持家、生活朴实、教子有方、起居有常、勿贪便宜、嫁娶不慕富贵等,体现了我国古代儒家思想的一贯追求。我国古代社会中由家族、宗族制订的家法族规更是强调"礼法"的规范作用,把它作为宗族治理的伦理标准和行为准则。

我国古代以血缘人伦宗法关系为纽带的"家国同构",形成了"忠孝一体"的伦理道德结构,"忠"是政治关系上的等级道德规范,"孝"是血缘关系上的等级道德规范，"忠"与"孝"成为维护宗法等级制度和君主专制政治等级制度的伦理基础，都被纳入"礼法"的范畴，同时又都属于道德范畴。"家国同构"的实质在伦理道德上即表现为"忠"与"孝"的关系，把家庭的血缘人伦关系等同于国家的公民契约关系，将君主专制政权的"合理性"建立在血缘人伦宗法的基础上，认为"忠君"就像"孝父"一样是毫无条件的，促进了君主专制政治的稳定与强大。

宋代司马光沿引《左传》提出的"君义、臣行、父慈、子孝、兄爱、弟敬"的所谓"六顺"，认为"治家莫如礼"（《家范》），把按照"礼"的伦理原则和道德规范看作是处理自我、家庭、乡里、国家和天下伦理关系的根本准则。他说："礼之为物大矣！用之于身，则动静有法而百行备焉；用之于家，则内外有别而九族睦焉；用之于乡，则长幼有伦而俗化美焉；用之于国，则君臣有序而政治成焉；用之于天下，则诸侯顺服而纲纪正焉。"（《资治通鉴·汉纪三》）通过"礼"的规范作用达到"父慈而教，子孝而箴，兄爱而友，弟敬而顺，夫和而义，妻柔而正，姑慈而从，妇听而婉"（《家范》）的和谐状态，即达到"三纲五常"之道的伦理要求，建立良好秩序，司马光称之为"礼之善物也"。

"孝"作为一种从子女角度来处理父子关系的伦理准则和道德规范，在我国古代的家训族规中具有特别重要的地位，家训族规中涉及"孝"道的内容非常之多，包括孝为立身之本、百善孝为先、敬为孝先、慈孝相应、奉养父母尽心尽责、祭祀祖先、俭以祭亲、联族敦亲、孝始于事亲终于报国，等等。这些内容作为家训族规中的基本要求而被加以强调。

2.中国古代家训的特点和作用方式具有重要借鉴意义

我国古代家训的发展大致经历了三个阶段，先秦时期的家训停留于口头说教，后世逐渐从训诫活动发展到文献形式，从非规范性家训发展到规范性家训。我国古代家训大致有以下主要特点：

一是权威性与情感性相结合。由于在家庭教育中受教育者与教育者之间有着较为深厚的血缘关系，又由于父权家长制的权威性，家训既是一种情感性教育，又是一种权威性教育，容易得到家庭成员的认同和遵从，因此，家训往往能够起到良好的教育效果，同时还可以解决一些法律法规无法解决的问题。例如，针对不尊长辈、不敬父母等伦理问题，法律法规往往难以发挥作用，但家训可以产生一定效果。家训的针对性和可操作性也比较强，以其特有的约束性和规范性对家庭成员进行伦理道德教育，使其自觉接受教化。在形式上，家训的语言简练准确，要求细致具体，方式灵活多样，便于掌握并应用于实践。

二是与法律相为表里。我国古代家训与法律互为表里，既有劝导力又有强制力。受"以礼入法"观念的影响，我国古代的家训与国家法律制度一般都有着千丝万缕的联系。"家训"对子孙等家庭成员的道德要求和行为规范，首先建立在劝导、告诫、教育的基础上，当"好言相劝"不能奏效时便采取经济惩罚、肉体惩罚、精神惩罚等处罚手段，包括庭训、笞、杖、役、罚金、驱逐、移乡甚至告官等多种方式，目的都是为了维持家族兴旺发达，教育子弟学以成人。如宋代倪思言："父母笞怒其子，不以为少恩，知其深爱之也。"（《经锄堂杂志》）"家训"在家庭、家族内部实施，但在家教、家惩都不见效的情况下也常求助于法律，采取告官的方式，借助官方势力和国家法律来惩戒。我国古代家训的内容一般都谨守伦理纲常之道和法律制度的规定，这是对道德教化和法律制度的遵循和支持，也是家训有效执行的重要保障，家训与法律往往相互支撑。

三是表现形式多样。从表现形式上看，我国古代家训体裁各、种类众多、形式繁杂，主要有专著类、条规类、家书类、散文类、诗歌类、格言类等。

专著类家训主要结合治家经验，注重通过引述和结合儒家经典经义，阐发人生哲理和为人处世之道，以著书立说的方式教育子孙，在我国历史上名称和数量繁多。如《章氏家训》《颜氏家训》《袁氏世范》《双节堂庸训》《聪训斋语》《朱子家训》以及《孝友堂家训》等。

条规类家训则不太注重理论上的阐发，多为直接制定出一些家规条款让家人子孙共同遵循。如《郑氏规范》《治家格言》《万福堂家规》《孝友堂家规》等。

家书类家训主要指长辈通过手书或书信的形式对家人子孙进行教育、劝导或告诫，集说理、叙事、体悟、要求、情感于一体，词义恳切、语重心长，多为某方面或多方面的谆谆教诲、肺腑之言，常常感人至深。如《班固家书》《孔融家书》《诸葛亮家书》《十六通家书》《纪晓岚家书》《曾国藩家书》等。

散文类家训主要以叙述祖先或家主经历、人生经验和治家经验，引导和教育后世子孙感悟人生艰难，耳提面命，启发和激励后世子孙学会居家治生、为人处世、立身报国等。如《枕中篇》《庭诰》《复堂谕子书》《杨忠愍公遗笔》等。

诗歌类家训即指以诗歌、随笔等形式，甚至将散文与诗歌融合于一体，采取散文体叙事，以诗歌体阐发大意，教育、劝导、告诫子孙后代。如《诫子诗》《诫子孙诗》《责子诗》《忮求诗》等。

格言类家训一般是把格言、警句集中编排，分门别类，文字简洁，语义简明。如《金氏家训》《古格言》《居家格言》《格言联璧》《十六字格言》《治家良言汇编》《座右铭类编》《治家格言》《西畴老人常言》《省心录》《慎言集训》等。

我国古代家训往往非常注重文字形式，大多提纲挈领、要义醒目、通俗易懂、对仗押韵，便于诵读记忆，具有很强的感染力、传染力和传播力，让人潜移默化，濡染熏陶。

如范仲淹的《家训百字铭》，五字一句，朴实无华，总结出立身处世、持家治业的要点纲目，读来朗朗上口，铿锵有力；王守仁的《训儿篇》采用三字一句，韵语整齐，易懂易记，主张"蒙以养正"，把早立志、学做人、做好人、勤读书作为家规教育的重中之重。再如康熙年间进士彭定求的家训《治家格言》，采用歌诀体，三字一句，押韵合辙，朗朗上口，篇幅不长却涉及孝亲齐家、为人处世、生产社会之道等许多方面。韶山毛氏家族的《百字铭训》，虽然只有短短百字，却言简意赅，告诫族人治家睦族、处世做人应以"孝悌"为本，规范了毛氏族人的理想志向、伦理道德、行为准则及人生追求等，可谓字字珠玑。这种歌诀箴言形式的家训，深受青少年的喜爱，在传授知识和进行训诫的同时，也进行情感熏陶，往往能收到良好的效果。

（四）中国古代家风对传统核心价值观的熏陶作用

家风通常是指一个家庭、家族的传统、规范及习俗的总称。家风源自我国古代的乡土文化，是人们在长期的家庭、家族生活中逐渐形成和世代延传下来的生产生活作风、道德追求、精神气质、行为习惯和生活方式等的总和。我国古代社会人们大多以家庭、家族、村落的地域形式聚居，家庭、家族在代际传承中持守某种较为恒定的价值理念，并在日常生活中和家庭、家族的发展中逐渐形成较为稳定的生活作风、道德面貌和精神气质，这就是家风。在"家国同构"的社会框架下，家庭是国家、社会的组成细胞，"治天下"离不开家庭的修整、稳定、繁荣。家风的形成虽然来源于家庭、家族的兴旺长久，强调修身、治家、齐家，但其终极目的乃在于"治国"与"平天下"的崇高理想。中国古代家风对传承和弘扬传统核心价值观具有重要的熏陶作用。

1. 家风的起源及其发展

从历史和理论上讲，"家风"应该是随着家庭、家族的产生而产生的，可以追溯到古代乡土亲缘社会的形成，是农耕文化的产物。家庭、家族是我国古代社会的组成细胞和基本单位，"家风"不仅是一些具体的条文规定，更象征着家庭、家族的道德风气和精神"图腾"。"家风"一词的出现和发轫，与魏晋时期世家大族的宗族力量和"门风"密切相关。当时的贵族为维护门阀制度，自矜门户，标树家风。这一时期有大量关于"家风"的阐发，如《魏书》曰："门生故吏，遍于天下，而言色恂恂，出于诚至，恭德慎行，为世师范，汉之万石家风、陈纪门法所不过也，诸子秀立，青紫盈庭，其积善之庆欤。"（《魏书》卷五十八）《晋书》曰："忧国如家，岁寒不凋,体自门风。"(《晋书·陆晔传》)《北齐书》曰:"少而清虚寡欲,好学有家风。"(《北齐书》卷四十二)《周书》曰:"昶年十数岁,为《明堂赋》。虽优洽未足,而才制可观,见者咸曰有家风矣。"(《周书》卷三十八)南朝陈姚最说:"右胤祖之子,少习门风,至老笔法不渝前制"(《续画品·刘璞》)等。

西晋文学家夏侯湛将《诗经》中有目无文的六篇"笙诗"补缀以成《周诗》,并给西晋文学家、政治家潘岳看,潘岳认为这些诗篇不仅温文尔雅,而且可以看到"孝悌"的本性,于是自述家族风尚,写成《家风诗》,通过歌颂祖德、称美家风传统以自我勉励,曰:"绾发绾发,发亦鬓止。日祇日祇,敬亦慎止。靡专靡有,受之父母。鸣鹤匪和,析薪弗荷。隐忧孔疚,我堂靡构。义方既训,家道颖颖。岂敢荒宁,一日三省。"魏晋以后,"家风"一词渐次流行,历代对家风都有论述。

"家风"一词,最初只是一个中性概念,并不具有正面的意义。"家风"作为士族抵御皇权和寒门侵渔的一种手段,只是反映和标榜一个家庭、家族的传统、风习和本色,以别于其他家庭、家族。当时所谓的"家风",既可能意味着勤奋俭朴、为人忠厚、待人有礼,也可能意味着游荡为非、狡诈刻薄、怠戾凶横。正因为如此,在历史文献中古人对"家风""门风"的称誉和贬损并存。比如《魏书》记载,"刁氏世有荣禄,而门风不甚修洁,为时所鄙"(《魏书》卷三十八),"及道将卒后,家风衰损,子孙多非法,帷薄混秽,为论者所鄙"(《魏书》卷四十七),都是对某些"家风"的贬损。

随着时代发展和社会进步,"家风"越来越具有正面意义。"家风"作为家庭特定的传统和文化,意味着经过家庭、家族长时期的汰选和沉淀,是先人生活的结晶,历经延传而持久存在,或者在子孙后代身上一再出现。"子实不才,崇基不构,干纪犯义,以坠家风,惜哉!"(《隋书》卷四十九)正是在这个意义上,"家风"一词越来越象征着传家久、继世长的道德品质和良好风气,诸如耕读、勤俭、忠厚、诚实、清廉、忠烈等美好品质，从而讲求"不坠家风""世守家风""克绍家风""世其家风"和"家风克嗣"等。"家风"一词成为承载父母或祖辈提倡并能身体力行和言传身教，用以引导、教育、规劝和约束家庭成员风尚和风气的一个概念，指一种长期培育形成的家庭文化氛围，是家庭伦理和家庭美德的集中体现，有强大的感染力量。

我国历史文献提及"家风"一词，往往蕴藏有对优良传统的继承意义。例如《晋书》曰："咸能综缉遗文，垂诸不朽，岂必克传门业，方擅箕裘者哉！"（《晋书·陈寿司马彪等传论》）《南史》曰："齐有人焉，于斯为盛。其余文雅儒素，各禀家风。箕裘不坠，亦云美矣，"（《南史》卷二十二）所谓"箕裘"，即指家庭子弟由于耳濡目染，往往继承父兄之业。后代常以"箕裘"比喻祖上的事业，以"弓箕"比喻父子世代相传的事业，一个"禀"字则传达了下对上、后对前的承继意义。南北朝时期的文学集大成者庾信曰："潘岳之文采，始述家风；陆机之辞赋，先陈世德。"（《哀江南赋·序》）当时的大家族皆以"世守家风"为要务，把家风、世德作为优先题材，庾信写的就是这种状况。宋代司马光说"习其家风"（《训俭示康》），也有传承的意思。辛弃疾曰："一葛一裘经岁，一钵一瓶终日，老子旧家风。"（《水调歌头·题永丰杨少游提点一枝堂》）陈少平题写楹联："邻德里仁，克绍箕裘世泽；笔耕砚拓，长传诗礼家风。"元代乔吉说："是学的击玉敲金三百段，常则是撩云拨雨二十年，这家风愿天下有眼的休教见。"（《两世姻缘》第一折）清代袁枚说："惺斋乃诗人榕园（汝霖）司马之子，落笔绰有家风。"（《随园诗话补遗》卷六中）说的都是家风的传承和沿袭。

家风的形成，是一个家庭、家族的长辈和主要成员在繁衍过程中世代生息、不断教诲、逐渐积累和潜移默化的结果。《颜氏家训》曰："夫风化者，自上而行于下者也，自先而施于后者也。"（《颜氏家训·治家篇》）并曰："是以父不慈则子不孝，兄不友则弟不恭，夫不义则妇不顺矣。父慈而子逆，兄友而弟傲，夫义而妇陵，则天之凶民，乃刑戮之所摄，非训导之所移也。"(《颜氏家训·治家篇》)家风从不同角度对我国传统文化作出了诠释和注解,很多都包含"三纲五常""三从四德"等内容,也有崇尚道家亲近自然、无为而为、顺时而生的思想,讲求从容不迫、不慕名利、安贫乐道等。

我国古代的"家风"是中国传统文化的家庭化、家族化和具体化,集中呈现了以"三纲五常"为核心价值观的儒家思想。自汉武帝"罢黜百家、独尊儒术",儒家思想道德和"三纲五常"之道受到格外推崇,"三纲五常""三从四德"等伦理纲常和儒家道德规范作为我国古代社会的伦理要求和行为规范,普遍存在于家风之中。入宋以降,由于社会动荡变革、北方少数民族入侵、中央集权制度进入高度成熟期,对儒家思想道德的顶礼膜拜更加强化,程朱理学兴起,儒学由"经世致用"之学转向"道德性命"之学,儒家思想道德更加政治伦理化、伦理政治化。受程朱理学影响,在传统儒家道德的基础上,延伸出忠、孝、节、义、烈等道德规范,"性命之理"也广泛渗入到民间,程朱理学与宗法制度、儒家伦理道德紧密结合在一起,成为家风、家训最为主要的理论来源。

在这种意义上,家风对程朱理学的维护也就是对封建纲常名教的维护。例如,像岳飞"精忠报国"、杨家将"一门忠烈"、文天祥"人生自古谁无死,留取丹心照汗青"等这样的家风在社会上普及;像"饿死事小,失节事大"这样的"贞烈"品格成为家风、家规中对妇女的要求;"阳明心学"兴起后引领风气之先,"知行合一"的思想对家风的影响深远。

2.中国古代家风的内容主要是道德规范

家庭是社会的细胞,家风的存在深受中国古代社会主流意识形态的影响,与自然经济基础和君主专制政治统治相适应。由于儒家学说对我国传统文化的影响十分深远,儒家的伦理道德原则成为中国古代家风中最主要的价值准则和行为规范。我国传统文化中的家风,以儒家伦理道德为根基,首先强调"修身齐家",包括对老人、长辈、妻子、孩子、兄弟、仆人等的"为人待人"之道;其次强调人伦角色与身份的伦理原则和行为规范，包括君义臣忠、父慈子孝、夫义妇顺、兄友弟恭、朋友有信等；再次强调"睦邻睦族"，旁及个人在家庭、家族和庞大宗族中的本分，如睦邻友好，最后强调"治国平天下"，面向血缘、家庭、家族、宗族的范围之外，讲求志在"君国"的为官报国之道和协和万邦。

例如，我国古代儒家思想认为，君主专制等级制度是建立在人伦道德的尊卑贵贱秩序基础之上的，伦理原则和道德规范则是建立在父母子女之间的血缘人伦关系之上的，因此建立在家庭伦理道德教育基础上的"三纲五常"之道是对君主专制政治制度的道德保障。孔子曰："孝乎惟孝，友于兄弟，施于有政，是亦为政。"（《论语·为政》）作为家庭伦理原则的"孝悌"规范不仅关系到个体家庭的和睦和巩固，也是国家安定和社会稳定的道德支撑，在我国传统家风中具有十分重要的地位，父义当慈、子义当孝、兄之义友、弟之义恭，男女夫妇乃至与家族一脉的尊卑、亲疏、厚薄秩序，莫不互有应尽之"义"，十分强调"孝悌"之风在家庭中的重要作用。再如我国古代"家风"受传统儒家思想影响至深，有的讲求"积德行善"，有的讲求"仁孝清廉"，有的讲求"五常八德"。

良好的家风对一个家庭子孙后代的道德品行和生活方式往往有着重要影响，犹如春风化雨、潜移默化、润物无声。例如，宋代陆游的教子诗《示儿》《示子聿》《示儿礼》等饱含一位父亲的父爱深情，反复告诫子孙"汝曹且勿坠家风"（《示子孙》）。元朝大臣耶律楚材出身皇族，不忘对子孙进行家史教育，希望子孙向祖辈学习，建功立业，他写道："儒术勿疏废，祖道宜薰炙。汝父不足学，汝祖真宜式。"（《为子铸作诗三十韵》）"汝亦东丹十世孙，家亡国破一身存。而今正好行仁义，勿学轻薄辱我门。"（《送房孙重奴行》）明朝姚舜牧十分重视"清高"之训，为了保持姚家的"清白家声"，不仅把自己的书房命名为"清白堂"，而且经常利用家庭聚会等形式进行维护"家声"的教育，他说："长幼尊卑聚会时，又互相规诲，各求无忝于贤者之后，是为真清白耳。"（《药言》）

3.中国古代家风的形成来源于榜样作用

家风作为一个家庭、家族长时期形成的传统和风气，拥有家庭成员共同认可的价值理念、生活方式和行为方式，一个重要特点就是它的榜样作用。中国古代家庭往往不是孤立的，尤其是一些大家庭大家族存在于宗族、村落之中，家训族规通常是由家庭、家族内德高望重的长辈经过历史积累、商讨制定出来的，家风是由他们大力倡导，并在家庭家族内要求、推行、口传身授而逐渐形成的，蕴含了家庭家族祖辈长辈的为人处世哲学、价值追求、道德体认和人生经验等。

无论是以文字形式形成家训家规，还是以口传身授形成家风，都体现了祖先、长辈的典范作用，家庭、家族成员出于对祖先、长辈的尊重和信任，使得家风往往拥有一种无形的力量和权威性，潜移默化、润物无声地传承和延续下去。

明代大臣庞尚鹏的《庞氏家训》记载了四百多年前创立的家族聚谈形式。《庞氏家训》明确规定每月初十、二十五两天（"遇大寒暑、大风雨则暂免"）的日暮时分，合家老小不论尊长卑幼都来聚会进行"德业相劝，过失相规"，"或善恶之当鉴戒，或勤惰之当劝免，或义所当为，或事所当已者，彼此据己见次第言之"，各人讲述自己的见闻经历，"各倾耳而听，就事反观，勉加点检，此即德业相劝、过失相规之意"，凡无故不到会者视为"自暴自弃之人"。

《庞氏家训》还规定"为便于聚谈为贵"，家庭聚谈由大家轮流主持，不拘形式，这种家庭、家族中的聚谈习惯和风气较好地发挥了"孝睦治家"的良好家风作用，类似于我们今天的"民主生活会""恳谈会"等形式。庞尚鹏还提出"学贵变化气质，岂为猎章句、干利禄哉"的家风价值追求和教化理念，吹散子孙眼前的功利迷雾，拂去子孙心头的世俗尘埃，指出读书的根本目的不是为了在人前卖弄才华，不是为了升官发财，而是为了获取知识，矫正性格上的缺陷和行为上的偏差，祛邪扶正，提高自身修养，变化精神气质。这在"万般皆下品，惟有读书高"的古代社会，在

"学而优则仕"的科举时代,无疑是别具一格、独具特色的家风。

4.中国古代家风的特点体现为传承性

家风作为家庭、家族代代相传的为人处世方式和家庭风尚,是从过去延传到现在的结果,作为家庭、家族的一种特定文化传统,是经过长时期的存优去劣、历史积淀而成的,是祖祖辈辈人生阅历、人生感悟和生活经验的总结与结晶。没有经过较长时间的过滤和沉淀,就称不上传承,形成不了家风。家风的继承性是说家风一般都能够通过家庭、家族成员的相互影响,绵延不断地世代传承,"世代相传"是家风的显著标签。

一般而言,家风与社会风气有所不同,在不同的历史时期社会风气可能会发生根本性变化。但是,"家风"却能在家庭或家族成员之间相互影响、潜移默化、长期延续。"家风"的传承性与家风的内容密切相关,"家风"传承的主要是与人生、处世、交友、理想、追求等带有一般性和普遍性意义的共同价值追求、道德风尚和生活方式。共同的价值追求、道德风尚和生活方式这三个方面的内容相互影响,融为一体。共同的价值追求是共同的道德风尚、生活方式的价值指引,共同的道德风尚、生活方式是共同的价值追求的表现形式。共同的价值追求是家风得以传承的基础,家庭、家族的世世代代都认同祖先祖辈确立的家庭价值观,都共同遵从和践行这些共同的价值追求、道德风尚和生活方式,所谓"少成若天性,习惯如自然"。"忠孝传家远,诗书继世长""耕读传家""清正廉洁""勤俭持家"等家风,可以世代相传。

例如,山东诸城东武刘氏家族的"家风",自清朝顺治年间刘必显中进士至道光末年为止,传承连续7代将近200年。刘氏家族原本世代为农,是所谓的"乡里布衣",是迁移到山东的新家族,刘必显是家中第一个进士,也是刘家第一个出仕为官的人,官至户部广西司员外郎。刘必显晚年辞官归里,构筑槎河山庄别业,致力于子孙教育,史书记载他"惟聚子孙一堂,教以耕读,不及世事也","以读书教子为能事,以积德制行为真筌",最终形成了"当官清廉、积德行善、官显莫夸、不立碑传、勤俭持家、丧事从简"的家训家风。这是家族中优秀成员诞生后定立传世的家训家风，在之后的近200年里刘氏家族科第之盛，仕宦之隆，冠冕山左。

据记载，刘氏家族先后科考中举多达198人，其中考中进士的五世共计11人，考中举人的六世共计35人，出仕七品以上官员多达73位，出任知县知府、道台学政、布政使、巡抚总督、六部尚书，官至内阁大学士、军机大臣者皆有。刘氏家族本为普通农家，但历经数代崇文好儒、清廉爱民、乐善好施、淳朴节俭等优良家风的熏陶，最终发展成为世家望族，其中影响最大的是刘统勋、刘墉父子。

5.家风与家规相辅相成

家风与家规两个概念虽然都与家庭、家庭教育相关，但它们有着本质的区别。家风多为行于口头、见于身范、环境熏染的传统与风气，常常是一种无形的力量；家规多为见诸文字、有律可循、赏善罚恶的条文规则。当然，家风也见诸家训家规，往往表现为谆谆训诲，载诸家谱、可供讽诵的文本。但是相对于家风而言，家规的特点是有形的、是可视可见的。

家风有别于家规的是，家风一旦形成就对家族成员和子孙后代具有熏染影响、沾溉浸濡的意义，犹如春风化雨、润物无声，成为一种行为感化、道德教化、风俗同化的重要教育资源，是一种不必刻意教诫或传授，仅仅通过耳濡目染、风成化习就能获得的精神气质。史书所述的"渐渍家风"就极为生动形象地诠释了风俗教化的过程。换言之，家规可以看作是一种教化家人的戒律，而家风则是一种经由长期家庭教化而形成的良好风气。

我国古代的家风往往与家规相辅相成、相得益彰。家规作为家庭或家族中的规矩，是家庭、家族成员必须遵守的家庭伦理原则、道德规范和行为法度，是父祖长辈为家庭子孙后代制定的居家治生、安身立命、为人处世的行为原则，往往具有一定的强制性，有的甚至具有一定的法律效力，需要借助尊长的权威性和礼法的强制力才能使子孙族众执行遵从。我国古代的家规有家诫家仪、家矩家约、家教家则、家法家制等众多名义，有敬祖宗、务本业、励勤奋、尚节俭、教子孙、慎婚嫁、睦宗族等多方面内容，是见诸文字、针对性强的具体教诫甚至惩戒措施。一般而言，我国古代的家规常常体现劝导性与强制性相结合的特点，注重礼法并重、礼法合一，相辅相成，具体规定家庭生产生活的方方面面，要求家庭成员努力遵守，对劝教不听者才使用刑罚惩戒。

我国古代通过民间这些具有一定强制性、约束力的家规，与国家法律制度互相补充，扬善抑恶、表扬先进、惩治落后，为维护社会稳定、家族兴旺发挥了重要作用，在传承和践履我国传统核心价值观的过程中既起到家训家风一样的教育引导作用，又起到法律制度一样的强制强化作用。

六　将传统核心价值观基本要求生活化日常化

将核心价值观的具体要求生活化日常化，是核心价值观落细落小落实和久久为功的重要机制。经过两千多年的发展，我国古代以"三纲五常"为主要内容的传统核心价值观不仅在政治、哲学、教育、史学、文学、信仰等方面广泛渗透，规定了中国传统文化的发展方向，而且由于长期与社会生活结合，渗透到百姓生活的方方面面，逐渐沉潜于中国人的思想观念、思维模式和生活方式之中，成为"日用而不觉"的东西。我国传统核心价值观的生活化日常化，即价值观转化为具体要求渗透到器物、制度、伦理、道德、风俗等各个层面，弥漫在社会生活的时时处处，浸润到各个社会群体，影响着人的思想观念、道德习得、行为习惯和情感心理，深深地积淀于历代中国人的心灵深处，成为处理各种事务与人际关系的基本准则，成为中华民族的共同性格特征，积淀为一种文化心理结构，对中国传统核心价值观的传播起到了一种润物无声、春风化雨的陶冶作用。

（一）以生活化的方式传播践行中国传统核心价值观

价值观是一种价值取向，在社会生活中表现为人的生活目标、生活准则、生活态度和生活秩序。核心价值观的落地，不能脱离人的实际生活，否则就是空谈的"空中楼阁"。核心价值观的生活化，就是把核心价值观的具体要求融入普通百姓的日常生产方式和生活方式之中，与人们的日常生活紧密联系起来，让人们在实际生活中的每一个环节都感知它、领悟它，从而形成人们的生活体验、生活经验、生活态度和生活需求。"日常化"是生活化的一种常态化和长效化机制，久久为功、常抓不懈。核心价值观的日常化，就是把核心价值观的生活化形成长效机制，形成习惯、形成风尚、形成风气。

汉武帝以来，儒家思想和以"三纲五常"为主要内容的中国传统核心价值观不仅体现在思想、道德、文字、文学、语言等方面，也体现在书法、音乐、武术、曲艺、棋类、节日、民俗等方面，渗入中国古代社会生活之中。中国古代传统核心价值观的基本要求进入人们的日常生活，与人们的衣食住行息息相关，使儒家思想和传统核心价值观真正像空气一样无处不在，无孔不入，成为人们日用而不觉的东西。纵观汉武帝后中国两千多年君主专制政治的发展史，儒家思想和以"三纲五常"为主要内容的传统核心价值观几乎是历朝历代不变的主题，在传承和发展的过程中，经过一系列的中间环节和实践中介渗入普通百姓的日常生活之中，成为现实生活中的个体认同和内化的道德信念与生活信条。

生活即教育。教育家陶行知先生曾指出："我们的实际生活即是我们全部的课程……教育要通过生活才能发出力量而成为真正的教育。"儒家思想与中国传统核心价值观的教育，不仅体现在国家化意识形态的主要渠道，还体现在中国古代民俗、节日和生活礼仪之中，无处不有。我国传统核心价值观的生活化、日常化，用我们今天的话说，就是所谓的"风俗""民俗"。

在我国古代人民群众传承我国传统核心价值观及其具体要求的过程中，风俗是一种最为贴近生活和贴切身心的文化——生产劳动时有生产劳动的风俗，日常生活中有衣食住行的风俗，人生成长的各个阶段也有诞生、生日、成年、婚姻、丧葬等人生历程方面的风俗，传统时令节日中有岁时节日的风俗，社会组织有家族、村落、结社等风俗。此外，像竞技、社火、游戏等娱乐活动也有游艺风俗，在诸神崇拜、神话故事、民间传说、生活谚语等所代表的民间精神世界中还有许多民俗观念等，都成为特定生活区域内人们共同遵守的行为模式、行为规范或行为禁忌。风俗对社会成员有一种非常强烈的行为制约和教化、熏陶作用。

风俗是一种生活文化，它与典籍文化不同，没有固定的文本，主要靠耳濡目染、言传身教和环境熏陶的途径在人际和代际之间传播。风俗主要包括节日习俗、传统礼仪、民族风俗等，它们相辅相成，融为一体。管子说："古之欲正世调天下者，必先观国政，料事务，察民俗，本治乱之所生，知得失之所在，然后从事。"（《管子·正世》）

例如，我国传统节日形式多样、内容丰富，是中华民族悠久历史文化的重要内容。我国传统节日的形成与原始信仰、祭祀文化以及天象、历法等人文与自然密切相关，涵盖了哲学、历史、天文、人生等方方面面的内容，蕴含着深邃丰厚的文化内涵。我国古代的不同节日逐渐形成了不同的活动内容。

例如"元日"指农历正月初一，也就是我国传统节日春节。春节期间有许多民俗活动，如除夕守岁、贴春联贴门神、祭拜天地、燃放爆竹等；例如"上元"指农历正月十五，又称上元节、元宵节，这一天的民俗活动有赏花灯、吃汤圆、猜灯谜、放烟花、耍龙灯、舞狮子、踩高跷、扭秧歌等，还有人日、社日、寒食、清明、端午、七夕、中元、中秋、重阳、冬至、腊日、除夕等，节日的时间不同，民俗活动的内容也不同。此外，中国各少数民族也都有自己的传统节日和习俗。

我国素称"礼仪之邦"，历来重视礼仪，可以说"礼"在社会生活中无处不在，出行坐卧、迎宾送客、宴饮祭祀、婚丧嫁娶、行军打仗等都有相应的礼仪。这里的"礼仪"，包含了中国传统文化中"礼制"的精神原则与礼仪行为，蕴含着注重血缘、敬天爱人、崇尚团圆、以和为贵和礼尚往来等思想观念和价值理念，表达了中国传统文化中思想和价值、伦理和道德、行为与规范、审美与情趣的有机统一，是中国传统文化和传统核心价值观的重要载体与体现。

1.以服饰风俗为例

服饰与每个人的生活都密切相连，是传统核心价值观生活化的重要载体。中国素有"衣冠之国"之称，在中华民族五千多年的文明发展史中，服饰承载着厚重的传统文化内涵。

汉武帝"罢黜百家、独尊儒术"以后，在长期占统治地位的儒家思想的影响下，我国古代社会的等级制度在服饰上也有普遍反映。我国古代把服饰与"礼制"紧密结合起来，不仅对百官服饰的样式、色彩进行了严格规定，而且对民间百姓的着装也做出了详细限定。

例如规定普通百姓只能穿着本色的麻布衣，而不能穿其他色彩的服装，更不能佩戴贵重装饰品，还对相关的生活基本需求诸如衣帽鞋袜、日用杂品、车马乘骑等生活用品做了详细规定，不论是质料、品种、花色还是色彩等都有严格的等级划分，以区分"君臣士庶"服装的差别，充分体现了人们不同的身份、地位。

可以说，我国古代的服饰制度具有鲜明、独特的礼制文化特色，体现了中国传统文化和传统核心价值观的具体伦理要求，只有遵从了儒家伦理道德身份规范的服饰才被称为美的服饰。先秦时期，孔子就用"质"与"文"二字评价服饰的美。"质"是指一个人的内在伦理品质、资质品位和精神气质。"君子义以为质，礼以行之，孙以出之，信以成之。"（《论语·卫灵公》）"文"是指一个人的服饰美和外表装饰。"大哉尧之为君也！巍巍乎！唯天为大，唯尧则之；荡荡乎！民无能名焉。巍巍乎其有成功也，焕乎其有文章！"（《论语·泰伯》）我国古代的服饰观念和风格深受儒家"礼制"观念的影响，上至君臣下至黎民百姓无不受到影响。

就我国古代服饰文化的内涵而言，儒家的伦理道德观念作为"礼"的重要内容已经渗透到"穿衣戴帽"的具体细节之中，从贵族到百姓，其服饰无一不受尊卑、贵贱等级观念的支配，而"三纲五常"的伦理纲常和"忠孝"道德观念更是对服饰的影响至深，几乎影响社会的各个阶层。

例如我国古代的一些服饰都被直接赋予了伦理原则和道德规范的涵义，如明代的"忠靖冠服"取的是"进思尽忠、退思补过"之意，清代的"忠孝带"绣有"忠孝"二字，使官吏们时刻不忘"忠孝"，读书人一入宦门就要佩戴"忠孝带"。我国古代以服饰象征道德，把穿着与道德教化统一起来，使之成为穿在身上的"教科书"，这可以说是中国古代的创造，也可以从中看到道德教化的细致入微。近代孙中山先生制作"中山装"，也继承了中国古代以服饰象征道德的传统。

2.以出行风俗为例

出行是每个人参与社会生活的重要前提，是生活化的重要体现。在中国，古人出行也有许多礼俗，不仅包括选择吉日出门、忌讳凶日出门、测定出行方向，而且还与中国古代"礼制"和道德规范联系在一起。

例如，中国古代有一种"趋礼"，即地位低的人在地位高的人面前走过时，需要低头弯腰、小步疾走，以表示对尊者的礼貌与尊敬。又如"入坐之礼"，坐席也有主次、尊卑之分，讲究等级秩序，尊者上坐，卑者末坐，如在我国历史上秦汉时期尚右为尊，三国隋唐宋时期尚左为尊，至元朝又尚右为尊，明清时期又恢复尚左为尊。在室内踞坐，座次以东向为尊，即贵客坐西席，主人一般坐东席作陪，年长者可安排坐北席，面朝南向，陪酒的晚辈则在南席作陪。

我国古代出行还有一种"七不出，八不归"的说法，是对家庭男主人出行的告诫和要求。传统社会"男主外、女主内"，出门的人往往是当家人，是一家的主心骨。所谓"七不出"，是指出门前要把柴、米、油、盐、酱、醋、茶这"七件事"办好，安排好家里的生活才能出门。所谓"八不归"，有一说则直接与儒家伦理道德相联系，是指出门后有"八件事"，如果没有做好则不能或不要回家，这八件事就是"孝悌忠信礼义廉耻"，这是中国古代做人的八条基本道德准则，违犯了任何一条，都对不起祖宗，都无颜回家面对家人。

我国传统文化与传统核心价值观的具体要求体现在人们出行礼仪习俗的方方面面。这些礼仪习俗的传承，在于我国历朝历代沿袭下来的"礼制"精神，即"亲亲爱人"，而礼仪的原则在于"自卑尊人"，在与人的交往中要放低姿态、谦恭待人，以赢得他人的尊重。

3.以婚礼风俗为例

人生礼仪是生活礼仪非常重要的组成部分。人在一生中必须经历一些重要阶段，如诞生、成年、婚姻、过寿、死亡等，围绕这些关键性的人生节点，中国古代往往要举行诸多仪式，形成一系列人生礼仪。中国古代人生仪礼的决定因素，不只是年龄和生理的变化，而是在生命过程中的不同阶段，生育、家庭、宗教等思想观念和社会制度对个人的地位规定和角色认可，是身份规范对一个人成长的具体要求。

我国古代的婚礼仪式是人生礼仪的一种重要仪式。"男大当婚，女大当嫁"。婚嫁自古被当作人生中的一件大事，是构成家庭的前提。中国古代的婚礼有多种形式，一般都以隆重的仪式和铺排的场面为共同特色。中国古代的婚姻礼仪，从议婚到完婚一般要经过纳采、问名、纳吉、纳征、请期、亲迎等多个环节，被称为"六礼"。其中最隆重的是亲迎阶段，新郎要亲自到女方家迎娶新娘，然后举行拜堂仪式，一拜天地、二拜高堂、三是夫妻对拜，婚礼"三拜"的仪式表示征得了天地、祖先和父母、男女双方的同意，之后新婚夫妇步入洞房，掀盖头，喝交杯酒。为了营造欢快气氛，整个婚礼都在鞭炮声和乐队的伴奏中度过。我国古代婚姻礼仪的意义在于征得了天地、祖先和父母的同意，在于获得了亲友祝福和社会承认，并在此过程中帮助新婚夫妇适应新的人伦角色的身份要求，承担社会责任。

在我国古人眼中，婚姻的目的在于种族延续、生生不息，以及对祖先的祭奠。《礼记》曰："昏礼者，将合二姓之好，上以事宗庙，而下以继后世也，故君子重之。"（《礼记·昏义》）儒家认为，男女婚姻关系是各种人际社会关系的伦理原则、道德规范、礼节仪式产生的基础。因此，婚姻是非常神圣的，中国古代婚姻礼仪的每一个步骤和环节，都蕴含一定的道德涵义，唤起夫妻双方的责任感和正知正念，要求丈夫有恩义、有情义、有道义，要求妻子有德行，男女有别，绝不可乱来。也就是说，中国古代的婚姻礼仪传递着一整套儒家伦理纲常的道德要求和身份规范。

（二）以具象化方式传播中国传统核心价值观

我国传统核心价值观在本质上表现为一种抽象的认识体系，表现为思想观念、人文精神和价值理念，不具备具体形象，是需要人们去领会、认知的思想观念和价值理念。中国传统文化和传统核心价值观在表象层面，则表现为一种具象文化，具有具象化的特征，能够为人们直接感知和体认。所谓核心价值观的"具象化"，是指把核心价值观从抽象的观念、理念转化为具体的形象，使人们在现实生活中经常接触和感受，并通过与情感相互作用，形成一种生活的体验、需要、态度和观念，从而达到一种情感接受和认同的状态。

在中国传统核心价值观的传承过程中，古人运用具体的载体将抽象的人文精神和价值理念具象化，将中国传统文化和传统核心价值观的本质要求落实到社会生活和文化生活的具体细节和情感化具体形象之中，激发、强化人们的情感，达到情感接受和认同的效果。中国古代将儒家思想抽象的伦理纲常蕴藏在文化符号的实物载体与实体象征之中，并处处展现在人们的日常生活中，如建筑的设计理念、结构与装饰体现的精神，如对联、中国结和年画体现的风俗，等等。

我国传统文化和传统核心价值观在中国古代建筑上有较明显的具体体现。我国古代出于对上下尊卑观念和社会等级秩序的要求，在建筑上从很早就形成了森严的等级制度，不仅在官方建筑的方位、规模、装饰上有着用以区分尊卑、贵贱等级的各种具体规定和要求，而且在民间建筑上也有着伦理纲常和道德规范的具体要求，从公元7世纪起我国就制定了皇族、贵族、官员和普通百姓在建筑上的高度、宽度、深度、屋顶形式、装饰式样等方面的限制条文，并把它纳入法典制度，使建筑成为我国古代"礼制"的一种象征与标志。建筑逾制被视为犯法行为，严重的还可能会因此丧命。再如清代的四合院也是"礼制"的反映和体现，四合院内外宅的划分体现的是尊卑有别的等级观念，按照"北屋为尊，两厢次之，倒座为宾，杂屋为附"的位置次序排列，反映的是"父慈子孝、夫唱妇随、事兄以悌、朋交以义"的伦理观念在建筑上的转化。

儒家伦理思想对中国古代建筑的影响极其深远，最明显的表现就是建筑的礼制化，亦即建筑的伦理化、等级化等。中国古代的建筑也像中国古代的饮食、衣服、出行一样，都成为传统核心价值观的一种载体，通过满足人们的住宿需要而达到维护君王的绝对地位，维护尊卑、贵贱的等级制度和伦理秩序的目的。中国古代的建筑严格按照尊卑、贵贱的礼仪要求来修建，使内在的"仁义礼智信"五常之德和"君尊臣卑、父尊子卑、夫尊妻卑"三纲之序的具体要求体现在外在的建筑框架和形式上。不同阶层的人必须按照各自的身份和地位，修建与之相应的建筑，不可违反、不可混乱和僭越。否则，就是违背尊卑、贵贱的礼仪秩序，违背"三纲五常"的道德秩序，就会被扣上不忠不孝、不仁不义等大逆不道的帽子，轻则治罪重则杀头。

在我国古代宗法社会，"家"是最重要的社会单位，作为"家"的代表——祠堂，也就具有非常重要的地位和作用，具有非常重要的象征意义。祠堂象征着父权制、家长制的权威性，家庭、家族、宗族中的婚丧嫁娶等所有事务，都必须到祠堂通过各种礼仪习俗完成。"凡事必告于先祖"，告诫后人不要忘记根本，即所谓的"报本返始"，通过对祖先的礼敬来感受祖先的崇高，并由家及国，将社会伦理体系上升到"君臣""父子"的宗法伦理，让每个族人在祭拜时自然而然地感受到家国的社会伦理体系，鲜明地体现了伦理纲常和传统核心价值理念的具体要求。

我国古代建筑中还有很多关于中国传统文化的信仰文化，它们或是建筑的组件，或是建筑上的装饰。例如，"天圆地方"是"阴阳学说"的一种观念体现，蕴含着"天人合一""天人感应""阴阳五行"的思想观念。汉后儒家按照"阴阳"学说提出"三纲五常"的社会人伦体系治家安邦，中国古代建筑将"天圆地方"的观念植入建筑设计和实体象征之中，使人们感受、体悟、认同。

例如，明清时期在北京修建的"天坛"和"地坛"就是遵循"天圆地方"的"阴阳"观念修建的；北方的"四合院"是"天圆地方"观念的典型代表，其名称取义"四"为四方象征"地方"，"合"为闭合象征"天圆"，意为有阴有阳、有方有圆、"天地人"和合；普通百姓的住宅庭院则常常在方形小院中修一个圆形水池，也是"天圆地方"的"阴阳"观念的具象体现等。

再如，我国古代建筑屋顶上的鸱吻和脊兽用以镇火避灾；门簪与门墩上的阴阳八卦寓意着平安吉祥，代表人们对美好生活的愿望；而古代的牌坊则多为宣扬忠孝节义，是对"忠正、孝子、贞节、仁义"道德标准的最佳诠释，以及对"政绩、功名、先贤、百寿"等的表彰与纪念。在历朝历代中，牌坊表达了中国传统文化中"学优则仕""光宗耀祖""名垂千秋"等人生理想，同时作为一种物质形态的载体，宣扬了中国古代"忠孝节义"的传统核心价值理念，成为中国传统文化和传统核心价值观的一种重要标识。

（三）以形象化方式传承中国传统核心价值观

抽象深奥的理论一般难以直接被普通百姓接受，坐而论道的知识说教也难以打动人心、深入人心。中国古代没有停留在单纯用抽象的理论去说服人的教育上，而是通过形象化、生动化的宣扬方式让中国传统文化和传统核心价值观潜移默化地为百姓大众所接受。所谓核心价值观的"形象化"，是指用普通百姓喜闻乐见的语言、生动有趣的方式，吸收艺术化的元素，借鉴艺术化的方法，把对核心价值观的认知、接受和体认转化为一种生动、鲜活、具体的形象和过程，使抽象的理论观念转化为形象的话语体系。

为了满足各个层次普通百姓的识记与理解需要，中国古代吸收艺术元素、借鉴艺术方法，将儒家伦理纲常等融入诗词歌赋、民间传说、民间戏剧、书画创作等，用百姓喜闻乐见的形式传承中国传统核心价值观。例如，"和谐"是中国传统艺术风格的精髓，不仅体现在"天人合一"的人与自然的关系之中，还体现在"和合"的文化理念之中。"意境"中的"意"和"境"，"意"即主观，"境"即客观，意境相结合，就是主观和客观皆备的和谐状态。"和谐""意境"明显地体现在中国的传统诗词、绘画、歌咏之中，诗中有画、画中有诗，发展成为独特的"诗书画合一"的艺术形式，最后更延伸到其他领域。在传递中国传统文化的过程中，这种淡然、和谐而富有意境的文化精神，贯穿于中国古代精神生活的享受和创造领域，从而将中国传统文化和传统核心价值观以百姓喜闻乐见的形式传播出去和传承下去。

我国古代民间流传的《二十四孝图》，通过民间故事与图像表达的互构，进行中国传统核心价值观和伦理道德规范的传播，是形象化传播最典型的例子。"孝道"是儒家伦理思想的核心要义，成为千百年来我国古代社会维系家庭血缘人伦宗法关系的伦理准则和道德规范。《二十四孝图》辑录了我国古代24个孝子的故事，都配上图画编印成册，成为宣扬"孝道"的通俗读物。虽然其中有不少封建糟粕，不适宜今天的时代要求，但其形象化的方式具有重要借鉴意义。

我国古代的手工艺品，包括漆器、瓷器、玉器等，这些工艺品因其制作技术精湛、装饰图案精美，不仅是中国传统艺术的瑰宝，更通过所具有的独特艺术感染力，传递着中国传统文化中的精粹。譬如始于汉魏、盛于唐朝的佛教艺术，是宗教与艺术双方面都具有极高价值的巨大遗产，佛教艺术主要体现在石窟的壁画和雕塑中，这些佛教艺术发展到隋唐后，风格巨变，从阴暗苦涩到富丽堂皇，彰显着汉魏到盛唐传统文化精神的变化——由悲观的厌世情结到享乐的入世情怀。

作为我国古代室内装饰物，"中国结"蕴藏着我国传统文化和儒家思想的核心内容。中国结的特点是每一个结从头到尾都用一根线编结而成，每个基本结又根据其形意命名，从而把不同的结饰结合在一起，或再搭配其他的吉祥图案饰品，形成一种内涵丰富、造型独特的吉祥饰物。中国结所显示的情致与智慧，正是中华古老文明中的一个文化面，是数学奥秘的游戏呈现，是人类时代繁衍的隐喻，而且富有吉祥美满的象征。如"双寿""双喜""凤麟呈祥""鲤跃龙门""福寿双全""方胜平安"等，既具有自然浓郁的生活气息，又能为人们祈愿来年的平安富贵；既体现了中国传统文化的人文精神，又表达了人们对美好幸福生活的向往和愿望。

（四）以通俗化方式传播中国传统核心价值观

传统儒家经典文本是承载儒家思想和道德规范的重要载体，也是传承中国传统文化和传统核心价值观的重要依据。传统儒家经典的内容较为深刻，因此，中国古代在对百姓大众传递传播中国传统文化和传统核心价值观的过程中，采用了通俗化的方式。

所谓"通俗化"，简要地说，就是使深奥难懂的理论体系转化为通俗易懂的话语体系，用大家都能知晓的熟悉语言，用生活化的歇后语、俗话、谚语、成语、格言、历史典故、口头文学等，将原本深奥难懂、平淡无奇的说教变成生动而鲜活的话语形式，让普通百姓甚至没有接受过教育的人都能够感知、体悟、认同中国传统文化和核心价值观。在一定意义上说，生活化、具象化、形象化都属于通俗化的范畴。

譬如唐代的《颜氏家训》，它是中国古代第一部内容丰富、体系宏大的家训，也是一部学术著作。为了让子孙从小树立远大志向，养成勤奋好学的习惯，具备理想人格，《颜氏家训》适应中国古代社会教育子孙立身、处世的需要，继承和发展了我国古代儒家"明人伦"的宗旨和"诚意、正心、修身、齐家、治国、平天下"的价值理念和修身之道，提出了一些切实可行的"治国有方、营家有道"的新型观念和教育方法。由于家训的主要对象是家族的儿童孩子，《颜氏家训》为了让孩童理解深奥的道理，便利用"童谣"或"谚语"进行教诫，如引用"圣王有胎教之法"言明早教规矩的渊源，接着便用谚语"教妇初来，教儿婴孩"来生动展现，曰："怀子三月，出居别宫，目不邪视，耳不妄听，音声滋味，以礼节之。书之玉版，藏诸金匮。子生咳提，师保固明孝仁礼义，导习之矣。"《颜氏家训》借用圣王胎教之法，运用俗语谚语开启家训，用大家生活中早已熟悉的语言告诫子弟，一个人言行规范和道德品质的培养要从源头抓起，从小做起，坚持早教，才能事半功倍。

我国古代广泛流传的伦理读物推动了我国传统核心价值观的传播和普及。《三字经》与《百家姓》《千字文》并称为中国传统蒙学的三大读物，合称"三百千"。其中《三字经》取材典范，包括我国传统文化的哲学、历史、天文、地理、文学、人伦义理、忠孝节义等，核心内容包括"三纲五常"之道和"忠孝节义、礼义廉耻"等与我国传统核心价值观密切相关的价值理念和道德规范。在内容上，《三字经》将传统文化知识以及历史故事，以及故事中所蕴含的做人做事的基本道理、人生常识，通过浅显易懂的文字传递给百姓大众和开蒙儿童，人们在背诵《三字经》的同时就了解了常识和伦理纲常的具体道德要求。在行文格式上，《三字经》采用三字一句，短小精悍、朗朗上口，通俗、顺口、易记，千百年来家喻户晓。

当然，基于历史原因，《三字经》难免有一些精神糟粕、艺术瑕疵，但其独特的思想价值和文化魅力，尤其是它的通俗化形式仍为世人所公认，被历代中国人奉为经典并不断流传。

《菜根谭》是我国古代一本关于儒家思想的通俗读物，并融合我国古代儒、道、佛三家思想，以心学、禅学为核心，阐述正心、诚意、修身、齐家、治国、平天下等大道，同时又结合为人处世、人生常识、生活艺术、审美情趣于一体，对于人的正心修身、养性育德大有裨益。该书据传是我国明代思想家、"还初道人"洪应明收集编著的，以"菜根"为书名，意为"人的才智和修养只有经过艰苦磨炼才能获得"，以"咬菜根"比喻甘于本性、安贫乐道，只有"咬得菜根"，方能"百事可做"，有一种潜移默化的力量。

口头文学是与正统文学相对的一个概念，其最大的特点是产生于民间、流传于民间、发扬于民间，主要依靠人们口头相传，大多不入文学典籍，历来登不上大雅之堂，真正属于普通百姓的文学。常见的口头文学样式有打油诗、对联、绕口令、谚语、谜语、歇后语、民歌、民谣、笑话等。口头文学是普通民众真实生活的人生体验和生命体悟，毫不矫揉造作之情，属于"原生态"的文学样式。它口口相传，生动活泼，直抒胸臆，老少咸宜，往往能用最简洁明了的语言说明最深刻的道理。

第五章

新时代传承弘扬中华优秀传统文化的有效途径

随着近代以来中国社会发生的根本变革，尤其是中华人民共和国的建立以及社会主义市场经济的深入发展，中华优秀传统文化赖以生存的社会历史环境、经济基础和文化形态都发生了根本性的变化。与此同时，随着经济全球化的广泛深入发展，外来文化不断利用各种传播途径传入中国，中外文化之间的交流交锋交融日益频繁，中华优秀传统文化必然遭遇时代的洗礼，必须接受挑战和冲击，在社会发展、文明进步、外来文化的综合作用中淘沙留金。只有站在历史与现实、时代与未来、理论与实践、中国与世界相联系的综合视角，站在中华民族走向世界、走向现代化、走向未来的高度，探索传承弘扬中华优秀传统文化核心理念的有效途径，才能在让中华优秀传统文化实现创造性转化和创新性发展，跟上时代潮流，实现现代化，为解决当今世界面临的世界性和世纪性难题贡献中国方案和中国智慧。结合时代要求，探索传承弘扬中华优秀传统文化核心理念的有效途径，是铸就中华新文化和树立中国特色社会主义文化自信的重要内容。

一　加强顶层设计和科学规划

中华优秀传统文化在21世纪的传承发展，将是我国思想文化领域的一场深刻变革，直接关系到社会主义文化强国建设，关系到中华民族伟大复兴中国梦的实现，关系到中华文明的延续及其对人类文明的新贡献。注重顶层设计和规划性、统筹性是中国特色社会主义制度的重要优势，把中华优秀传统文化的传承弘扬发展工作纳入国家发展的顶层设计和科学规划，是新时代传承弘扬中华优秀传统文化及其核心理念的题中应有之义和重要途径。要将中华优秀传统文化的传承发展上升为国家发展战略，着力完善中华优秀传统文化传承发展的顶层设计和政策法规体系，加快中华优秀传统文化传承发展的立法进程，构建中华优秀传统文化传承发展的人才支撑体系，不断形成集全民传播、网络传播、国际传播于一体的中华优秀传统文化的传播新格局。

（一）将传承弘扬中华优秀传统文化上升为国家发展战略

战略是指为实现某种如经济、政治、军事或国家其他利益方面的目标而制定的全局性、长远性规划，是一种从全局或长远考虑、谋划实现某种目标的规划。不同的国家对国家发展战略的定义各不相同，国家发展战略一般是指一个国家发展体系当中指导国家各个领域发展的总方略，是为实现国家总体目标而制定的，是一门实现国家总体目标的艺术和科学，其主要任务就是依据国际国内情况，综合运用经济、政治、文化、社会、生态、军事、科技、教育、外交等国家力量，筹划指导国家总体建设布局或某一重大重要领域的建设与发展，以达成国家总体目标。

结合新时代要求和中国特色社会主义发展目标，将传承弘扬中华优秀传统文化及其核心价值理念上升为国家文化发展战略，是新时代全面建设社会主义现代化强国、全面推进中华民族伟大复兴的现实需要。

2011年，党的十七届六中全会首次提出了"努力建设社会主义文化强国"的战略目标。这是中国改革开放后历经30多年的快速发展，经济建设取得举世瞩目的伟大成就，处于经济发展方式面临转型升级、社会转型面临巨大风险和挑战的关键时期，为实现全面建成小康社会而作出的重大战略决策。党的十八大以来以习近平同志为核心的党中央坚持和发展中国特色社会主义，勇于实践、善于创新，不断深化对共产党执政规律、社会主义建设规律和人类社会发展规律的认识，形成一系列治国理政的新理念新思想新战略，为在新时代全面深化改革、全面扩大对外开放，为全面建设社会主义现代化强国提供了科学理论指导和行动指南。

坚定中国特色社会主义文化自信，加快推进社会主义文化强国建设，是全面建设社会主义现代化强国的重要组成部分。2017年我国出台了《关于实施中华优秀传统文化传承发展工程的意见》，明确提出实施中华优秀传统文化传承发展工程是建设社会主义文化强国的重大战略任务，将传承弘扬中华优秀传统文化视为建设社会主义文化强国的重要内容，对中华优秀传统文化的传承发展工作作出了重大战略部署，提出了一系列重大战略举措，为新时代传承弘扬中华优秀传统文化指明了方向。

《关于实施中华优秀传统文化传承发展工程的意见》深刻阐述了传承发展中华优秀传统文化的重大意义和指导思想、基本原则和总体目标，系统概括了中华优秀传统文化所蕴含的核心思想理念、中华传统美德和中华人文精神，从深入阐发文化精髓、贯穿国民教育始终、保护传承文化遗产、滋养文艺创作、融入生产生活、加大宣传教育力度、推动中外文化交流互鉴等七个方面阐发了传承发展中华优秀传统文化的重点任务，并从组织领导、政策保障、文化法治环境、社会参与等方面提出了传承发展中华优秀传统文化的重要保障。

中华优秀传统文化是中华民族独特的精神标识，积淀着中华民族最深沉的精神追求，是中华民族生生不息、发展壮大的丰厚滋养，是中华民族最深厚的文化软实力。中华优秀传统文化是中国特色社会主义植根的文化沃土，传承弘扬中华优秀传统文化是新时代中国特色社会主义发展的突出优势。把传承弘扬中华优秀传统文化作为建设社会主义文化强国战略的重要内容，是加强我国文化建设的顶层设计，推动中华优秀传统文化传承发展，走上科学健康、规范有序轨道的重要举措，对于延续中华文脉、维护国家文化安全、全面提升全民族文化素养、增强国家文化软实力、推进国家治理体系和治理能力的现代化具有重要意义。

中华优秀传统文化源远流长、博大精深，传承弘扬中华优秀传统文化是一项非常复杂、庞大的系统工程。文化与文明相辅相成、相得益彰。中华文明作为没有中断的古老文明，无论是对当代中国的文明发展，还是对世界文明的进程，都具有极为重要的象征意义。如果仅仅把中华优秀传统文化的传承发展看作是国家文化发展的一项战略资源、看作是"文化强国"战略的一部分，是不客观、不全面的，也是远远不够的。只有立足中华民族文化血脉和精神基因的历史传承，立足中华民族伟大复兴的战略眼光，立足中华文明延续不断的世界胸怀，把传承发展中华优秀传统文化进一步上升为相对独立的国家发展战略，才能更好地传承中华文脉、发展中华文化、延续中华文明，铸就中华新文化。

比如，从国家的文化意志层面、从政策和决策层面对传承弘扬中华优秀传统文化做出符合新时代发展要求的新诠释与新说明，把中华优秀传统文化所蕴含的人文精神、价值理念和道德规范，有机有效地融入国民教育全过程。随着现代传播技术与传播学的不断发展，运用现代传播理论、传播技术和传播方法更新中华优秀传统文化传承发展的传播途径和方法，结合新时代要求传承弘扬中华优秀传统文化的人文精神、价值理念和道德规范，及时占领现代媒介阵地，多元化、多渠道、多途径传播中华优秀传统文化。

因此，中华优秀传统文化传承发展战略作为"文化强国"战略的重要内容和组成部分，二者虽然相辅相成，但应该具有相对的独立性，两者应该并行不悖。"文化强国"战略是站在国家全面协调发展的战略高度探讨如何发展面向世界、面向未来、面向现代化的社会主义文化，推动社会主义文化大发展大繁荣，以增强综合国力、增强文化软实力、保障文化安全，树立中国特色社会主义文化自信，目标是铸就中华新文化的新辉煌。

中华优秀传统文化传承发展战略是坚守中华文化立场、传承中华文脉的必然选择。不忘本来、吸收外来、面向未来，不断铸就中华文化新辉煌，是新时代发展繁荣中国特色社会主义文化的思想方法和工作方法，是建设社会主义文化强国的前进方向。传承中华文化基因，传播中国价值、弘扬中国精神、汲取中国智慧，不断增强中华优秀传统文化的生命力影响力，目的是为了中华文明的生生不息、连绵不绝和永续发展。"文化强国"发展战略强调的是文化对于国家和民族发展的重要价值与重大意义，中华优秀传统文化传承发展战略强调的则是中华文化传承之于文明延续的重要价值与重大意义，二者统一于中华新文化的建设与发展之中。

中华文化从五千年历史长河中走来，薪火相传；中华文明在悠悠岁月中积淀，历久弥新，润泽大地。从传统走向现代，中华文化给了我们守望相助的精神动力和自强不息的智慧源泉；从现代迈向未来，中华文化将成为支撑我们站稳脚跟的历史根基和继续前进的精神滋养。

当代中国是历史中国的延续和发展，当代中国思想文化也是中国传统思想文化的传承、发展和升华。中国特色社会主义文化离不开中华优秀传统文化这个源头，离不开中国共产党以马克思主义为指导创建的革命文化和社会主义先进文化，这三种文化有着内在的逻辑联系，不可割裂。要认识今天的中国和中国人，就要深入了解中华文化血脉，科学认识滋养中华民族和中国人的文化土壤。要正确把握新时代中国的前进道路和发展方向，就要不断从中华优秀传统文化中汲取智慧和养分，传承发展中华优秀传统文化正是在新时代的历史方位中迈向中华民族伟大复兴的必由之路。

（二）完善中华优秀传统文化传承发展的政策法规体系

把传承发展中华优秀传统文化上升为我国的国家发展战略，与之相适应的是要建立一套完整的政策法规体系。一般而言，政策是指国家为了实现一定目标而制定的具体行动规范，法规具有管长远、权威性的特点，是国家机关制定的规范性文件，包括法令、条例、规则和章程等法定文件。为了落实和保障把中华优秀传统文化的传承发展上升为国家发展战略，国家及相关部门可尽快制定中华优秀传统文化传承发展的政策法规体系，对涉及传承发展中华优秀传统文化全局的一些重大问题和重大任务作出原则规定，并根据实践发展需要不断修订和完善，有的可以立法上升国家法律体系，有的可根据发展的具体要求制定实施细则。

1.制定中华优秀传统文化传承发展的战略规划

当前，我国对传承发展中华优秀传统文化尚缺乏统一的战略规划。2017年我国出台的《关于实施中华优秀传统文化传承发展工程的意见》，只是对传承发展中华优秀传统文化的工作内容及其重点任务作出了初步要求和部署，并没有对中华优秀传统文化传承发展的进程作出比较细致的中长期规划。需要国家从传承中华文脉、发展中华文化、延续中华文明、铸就中华新文化的战略目标，研究出台国家中长期传承发展中华优秀传统文化规划纲要，定期制定传承发展中华优秀传统文化五年规划，每年制定传承发展中华优秀传统文化行动计划，为传承发展中华优秀传统文化提供战略指引、基本遵循、行动指南和具体部署。同时，应将中华优秀传统文化传承发展工作纳入国家相关规划，如国家文化遗产保护规划纲要、国家文化服务体系规划、国家文化改革发展规划纲要等，引导中华传统文化传承发展主体增强战略定力、形成工作合力、提升工作效力。

2.加强中华优秀传统文化传承发展的战略部署

从国家发展战略高度就传承发展中华优秀传统文化做出战略指导和部署，有利于最大限度地提高以政府机构为主体的公共部门、社会组织的思想认识，最大程度地凝聚起深入阐发中华优秀传统文化精髓、保护中华传统文化遗产、推动中华优秀传统文化传播的共识，从整体上推进中华优秀传统文化传承发展的工作。这就需要中央和国家进一步加强对中华优秀传统文化传承发展工作作出战略部署，带动省市县各级政府提升政策部署力度和落实力度，推动中华优秀传统文化传承发展工作上升为国家发展战略。在宣传思想文化领域重要政策文件中对传承发展中华优秀传统文化作出统筹安排，特别是在文化立法、文化品牌、文化组织、文化惠民、文化传播等重点事项上，切实推动中华优秀传统文化传承发展战略部署"落地生根"。

3.建立完善中华优秀传统文化传承发展的政策法规体系

完善政策法规体系是传承发展中华优秀传统文化的重要制度保障，也是引领全社会参与传承发展中华优秀传统文化的有效途径。现代社会是法治社会，通过法治渠道保障中华优秀传统文化的传承发展，不仅体现国家的最高权威性，而且有利于引导全体公民逐渐形成传承发展中华优秀传统文化的行为习惯。完善中华优秀传统文化的政策法规体系，主要包含两个方面的内容：一是明确主体职责，制定关于公共部门落实传承发展中华优秀传统文化的政策法律法规；二是引导参与主体行为，制定关于引导全社会成员传承发展中华优秀传统文化的政策法律法规，引导人民成为中华优秀传统文化的积极保护者、践行者和弘扬者。

4.加快中华优秀传统文化传承发展的立法进程

中华优秀传统文化传承发展的主体涉及文化、教育、宣传、新闻、出版等多个领域，推动其法治化建设离不开相关法律法规体系的保障。立法的宗旨和核心内容是明确各级政府和相关事业单位的法律责任和义务，而不是对个体实施强制性的约束。应重点对规划制定实施、组织机构建设、传播体系构建、资金人才保障、文化资源服务等方面进行立法规定，对不同主体的职责和行为进行明确的法律调节，切实增强中华优秀传统文化的综合发展效能。在积极借鉴地方有关中华优秀传统文化传承发展立法经验的基础上，加快国家立法进程，使中华优秀传统文化传承发展工作真正做到有法可依。与此同时，建立相应的修订机制，进一步提升依法推动中华优秀传统文化传承发展工作的科学化水平，鼓励和支持各地结合地方实际，科学推进地方立法工作，推动中华优秀传统文化传承发展工作尽快驶入法制化轨道。

（三）构建中华优秀传统文化传承发展的人才支撑体系

人是文化创造的主体，同时又是文化传承的主体。继承和弘扬中华优秀传统文化，提升中华优秀传统文化的吸引力影响力，丰富人民群众的精神文化生活，归根到底要靠人才、靠队伍。没有一支专业化的、高素质的人才队伍，中华优秀传统文化传承发展就难以顺利开展，中国特色社会主义文化就缺乏主体创造和主体支撑。新时代构建中华优秀传统文化传承发展的人才支撑体系，需要培养和造就一大批既掌握中华优秀传统文化，又善于进行创造性转化和创新性发展、乐于从事文化事业且富有担当精神、具备现代化文化素养又具有国际化视野和世界眼光的专业化创新型人才，为传承发展中华优秀传统文化提供源源不断的人才支撑。

1.高度重视中华优秀传统文化传承发展的专业化人才培养

新时代中华优秀传统文化的传承发展，是顺应时代要求面向现代化、面向世界、面向未来的创造性工作，要通过调查研究，把现有的既精通中华优秀传统文化又具有世界眼光和现代化文化素养的专业人才集聚起来，充分发挥他们在中华优秀传统文化传承发展的重要作用。要打破现有国学院、中国传统文化研究中心等单向性学科设置，综合马克思主义、世界文化、中国文化等跨学科进行中华优秀传统文化传承发展的专业建设规划、学科体系规划和专业化人才培养规划，高度重视中华优秀传统文化传承发展的复合型、创新型、专业型人才的培养。要在现有教育体系增强中华优秀传统文化的教育内容，在现有大中小学课程的内容体系中、教师资格考试中增加相关内容，加强面向教师的传承发展中华优秀传统文化的学习培训，提升教师队伍的中华优秀传统文化素养，为传承发展中华优秀传统文化提供坚实的教育支撑。在国家级大师评选计划、国家人才发展规划、国家人才培养计划等评选中增加中华优秀传统文化教学与科研人才比重，培养和造就一批坚持发展中华优秀传统文化的教学名师和学科领军人才，带动中华优秀传统文化的学习研究。只有高度重视中华优秀传统文化传承发展的专业化人才培育，才能真正形成中华优秀传统文化传承发展的专业化人才源源不断并大量涌现的局面。

2.加强民间文化艺术人才的扶持与培养

长期以来，一些优秀民间文化艺术由于没有受到足够的重视和有效保护，又不断遭受市场经济和现代技术产品的冲击，难以走向市场，难以得到发展，甚至处于濒临失传的境地。特别是一些技艺较高、传承难度较大的表演艺术和传统工艺，往往只能随着艺人的消亡而消亡。要加大对扎根基层的乡土文化能人和民族文化传承人的扶持力度，加强民间文化艺术人才建设，鼓励他们带徒传艺，使中华优秀传统文化真正"传起来、活下去"。要以学校为中介，创造条件积极引进一批乡土文化艺人、民间文化技艺大师等参与到课堂教学中来，壮大中华优秀传统文化的教育队伍。要推动民间艺术进学校进课堂，使年轻一代在接触和学习民间文化艺术的过程中，自觉地担负起保护和传承中华优秀传统文化的使命，推动民间文化艺术的发展与繁荣。要强化对民间艺术及其传承人的宣传力度，提升他们的知名度和美誉度，在全社会营造一种重视传统民间艺术、尊重文化艺术人才的浓厚氛围。

3.创新文化人才工作的体制机制

体制机制顺则人才聚、事业兴，体制机制不顺则人才的作用难以发挥，集聚的人才也会流失。创新传承发展中华优秀传统文化人才工作的体制机制，形成激活文化人才创新思维和创造活力的局面，是构建传承发展中华优秀传统文化人才支撑体系的关键。2016年3月中共中央印发的《关于深化人才发展体制机制改革的意见》指出，我国的人才发展体制机制还有很大的深化改革空间。改革开放以来，我国的文化人才队伍建设虽然取得巨大成就，但传承发展中华优秀传统文化的人才队伍仍然面临领军人才拔尖人才稀缺、创新创造活力不足、大众化程度不够等现实问题，成为制约传承发展中华优秀传统文化的"瓶颈"。要不断改进和完善中华优秀传统文化人才方面的管理体制，在坚持党管人才领导体制的基础上进一步改进管理方式、优化人才成长环境，推动传承发展中华优秀传统文化方面的人才脱颖而出；要以传承发展中华优秀传统文化为培养教育内容，构建全方位、多层次、易流动的人才培养教育机制；要建立健全激发传承发展中华优秀传统文化方面人才活力和创造性的激励保障机制。

（四）开拓中华优秀传统文化传承发展的传播新格局

文化是一个民族的精神血脉，是人民的精神家园。文化之所以能够进入人们的视野乃至融入人们的生活，与其传播息息相关。中国古代通过各种途径传播中国传统文化，使之像空气一样无处不在，无处不有。中华优秀传统文化要活在当下、活在人民心中，真正实现"传起来、活下去"，就必须借助契合时代潮流、贴近大众需求的传播途径，以人民大众喜闻乐见的形式传播开来，不断形成集全民传播、网络传播、国际传播于一体的中华优秀传统文化的传播新格局。

1. 推动全民传播

中华优秀传统文化的传承发展是中华儿女应当承担的文化使命和责任。除了党和国家机关以及各类文化事业单位、文化组织机构之外，人人都是中华优秀传统文化传承发展的主体，都应该自觉承担起守护、传承和弘扬中华优秀传统文化的重要职责。推动全民传播，正是让人们直接关注、融入、参与到传承发展中华优秀传统文化中来的有效途径。推动全民传播，就要积极创造便于大众传播的条件，提供"中华优秀传统文化传播指南"等入门参考及相应的培训指导，以提升民众的传播意愿和传播技能。积极整合中华优秀传统文化共享平台，便于志愿者群体交流分享互动，形成全民参与、全民记录、全民创造与全民共享中华优秀传统文化的良好氛围，不断发展壮大传播队伍。加强对传承发展中华优秀传统文化传播的专业管理，建立一套易用、科学的标签索引体系，便于传播者分享交流相关文化资源，提升中华优秀传统文化传播力辐射力影响力。

2. 强化网络传播

在当今互联网时代，社会传播生态已经发生深刻变化，网络媒介已成为人们特别是年轻人信息交流和文化传播的重要途径。网络作为一种全新传播技术，有效消除了信息传播的时空限制，真正做到了"无缝传播"，在很大程度上拓展了中华优秀传统文化的传播空间，极大地增强了其表现力和渗透力。利用现代互联网空间和互联网技术推动中华优秀传统文化的网络传播，不啻为中华优秀传统文化传播的一次深刻变革。强化网络传播要尽量消除中华优秀传统文化在网络传播过程中可能存在的文化心理障碍，展现中华优秀传统文化的亲和力感染力，而不是强化时空距离感。要明晰文化与经济之间的界限，警惕中华优秀传统文化传播的泛娱乐化、低俗化、恶搞化倾向，减弱文化数字化、移动化、碎片化传播带来的负面影响，防止商业化、市场化对中华优秀传统文化传播力度的削弱。要准确把握互联网与中华优秀传统文化结合的嫁接节点和嫁接过程，运用互联网思维，深度挖掘中华优秀传统文化的时代性元素，创造轻松、娱乐、幽默的表现方式，拉近与网民的距离。

3.拓展国际传播

随着全球化、国际化时代的到来，文化的对外传播与交流越来越成为影响一个国家走向现代化、走向世界、走向未来的重要因素。当前，中华文化的对外传播还处于较低水平，不少国外民众对于中华文化的了解仍然停留于"长城""饺子""功夫"等物象化概念，对中华优秀传统文化的思想内涵和精神实质知之甚少、知之不深。要把内容建设放在首位，结合时代要求传承弘扬，汇聚中国特色、突出思想内涵、彰显价值观念，讲好中国故事、传递中国声音，让中华优秀传统文化展现时代风采和永久魅力。要深入挖掘中华优秀传统文化所蕴含的哲学思想、人文精神、价值理念和道德规范，积极开拓国际传播，不断在文明交流互鉴中展示中华优秀传统文化的独特魅力和文明元素，使国外民众深化对中华优秀传统文化的了解。要积极利用世界各国的中国研究中心、中国文化研究中心，以及海外孔子学院、中国文化节、文物展览等对外文化交流平台和载体，助推中华优秀传统文化主动走出去。要以"一带一路"倡议为契机，加强与沿线国家的文化交流合作，支持和鼓励具有中国特色、中国风格和中国气派的文化精品走向国际市场，推动文化贸易蓬勃发展。

二 重视发挥学校教育的主渠道作用

学校教育是传承文化知识的社会性活动，具有选择、传递、创造文化的特定功能，在传承弘扬中华优秀传统文化的过程中具有重要的基础性作用。在某种意义上，教育既是传统文化传承发展的历史产物，又是传统文化薪火相传的动力因素。中华优秀传统文化的传承发展，必须高度重视发挥学校教育的主渠道作用，积极推动中华优秀传统文化进教材进课堂进校园。

（一）学校教育是中华优秀传统文化传承发展的主渠道

据《礼记·学记》记载，早在西周时期中国就形成了由学校教授文化知识和培养人才的传统。"古之教者，家有塾，党有庠，术有序，国有学。"（《礼记·学记》）从春秋时期孔子办私学传播儒家思想，到汉武帝"兴太学"以传授儒家学说，再到隋唐开科举之后一些地方学校、书院、学馆、家塾日渐兴起，最终形成了公学、私学共同培养人才和传播中国传统文化的格局。古代学校既是中华文化的汇聚之所和兴旺之地，又是其传承弘扬的主要场域，在培育人才、传播文化和创造知识的过程中始终发挥着传承发展中华传统文化的重要作用。

学校教育具有传承弘扬中华优秀传统文化的独特优势，是家庭教育、社会教育等方式所无法替代的。虽然家庭教育、社会教育也承担着传承中华优秀传统文化和的重要任务，但是学校教育才是一个人系统接受中华优秀传统文化教育的起点，相对而言，学校教育要比家庭教育、社会教育更具有系统性、规范性和规律性。因此，学校教育对于人才培养和中华优秀传统文化的传承发展起着更加基础性的作用。

"学校教育不仅能够系统地传授人类文化的主干内容——知识和技能，而且能够循序渐进地传授人类文化的积累方式——学习过程和方法，尤其能够潜移默化地传授人类文化的实质精神——情感、态度和价值观。"[①]通过学校主渠道系统开展的知识与技能、过程与方法、情感与价值观等多维度的训练，受教育者带有了独具民族特色的中华优秀传统文化的烙印，开启了个人成长成才的未来之途。文化知识传递的过程也使受教育者掌握了

---

① 栗洪武：《民国初年由学堂向学校嬗变过程中传统文化的断层及其补救》，《华东师范大学学报（教育科学版）》2011年第2期。

创新中华优秀传统文化的方法，由此保证了中华优秀传统文化薪火相传、生生不息。

在中国古代，书院作为独具特色和主要的文化教育机构、文化教学组织，从唐中叶至晚清延续了一千多年之久。书院形成了独具特色的制度和精神，对中华古代文明的传承发展作出了重大历史贡献。毫无疑问，当代学校教育仍然延续着这一历史传统，继续发挥着传承弘扬中华优秀传统文化的重要作用。

习近平2016年在北京市八一学校考察时指出，时代越是向前，知识和人才的重要性就愈发突出，教育的地位和作用就愈发凸显。我国正处于历史上发展最好的时期，但要实现"两个一百年"奋斗目标、实现中华民族伟大复兴的中国梦，必须更加重视教育，努力培养出更多更好能够满足党、国家、人民、时代需要的人才。

作为培养人才、传播文化的重要阵地，学校是青少年成长的主要场所，承担着"立德树人"的重大责任，担负着传承发展中华优秀传统文化的历史使命。在整个学校教育体系中，学校教育与中华优秀传统文化的传承发展之间，是相互关联、相互促进的关系。一方面，学校肩负着教书育人、呵护学生全面发展的重任。在学习知识和全面发展的道路上，中华优秀传统文化的滋养是必不可少的环节，"文化育人"是"立德树人"的必由之路。另一方面，在整个中华优秀传统文化的传承弘扬体系中，学校教育同时也发挥着创新传统文化、培养文化创新人才的重要作用，是中华优秀传统文化与当今时代同步、与现代社会接轨的重要中介，是结合新时代要求实现中华优秀传统文化的创造性转化和创新性发展的主要场所。延续中华文化命脉、传承中华文化基因、创新中华优秀传统文化，学校教育责无旁贷。

作为中华优秀传统文化在新时代的传承发展，社会主义核心价值观是新时代精神指引、人民共同价值追求，发挥着丰富人们精神世界、建设民族精神家园的重要作用，具有连接本来、外来和未来的贯通作用。中华优秀传统文化所强调的讲仁爱、重民本、守诚信、崇正义、尚和合、求大同等哲学思想、人文精神和价值理念，都是社会主义核心价值观的有力支撑和不竭源泉。

践行和弘扬社会主义核心价值观必须从小抓起、从学校抓起，必须把学校教育作为培育和践行社会主义核心价值观的主渠道，必须把培育和践行社会主义核心价值观作为学校教育的重中之重。学校教育既是培育和践行社会主义核心价值观的主要渠道，也是传承发展中华优秀传统文化的主要途径，两者相互支撑、相辅相成、相得益彰。青少年学生从小就受到中华优秀传统文化的滋养和社会主义核心价值观的熏陶，才能系统扎下中华优秀传统文化之"根"和注入社会主义核心价值观之"魂"。

（二）分学段推进中华优秀传统文化教育

我国历来把教育作为立国的根本。中华古代文明被称为"儒教文明"。但是，"儒教"并不是真正意义上的宗教，而是指儒家教育。我国古代的"儒"直接起源于从事教育的职官，班固曰："儒家者流，盖出于司徒之官，助人君顺阴阳明教化者也。"（《汉书·艺文志》）所谓"司徒之官"，即为国家的教官，履行国家的教化职能。"司徒之官"包括中央、地方各种从事教化的官职。《周礼》中对司徒的教化之职均有具体规定，这些教化之职与儒家教育学说之间有着重要联系。隋唐以降，科举制度的实施和书院制度的确立，成为一种经过千余年的传承与创新而形成的独具特色的中国古代儒家文化教育的价值取向。

传承发展中华优秀传统文化的基础在教育、重点在教育，关键也在教育。显然，传承发展中华优秀传统文化的希望在青少年、未来在青少年，受教育的重点人群应该是广大青少年。青少年受教育的主要课堂在各级学校。《关于实施中华优秀传统文化传承发展工程的意见》指出，加强中华优秀传统文化教育要大力践行全员育人、全程育人、全方位育人，按照一体化、分学段、有序推进的原则，在大中小学全面开展中华优秀传统文化进教材、进课堂、进头脑工作，着力推动中华优秀传统文化类课程和教材体系建设。

要根据青少年身心发育的特点以及记忆、学习发展的规律，分学段推进中华优秀传统文化教育。

小学阶段要根据小学生生理、心理发育成长的特点和规律，以提升小学生对中华优秀传统文化的兴趣、亲切感和熟悉度为重点，开展中华优秀传统文化启蒙、认知和初级教育，培养学生热爱家国乡土和民族文化的感情。加强汉字书写训练和学习理解，提升学生准确熟练运用汉字的能力，引导学生领会汉字的形体美和艺术美。加强对古代诗文经典篇目的诵读理解，感受作品大意，体会作者意境和情感。学习和体会中华传统节日和家乡民俗活动的文化内涵，了解其历史演进脉络和生活习俗变迁，感受中华优秀传统文化的历史悠久、源远流长。学习认知传统文化经典和民间艺术门类，感受其丰富的表现形式和文化特色，鼓励学生运用喜爱的艺术形式和民俗活动表达自身情感、心得与体会。学习并力行中华传统美德，逐步提高学生辨别是非、善恶、美丑的能力，推动学生养成言行一致、知行合一的行为规范。学习民族英雄和爱国志士的伟大事迹，了解他们为国家富强、民族团结作出的牺牲和贡献，激发学生的爱国情感和责任意识，引导学生树立崇高的人生理想和远大志向。

中学阶段要根据中学生生理、心理快速发育成长的特点和规律，以增强中学生对中华优秀传统文化的认同度、理解力和系统学习为重点，强化中华优秀传统文化的训练和习得，提升学生的文化内涵、文化自信和文化自觉，培育学生的民族自信心和自豪感。加强中华优秀传统文化经典著作的阅读训练和传统艺术的学习认知，注重积累、感悟、思考和运用，提高学生的品味能力、鉴赏能力和一定的创造转化能力。让学生了解音乐、美术、戏剧、建筑、民俗等中华传统艺术的丰富形式和独特魅力，感受时代、地域、民族等给予中华优秀传统文化的涵养，认识和了解民族习俗、乡土人情。以中华民族历史长河的重要史实为基本依据，以中国人民在长期的历史奋斗中培育、传承、发展起来的伟大创造精神、奋斗精神、团结精神、梦想精神为主要内容和基本线索，了解各民族共同推动中华民族走向团结统一、繁荣富强的奋斗历程，理解国家统一与民族团结的重大意义，形成有关中华文明历史价值及现代意义的正确认识。学习中华传统美德滋润人心、浸润社会的道德品质，并能够自觉以中华传统美德的要求砥砺自己，形成积极向上、奋发图强的人生态度。引导学生正确认识民族文化的多样性和丰富性，珍视各民族相守与共的民族文化遗产，树立作为中华民族一分子的国家认同感、文化归属感和民族自豪感。

大学阶段要根据大学生生理、心理发育成长基本走向成熟的特点和规律，以提高大学生深入学习探究中华优秀传统文化的学习能力、思考能力、研究能力和创新能力为重点，培养大学生传承发展中华优秀传统文化的责任感使命感和促进中华优秀传统文化创造性转化与创新性发展的探索精神。重点帮助大学生学习领悟中华优秀传统文化的思想精华和道德精髓，系统把握其历史源流、现代形态和未来走向，科学掌握其独特创造、价值理念和鲜明特色，强化大学生的文化主体意识、文化创新意识，促进大学生成为传承发展中华优秀传统文化的时代主人；加强中华优秀传统文化的哲学思想、人文精神和道德规范的学习和实践，提高人文素养、丰富精神世界；系统学习中华传统美德，提高道德认知、道德判断和道德践行能力，形成懂道德、守道德和讲道德的良好行为习惯，做一个有道德的人。引导大学生正确看待中华优秀传统文化与马克思主义、社会主义先进文化和中国特色社会主义文化尤其是与社会主义核心价值观的内在联系，明确中华优秀传统文化是中华民族的"根"与"脉"，是社会主义核心价值观的重要滋养，面向世界面向未来面向现代化，结合时代要求实现中华优秀传统文化的创造性转化和创新性发展。结合中华优秀传统文化重立志的要求，引导大学生关心国家命运、心系社会发展、完善自我修养，把个人理想与社会理想、与实现中华民族伟大复兴中国梦紧密结合起来，树立为社会主义现代化建设、中华民族伟大复兴而不懈奋斗的理想信念。

（三）把中华优秀传统文化融入学校教育全过程

学校教育在传承发展中华优秀传统文化的过程中具有基础性地位，起着强化学生认知认同、深化学生系统掌握、推动学生弘扬践行、促进学生创新发展的重要作用。中华优秀传统文化在学校的教育效果，在一定程度上直接决定了新时代传承发展中华优秀传统文化的效果。《关于实施中华优秀传统文化传承发展工程的意见》指出，要把传承发展中华优秀传统文化贯穿国民教育始终。只有把传承发展中华优秀传统文化全方位、多层次、全过程地融入国民教育体系，与人们的生产生活深度融合，才能真正实现活起来、传下去，才会有长久的生命力。

1.贯穿国民教育始终

《关于实施中华优秀传统文化传承发展工程的意见》明确指出，要围绕新时代中国特色社会主义教育"立德树人"的根本任务，遵循学生的身心发展规律、认知发展规律和教育教学规律，按照一体化、分学段、有序推进的原则，把传承发展中华优秀传统文化全方位地融入学校思想道德教育、文化知识教育、艺术体育教育、人文素质教育、社会实践教育的各环节，贯穿于启蒙教育、基础教育、职业教育、高等教育、继续教育各领域。要着力完善在大中小学传承发展中华优秀传统文化的一体化教育，建设全方位、分层次、循序渐进地推动中华优秀传统文化教育的课程体系和教材体系，把学习掌握中华优秀传统文化纳入学生考试评价体系和综合考核体系。通过科学合理安排教学内容，积极改进教学方式，不断创新教学方法，最大限度地提升中华优秀传统文化教育教学的效果。

2.强化文化育人

一切文化产品、文化活动和文化服务都传递着不同的思想观念、人文精神、生活情趣、人生追求和精神境界，发挥着春风化雨、润物无声的育人、化人功能。我国古代的书院教育高度重视"志于道""据于德"，将儒家文化"三纲五常"之道作为教育目标。我国古代儒家文化之"道"主要包括两个相互关联的层面：

一是以"道"修身，完善自我人格，即所谓的"三纲八目"——即在于"明明德、亲民、止于至善"和"格物、致知、诚意、正心、修身、齐家、治国、平天下"；二是以"道"治世，完善社会秩序，即所谓"三纲五常"之道。儒家文化对"道"的追求，首先强调的是个体自我的道德追求和人格完善。

二是强调在个体自我道德修养和人格完善的基础上实现全社会的完善，即实现"齐家治国平天下"的目标。我国古代的书院教育往往将这种自我道德修养和人格完善的人文追求与"经邦济世"的社会关切与远大理想结合起来，即将"德业"与"举（学）业"有机统一起来，将实现"内圣"与实现"外王"紧密结合起来。

要将中华优秀传统文化中"志于道"的价值理念融入校园文化中，强化文化育人。要以社会主义核心价值观为引领，营造出契合社会主义特点和符合时代特征，又充分融入中华优秀传统文化元素的校园文化环境。利用社会上传统节日、重大纪念日的有利契机以及校园开学典礼、毕业典礼、元旦晚会的有利时机，适时开展民族文化教育、爱国主义教育、礼节礼仪教育。开展民族文化进校园活动，着力打造契合社会主义核心价值观的中华优秀传统文化精品，便利学生近距离接触、感受中华优秀传统文化价值魅力的渠道。利用校园环境、广播电视网络、学生社团等校园要素，营造出契合社会主义核心价值观要求的中华优秀传统文化熏陶育人的氛围。

3.强化实践育人

脱离现实的生活情景和社会氛围，中华优秀传统文化的传承发展将会像无本之木，难以为继。中华优秀传统文化蕴含着对人生、自然、社会、世界、生态等一系列重大问题的人文认知和价值追求，蕴含着珍贵的思想观念、价值理念、人文精神、思维方式和行为规范，蕴藏着丰富的精神财富，必须根植于人们的现实生活和社会环境，才能深入挖掘、体现出来。

将中华优秀传统文化融入实践活动中，是培育中华优秀传统文化继承者的现实根基。要积极引导学生在现实生活的实践中加深对中华优秀传统文化的认知认同，提升对中华优秀传统文化的弘扬践行，促进中华优秀传统文化的创造性转化和创新性发展。大力完善学生传承发展中华优秀传统文化社会实践基地建设，积极搭建多样化的实践育人平台，建立诸如中华优秀传统文化志愿服务基地、教育基地、暑期社会实践基地、学习体验基地等实践育人基地，推动学校阵地与家庭教育、社会基地相互联动，校内课程与校外实践紧密衔接，引导学生做中华优秀传统文化的大力弘扬者、积极传播者、身体力行者。

三　构建中华优秀传统文化传承发展产业体系

文化产业作为以生产和提供精神产品为主的社会活动，是一种特殊的文化形态和特殊的经济形态。根据联合国教科文组织关于"文化产业"的定义，文化产业主要是指按照工业标准生产、再生产、储存以及分配文化产品和服务的一系列活动。加快发展社会主义文化产业，不仅是发展社会主义先进文化、建设社会主义文化强国的客观要求，也是推动新时代我国经济社会发展、增强综合国力的内在需要。党的十九大报告明确提出，要深化文化体制改革，完善文化管理体制，加快构建把社会效益放在首位、社会效益和经济效益相统一的中国特色社会主义文化体制机制。继承发展中华优秀传统文化，不仅要优化中华优秀传统文化以文化人的社会效益，也要提升中华优秀传统文化惠及国计民生的经济效益，大力推动中华优秀传统文化与现代文化产业相结合；不仅把中华优秀传统文化资源转化为文化软实力，而且转化为文化生产力，促进我国国民经济和社会民生的发展，才是传承发展中华优秀传统文化的国家大计和长远之计。

（一）中华优秀传统文化是繁荣现代文化市场的重要资源

我国是世界上文明发达最早的国家之一，具有悠久的历史和灿烂的文化。从我国历史发展看，以儒家思想为主脉、兼容并包、多元一体的中国传统文化对中华文明的发展延续起到了非常重要的文化纽带和精神支撑作用，对形成和维护中华民族"大一统"的思想观念和中央集权专制统治的政治局面，对形成和丰富中华民族的哲学思想、人文精神和道德规范，对形成和巩固中华民族多民族和合一体、维护民族独立统一、反抗外来侵略，对推动我国社会发展进步、促进社会利益和社会关系平衡等都发挥了重要作用。

从世界历史发展看，中华优秀传统文化作为世界文化的重要组成部分，发展几千年而从未中断，不仅对中华民族的长期发展、稳定和进步发挥了重要历史作用，而且对世界文明的发展进步也作出了重要贡献。近代以来，中华民族经历了百余年的民族危机与磨难考验，饱受西方列强的侵略、欺凌和宰割，中国沦为半殖民地半封建社会。我国虽然有着五千年的文明史和光辉灿烂的历史文化传统，是一个历史悠久的文化大国，但是中华文化在世界范围内的软实力、影响力和竞争力却十分有限，远没有达到现代意义上的"文化强国"的标准。

在现代世界文化市场的格局中，中国的文化市场体系建设起步较晚，文化产业建设中仍存在着不少问题。一是文化产品在世界文化市场中占的份额明显偏低；二是中国文化市场的虚假繁荣与西方文化产品的泛滥；三是中国自身文化产品的供给不足与文化精品匮乏。

就国内而言，党的十八大以来，中国的文化产业整体保持快速增长的态势。据国家统计局发布的文化产业数据显示，根据对全国6.5万家规模以上文化及相关产业企业的调查，2021年，上述企业实现营业收入119064亿元，按可比口径计算，比上年增长16.0%；两年平均增长8.9%。从分业态看，文化新业态特征较为明显的16个行业小类实现营业收入39623亿元，比上年增长18.9%；两年平均增长20.5%，高于全部规模以上文化及相关产业企业11.6个百分点。另据统计，2015年至2019年我国文化产业增加值占国内生产总值（GDP）的比例逐年上升，由2015年的3.95%上升到2019年的4.54%。2021年全国文化及相关产业增加值为44945亿元，比上年增长1.3%，占国内生产总值的比例为4.43%。

但是，从国际上看，全球文化创意产业发展极不均衡，主要集中在以美国为核心的北美地区，以英国为核心的欧洲地区和以中国、日本、韩国为核心的亚洲地区。据中国产业信息网（现智研咨询网）2016年11月30日公布的《2017年全球文化创意产业分布格局解析》，美国占市场总额的43%，欧洲占34%，亚洲、南太平洋国家占19%（其中，日本占10%和韩国占5%，中国和其他国家及地区仅占4%）。

全面建成小康社会和全面建设社会主义现代化强国，人民对美好生活的向往更加需要日益广泛、多元、高质、跨界的精神文化产品。党的十八届三中全会通过的《中共中央关于全面深化改革若干重大问题的决定》指出，要建立健全现代文化市场体系，提高文化产业的规模化、集约化、专业化水平。发展文化产业、开发文化产品、繁荣文化市场不是无源之水、无本之木，只有不断从中华优秀传统文化中开发资源、汲取营养，把中华优秀传统文化从闲置状态变为开发利用状态，变为满足人们精神文化需求的文化产品，才能使中华优秀传统文化在世界文化市场格局中不断提高占有的份额，成为中华新文化的重要源泉。

首先，博大精深的中华优秀传统文化是中华民族在世界文化激荡中站稳脚跟的历史根基。在当今世界经济网络化、文化多元化、社会信息化的时代，各民族、国家之间的人员交流愈加密切、文化交往愈加频繁，在各种文化相互交汇、碰撞、交融的过程中，世界文化的走向越来越呈现出鲜明的马太效应——以西方文化为代表的强势文化越来越强势，以发展中国家民族文化为代表的弱势文化越来越弱势。那些非西方文化背景的国家在文化上不断被"攻城拔寨"，越来越多的人特别是青年人沦为西方文化的追随者、代言人和生力军。世界经济一体化的背后，越来越显现出"文化一体化"的特征。

但是，由于各个民族在自身发展的过程中都有着独特的历史经历、精神记忆和民族性格，在世界发展的大潮中又各自面临着不同的生存环境、现实问题和发展要求,故而世界上提供人类享用的文化成果和文化产品也应该是多样化的、民族性的和世界性的,呈现出异彩纷呈、"和而不同"、"百花园式"的文化面貌。对于中华民族而言,支撑我们屹立于世界民族之林并在世界文化激荡中站稳脚跟的只能是而且必然是作为中华民族精神基因和文化血脉的中华优秀传统文化。2014年2月17日,习近平在省部级主要领导干部学习贯彻十八届三中全会精神全面深化改革专题研讨班上的讲话中指出:"如果我们的人民不能坚持在我国大地上形成和发展起来的道德价值,而不加区分、盲目地成为西方道德价值的应声虫,那就真正要提出我们的国家和民族会不会失去自己的精神独立性的问题了。如果没有自己的精神独立性,那政治、思想、文化、制度等方面的独立性就会被釜底抽薪。"

其次,博大精深的中华优秀传统文化是发展中国特色社会主义文化的源头活水。"问渠那得清如许,为有源头活水来。"当今世界的优秀文化无不诞生于本国深厚的历史文化底蕴,无不生发于本民族悠久的历史文化传统。新时代中国特色社会主义文化源自于中华民族五千多年文明历史所孕育的中华优秀传统文化,熔铸于中国共产党领导人民在革命、建设、改革中创造的革命文化和社会主义先进文化,植根于中国特色社会主义的伟大实践。今天的中国来源于古代的中国,今天的中国特色社会主义是中华优秀传统文化的延伸和发展。

中华优秀传统文化的精神基因已经深深地浸润在每一个中国人的灵魂深处,烙印在中华民族五千年文明演绎的民族文化血脉之中。习近平指出:"当代中国是历史中国的延续和发展,当代中国思想文化也是中国传统思想文化的传承和升华,要认识今天的中国、今天的中国人,就要深入了解中国的文化血脉,准确把握滋养中国人的文化土壤。"[1]只有立足于中华优秀传统文化,正确把握中华优秀传统文化作为"根基""血脉"和

---

[1] 习近平:《在纪念孔子诞辰2565周年国际学术研讨会暨国际儒学联合会第五届会员大会开幕会上的讲话》(2014年9月24日),《人民日报》2014年9月25日。

"源泉"的基础地位,中国特色社会主义文化才不是无源之水、无本之木。"只有坚持从历史走向未来,从延续民族文化血脉中开拓前进,我们才能做好今天的事业。"[1]

再次,博大精深的中华优秀传统文化是繁荣发展当代中国文化市场的重要支撑。根据国际经验,当一个国家的人均国民生产总值达到5000美元以上,国民的文化消费水平将呈现爆发式的增长态势。据国家统计局与国际货币基金组织(IMF)公布的数据显示,2011年中国的人均国民生产总值为5414美元,首次突破5000美元。2018年中国的人均国民生产总值将接近10000美元,2020年、2021年都突破了10000美元。但是,文化消费市场并未出现预期的爆发式增长。在文化市场相对成熟的西方国家,文化消费占家庭消费的30%左右,而我国只有约7%[2]。

总体上看,中国文化市场的潜力还没有得到有效释放,文化消费仍处在重形式、轻内涵的初级阶段,远未达到重品质、讲内涵的高级阶段。究其原因,一是文化创新能力不足、文化创意欠缺,既没有形成具有较高知名度和美誉度的文化品牌,也缺乏具有较强国际竞争力和影响力的文化精品;二是文化市场上山寨、抄袭现象严重,同质化、低质化竞争突出,文化产品和文化服务雷同,高质量产品供给不足;三是文化市场法治建设不健全,山寨、剽窃等侵犯知识产权的现象大量存在,文化市场运作尚缺规范。不可否认,当前文化消费仍然处于内容为王的时代。只有高品质、原创性、富含文化内涵和民族特色且真正能满足人们精神文化需求的产品和服务,才能够最终在激烈的市场竞争中胜出。对于中国而言,只有立足于博大精深的中华优秀传统文化,不断从中华优秀传统文化中汲取精神养分,发展和繁荣现代文化市场才会有取之不尽的丰富资源。

---

[1] 习近平:《在纪念孔子诞辰2565周年国际学术研讨会暨国际儒学联合会第五届会员大会开幕会上的讲话》(2014年9月24日),《人民日报》2014年9月25日。
[2] 邱玥:《文化消费如何补齐短板》,《光明日报》2015年6月11日。

（二）中华优秀传统文化传承发展需要文化产业体系支撑

文化产业是 21 世纪的朝阳产业。作为一种新兴的市场化产业形态，文化产业涉及文化产品的生产、流通和消费的全过程。在这个过程中，文化产业既可以立足于中华优秀传统文化，不断推出受市场青睐的文化产品，实现经济效益和社会效益的双赢，同时也可以利用文化产业自身的优势提供一定的资金支持、技术保障和重要的传播载体，为中华优秀传统文化传承发展奠定坚实的基础。

1. 文化产业可以为中华优秀传统文化传承发展提供资金支持

中华优秀传统文化博大精深、浩如烟海，其传承发展是一项浩大的系统工程，涉及文化资源整理与开发、文化数字化、文化保护、文化传播、文化教育、文化研究等多方面内容。单靠政府财政投入，不仅难以为继且无法面面俱到，只有拓宽资金来源渠道才能有效克服资金短缺的问题。文化产业正是一项重要的资金渠道，是政府统筹整合现有相关资金的重要组成部分。但文化产业毕竟不同于文化事业，它在把社会效益放在首位的同时，也必须兼顾自身的经济效益，创造更多的经济价值，实现自身的发展壮大。因而，文化产业加大对中华优秀传统文化传承发展的资金投入，根本上源于自身扩大再生产的需要，不仅直接为中华优秀传统文化传承发展作出贡献，而且也间接为中华优秀传统文化传承发展提供了资金支持。

2. 文化产业可以为中华优秀传统文化传承发展提供技术保障

从社会发展看，科技与文化作为两种类型的社会生产力，科技带来物质财富的发展和繁荣，文化推动精神财富的进步和丰富，虽然两者在思维方法、创造方式和表现形式等方面多有不同，但又同时保持着你中有我、我中有你的关系。特别是在现代社会，文化与科技的联姻日益成为开发高新技术、发展高端文化产业、传承弘扬传统文化的必由之路。新时代文化产业借助网络信息技术、人工智能技术等现代技术手段进行文化资源加工、提高文化产品的竞争力，将成为普遍趋势。除了利用先进的科技手段抢救、保存、保护、传承传统文化，还能利用现代科学技术改变传统文化业态，使古老的传统文化融入现代生活，焕发出新的时代生机与价值魅力。

3.文化产业可以为中华优秀传统文化传承发展提供人才支撑

人是文化的主体，中华优秀传统文化要不断延续，根本在于人才的发掘。文化人才队伍是中国特色社会主义文化的生产者、传播者和践行者，是中国共产党宣传文化事业的主力军，在文化产业建设中居于主体地位，对于整个文化事业和文化产业的发展起着主导作用。新时代繁荣发展中国特色社会主义文化，满足人民群众对美好精神文化生活的需要，发展文化事业与文化产业，增强文化自信和文化自觉，归根到底要靠文化人才队伍。英国学者弗罗里达说，从根本上看，文化产业的高速发展依靠文化人力资本模式的更新[1]。中国特色社会主义进入新时代以来，我国的文化产业取得了较快发展，在国民经济中的比例不断上升，并且汇聚了一大批既懂技术又具有深厚文化修养的高层次文化人才。文化人才的更新，在为文化产业的崛起贡献智慧的同时，客观上也为中华优秀传统文化的传承发展提供了人才支撑。

4.文化产业可以为中华优秀传统文化传承发展提供传播载体

中国传统文化特别是那些非物质文化遗产，由于是以人为载体的活态文化，传承的链条非常脆弱。随着老艺人去世，他们承载的具有特殊技艺的文化门类往往也随之消亡。而利用现代文化产业将中华优秀传统文化资源开发成大众乐于接受的文化产品，不仅有利于传统文化的保存和传播，也有利于后人接受和学习。人们在消费文化产品的同时也在不知不觉中承担起了继承和弘扬中华优秀传统文化的职能，文化产品本身成了中华优秀传统文化传承发展的最好载体。2016年，故宫开发出的文创产品一年卖出10亿元，让人惊呼中国传统文化载体也需供给侧改革，也需不断地融入大众生活。创意文化产品作为文化传承的重要传播载体，让传统文化真正永

---

[1] 转引自米如群：《实施文化人才培养创新战略》，《新华日报》2009年12月31日。

不落伍、代代相传。

（三）推动中华优秀传统文化与现代文化产业体系相融合

传承发展中华优秀传统文化，从根本上说，是要实现中华优秀传统文化的创造性转化和现代性发展。中华民族在走向现代化的过程中，离不开现代化的理念、现代化的技术和现代化的手段作支撑。现代化的理念、技术和手段，既包括显性的经济结构、政治制度、科学技术和教育体系，也包括隐性的渗透于经济活动、政治活动和其他社会生活的思想观念、人文精神、价值理念和文化软实力的推动，在"追赶型"的现代化进程中，后者甚至比前者更为有效。从文化发展要求看，虽然我国传统文化资源丰富，但是我国优秀传统文化的产业化、现代化并没有达到时代要求，存在着开发利用不科学不合理、重形式轻内涵、跟不上时代发展潮流等问题，没有充分体现中华优秀传统文化的厚重底蕴、时代价值和永恒魅力，中华优秀传统文化资源的优势没有转化为新时代中国特色社会主义文化产业的强势。实现中华优秀传统文化与现代文化产业良性互动，需要处理好以下几个关系：

一是处理好传统与现代的关系。发展中国特色社会主义文化产业，基础在于中华优秀传统文化的传承发展，关键在于实现其创造性转化和创新性发展。不立足中华优秀传统文化的传承发展，文化创新就没有根基；不依托于文化创新，中华优秀传统文化的传承发展就没有活力。中国特色社会主义文化的根基越深，发展现代文化产业的底蕴就越厚，融合创新创造的着力点就越多，实现的社会效益和经济效益就越大。我国拥有五千多年的文明史，发展现代文化产业面临的首要问题就是处理好传统和现代的关系。传统是现代的传统，现代是传统的现代。满足现代需要是传统文化存续的根本，立足传统文化是现代文化产业发展的重要支撑。处理好传统与现代的关系，必须站在科学认识传统文化及其价值的基础上，积极履行保护和传承中华优秀传统文化的使命和担当，面向未来面向世界面向现代化，不断推动中华优秀传统文化的创造性转化和创新性发展，使之服务于现代社会、服务于大众生活。

二是处理好内涵与形式的关系。内涵是形式的内在实质，形式是内涵的外在表现。没有内涵的形式只是一具没有灵魂的空壳，没有形式的内涵只是一首没有音符的乐曲。对于文化而言，内涵和形式缺一不可，它们共同构成了文化互为依托的整体。内涵总是默默地承接岁月积淀的文化价值，始终保持自己的独特魅力和精神实质；形式总是会随着时代的发展而不断变革自身，寻求与社会需要和时代节拍的内在契合。《关于实施中华优秀传统文化传承发展工程的意见》和党的十九大报告指出，中华优秀传统文化的内涵包括核心思想理念、中华传统美德、中华人文精神和哲学思想、道德规范，其外在表现则包括诸子百家、琴棋书画、古典文学、传统节日、文字语言、戏剧、建筑、中医、饮食、服饰等众多形式。发展文化产业、开发文化产品，要在继承中华优秀传统文化内涵实质的基础上，发掘适宜产业化、规模化、现代化的传统文化形式，增强文化产品的文化内涵和时代特征，把传统元素与时尚元素、民族特色与世界潮流有机结合起来，创作生产出更多优秀的文化创意产品，避免文化产品重形式轻内涵，只顾抄袭模仿不会创造出新的现象。

三是处理好文化与科技的关系。科技的每一次重大进步，都毫无例外地会给文化的表现形态和传播方式带来革命性变化，也会给文化产业带来翻天覆地的变革。当今时代，借助于网络信息技术和人工智能技术迅猛发展的东风，文化产品的表现形式和传播方式空前丰富，文化产业迎来了前所未有的发展机遇。当人们大步踏进网络空间时代、大数据时代、自媒体时代和智能化时代的时候，文化与科技的联姻已经在不知不觉中改变着人们的生活。从各种数字出版物、数字博物馆到各类文化创意馆，从影视、文学、动漫、音乐、游戏到五花八门的网络应用，"互联网+传统文化"的产业发展模式和智能化文化产业模式，已经影响到人们日常生活的方方面面。发展现代文化产业，应妥善处理好文化与科技的关系，不断用现代科技成果改造提升传统文化产业，推动文化内容与新科技成果融合，创造新的文化业态。

四是处理好社会效益和经济效益的关系。在文化市场中，文化产品既具有显性的经济价值又具有隐性的社会效益，而且经济效益往往构成文化产业发展的动力基础。因此，应该正确处理文化产品的社会效益与经济效益的辩证关系，要在科学、合理追求文化产品的经济效益的同时实现其社会效益，体现文化产品与其他产品的不同。作为一种社会产品，文化产品凝聚着认知价值、人文价值、审美价值、教育价值、伦理价值等诸多社会价值理念，承担着积累历史记忆、传承民族文化、延续文明历程等特殊功能。在文化产品的价值序列中，更重要的是社会价值、精神价值。我国的文化产业尚处于起步阶段，文化产品开发还不成熟，一定程度上存在着重经济价值、轻社会价值甚至损害社会价值的现象，满足不了人民群众日益增长的精神文化需求。对于文化企业来说，文化产品的特殊作用和功能决定了它在创造文化产品的经济效益的同时，必须肩负起传承发展传统文化、传播思想信息、发展先进文化的历史使命，把社会效益放在首位，实现经济效益和社会效益相统一。

四　融入现代网络空间发展

在网络信息技术飞速发展的当今时代，网络空间已经成为亿万民众共同的精神家园，深刻影响着网民的思想观念、价值理念、思维方式和生活方式。伴随着网络信息技术的逐步普及，中华优秀传统文化传承发展也迎来了新的天地。一方面，网络空间为中华优秀传统文化的传播交流提供了全新空间和高新技术手段；另一方面，中华优秀传统文化也为网络空间的内涵式发展提供了重要资源和丰富营养。中华优秀传统文化融入现代网络空间发展，既是网络空间时代传承弘扬中华优秀传统文化的必然要求，又是促进现代网络空间健康有序发展的迫切需要。

（一）现代网络空间是传承弘扬中华优秀传统文化重要场所

随着信息技术的飞速发展和迅速普及，网络已全方位融入现代生活，成为广大网民不可或缺的"空气"和"水"。身处信息时代，所行所思、娱乐消费、行程安排、人际交流、学习教育，无一不与网络绑在一起。网络空间被称为继陆地、海洋、天空、外空之外人类活动的第五空间。根据《中国互联网发展报告（2022）》发布的数据显示，我国互联网普及率和用户规模继续稳步增长，截至2022年6月，中国网民规模达到10.51亿人，互联网普及率达到74.4%。同时，我国数字经济发展成效显著，数字经济特别是核心产业成为稳定经济发展的重要基石。数据显示，2021年中国数字经济规模已达45.5万亿元，占国民生产总值的39.8%。互联网已经成为人们学习、工作、生活的新空间和获取公共服务的新平台，成为亿万民众共同的精神家园。

在网络空间里，人们可以足不出户欣赏文物古迹，动动手指获取中国传统文化知识，"穿越历史"与中国传统文化即时互动。日新月异的信息技术，极大地推动了中华优秀传统文化的传承、创新与发展，"互联网+文化"成为激活尘封的历史记忆，有效连接现代与未来时空的重要手段，网络空间越来越成为中华优秀传统文化传承发展的重要场所。

首先，网络技术是激活中华优秀传统文化传承发展的重要手段。中华优秀传统文化是中华民族的精神命脉，是中国特色社会主义的文化基因，是涵养社会主义核心价值观的重要源泉，是我们在世界文化激荡中站稳脚跟的历史根基。它不应该躺在历史的故纸堆里、陈列于博物馆的仓库中、尘封于暗无天日的地下，而应该始终活在人们的日常生活中、鲜活的记忆里。

习近平说："要系统梳理传统文化资源，让收藏在禁宫里的文物、陈列在广阔大地上的遗产、书写在古籍里的文字都活起来。"[①] "活起来"不

[①] 《习近平谈治国理政》第一卷，人民出版社，2018，第161页。

仅意味着中华优秀传统文化要从过去走向现在乃至未来，还意味着要始终与人民保持互动并不断焕发新的时代内涵。"活起来"并非一句口号，现代网络技术的发展为中华优秀传统文化"活起来"提供了现实可能。

2012年，"文化数字化建设"作为国家文化建设九大工程之一被列入《国家"十二五"时期文化改革发展规划纲要》，文化资源数字化工程也被提升到"国家行动"层面。我国已启动数字博物馆、数字图书馆以及数字故宫、数字敦煌、数字西湖等文化遗产数字化工作，通过网络技术激活中华优秀传统文化已经成为传承发展的信息手段和普遍趋势。在坚持"传统文化为体、网络技术为用"的原则下，通过网络技术手段保存中华优秀传统文化并使之焕发新的生机活力，是传承弘扬的题中应有之义。

其次，网络应用是中华优秀传统文化传承发展的重要形式。当今中国，虽然"互联网+"传统文化行业尚处于探索阶段，行业生态尚未成型，但以"互联网+"传统文化应用软件为模式的网络应用发展，已经呈现出一片火热的态势。在网络空间关于中华优秀传统文化的应用中，既有立足于基础建设的数字资源、数据平台类项目，也有面向公众服务的展示、传播、教育、研学类项目，还有面向应用服务的交互、体验类项目。具体来说，涉及传统文学、传统戏曲、中国建筑、传统医学、传统节日、民间工艺等诸多领域，提供的服务包含电商交易、教育、医疗、资讯、游戏等多种类型。2016年，由故宫推出的《胤禛美人图》《皇帝的一天》等包含可爱的卡通形象和丰富的交互体验的APP应用，受到大批网民热捧，网络创意让中华优秀传统文化"飞入寻常百姓家"。

习近平指出："要坚持古为今用、以古鉴今，坚持有鉴别的对待、有扬弃的继承，而不能搞厚古薄今、以古非今，努力实现传统文化的创造性转化、创新性发展，使之与现实文化相融相通，共同服务以文化人的时代任务。"[1]中国传统文化应用软件的应用，正是中华优秀传统文化与时代相

---

[1] 习近平：《在纪念孔子诞辰2565周年国际学术研讨会暨国际儒学联合会第五届会员大会开幕会上的讲话》（2014年9月24日），《人民日报》2014年9月25日。

融相通的产物。网络应用在努力挖掘、展示中华优秀传统文化的基础上，充分考虑到社会和大众的现实需求，不断延展与创新传统文化的价值、功能以及实现手段，日益成为传承弘扬中华优秀传统文化的重要形式。

再次，网络空间是中华优秀传统文化传承发展的重要传播平台。2016年底国家互联网信息办公室发布的《国家网络空间安全战略》，指出现代网络技术的发展突破了时空限制，拓展了传播空间和范围，创新了传播手段和途径，引发了传播格局的根本性变革。网络技术和网络空间作为一种全新的传播手段和载体，极大地促进了知识普及、文化交流和沟通互动，推动了文化创新创造，释放了文化发展活力，丰富了精神文化生活，已经成为人类文化知识的新载体、传播文化知识的新渠道、提供公共文化服务的新途径，人们获取信息、学习交流的新平台。

习近平说："互联网是传播人类优秀文化、弘扬正能量的重要载体。中国愿通过互联网架设国际交流桥梁，推动世界优秀文化交流互鉴，推动各国人民情感交流、心灵沟通。我们愿同各国一道，发挥互联网传播平台优势，让各国人民了解中华优秀文化，让中国人民了解各国优秀文化，共同推动网络文化繁荣发展，丰富人们精神世界，促进人类文明进步。"[①]中华优秀传统文化要在当今时代"活下来、传下去"，就必须有效借助现代网络传播技术和网络空间，注重传播形式与文化创意相结合，以人们喜闻乐见、富于体验感的方式推广开来。近些年，故宫的文创团队根据受众群体的变化，准确把握青年的关注点和兴趣点，将"高大上"的传统文化以青年群体喜闻乐见的形式推广开来，开发出了一系列植根于网络技术的创意产品、APP应用，掀起了网络讨论的热潮，有效推动了传统文化的网络传播。

（二）促进中华优秀传统文化的网络创作与传播

中华优秀传统文化融入网络空间、融入现代生活，不仅是时代发展的

---

① 习近平：《在第二届世界互联网大会开幕式上的讲话》（2015年12月16日），《人民日报》2015年12月17日。

客观要求，也是实现创造性转化与创新性发展的现实需要，是传承发展中华优秀传统文化的重要创新。促进中华优秀传统文化的网络创作与传播，要立足时代、立足人民、立足传统文化本身，把中国传统文化的精华、时代的特质与网络传播的规律结合起来，不断激发中华优秀传统文化的时代活力，彰显其永恒价值和巨大魅力。

1.积极推进中华优秀传统文化资源数字化

数字化的文化资源是支撑内容生产制作、推动信息消费的源头活水。只有不断推动中华优秀传统文化资源的数字化典藏和数字化研究推广，才便于人们更好地传承弘扬中华优秀传统文化，推动其传承发展。首先，要加强国家层面的顶层设计和整体布局，避免地方各自为政、分散推进中华优秀传统文化资源数字化的局限。国家相关部门要统筹规划、整体推进政策的制定、项目的实施和数字化标准的确立，提高数字化工作的实效性和有序性。其次，要加大对中华优秀传统文化资源数字化的投入，拓宽传统文化资源数字化的资金来源渠道。中华优秀传统文化资源浩如烟海，数字化工程浩大无边，所需资金更是难以计数。单靠国家财政投入很难满足需求，必须积极引进社会资金，加入到中华优秀传统文化资源的开发利用当中。最后，要促进中华优秀传统文化数字化资源的开放共享，积极争取网络消费者"关注"和"垂青"。开放共享是互联网的最本质特征，数字化文化资源实现无门槛、无差别地向社会开放，才能为中华优秀传统文化传承发展提供现实的可能和无限的可能。

2.大力推动中华优秀传统文化的网络创作

网络创作意味着将中华优秀传统文化资源作为一种生产资料投入到网络再生产环节，经过网络创意的加工变成契合人民需求、时代需要的网络文化文艺作品。习近平说："互联网技术和新媒体改变了文艺形态，催生了一大批新的文艺类型，也带来文艺观念和文艺实践的深刻变化。由于文字数码化、书籍图像化、阅读网络化等发展，文艺乃至社会文化面临着重大变革。要适应形势发展，抓好网络文艺创作生产，加强正面引导力度。"①《关于实施中华优秀传统文化传承发展工程的意见》指出，要善于从中华优秀传统文化的资源宝库中提炼题材、获取灵感、汲取养分，把中华优秀传统文化的有益思想、人文精神、价值理念、传统美德和艺术价值等与时代要求和时代特点相结合，运用丰富多样的文化表达形式和艺术表现形式进行当代表达，推出具有深厚文化底蕴、涵育人心道德的优秀文化作品和文艺作品。

首先，坚持以人民为中心的创作导向。以人民为中心，就是要把满足人民群众的精神文化需求作为文艺创作的出发点和落脚点，绝不能为了博取眼球、求得关注毫无底线地肆意网络恶搞。

其次，促进传统文化与网络文艺创新相融合。不断挖掘、思考与重构激活广博的传统文化资源，把优秀传统文化的深度、厚重感和思想性与现代网络文艺的直观性、多元性和创造活力结合起来，把传统转化为时尚，把古老创新成风尚。

再次，不断创新传统文化的网络创作和表现形式。创作出更多富含思想内涵、制作精良的优秀网络原创作品，如网络文学、网络音乐、微电影、网剧、动漫等，传承发展中华优秀传统文化。

3.着力加强中华优秀传统文化的网络传播

网络时代，以文字作为信息传播主体的传统传播方式早已不再是主流，碎片化、社交化、可视化的网络信息传播越来越成为新时代网络传播的主要趋势。基于此，创新传统文化的传播形式，突破口就在于将其与现代流行文化元素、网络技术相结合。

首先，遵循网络传播规律，培育互联网思维。互联网已不再是一种简单的技术和传播工具，而是已经成为一种新的时代思想观念和价值追求，一种现代思维方式。所谓"互联网思维"，就是用互联网模式来思考并且解决现代社会发展的一系列问题，包括传承发展中华优秀传统文化的诸多

---

① 习近平：《在文艺工作座谈会上的讲话》（2014年10月15日），《人民日报》2015年10月15日。

问题。"互联网思维"日益呈现出开放、创新、自由、互动、民主、共创、共享等特点,对中华优秀传统文化的传承发展提供了有益启示。

中华优秀传统文化要占领互联网传播阵地,就必须主动适应现代网络传播方式,不断变革优秀传统文化的表现形式,从单一的文字传播转向文字、图片、语音、视频等多种传播介质的立体化传播,让网络成为传承发展中华文化的新平台。

其次,打造多元化传播路径,丰富中华优秀传统文化网络传播载体。加强文艺网站建设与维护,善用(微博、微信、新闻客户端)等载体,推动优秀作品多渠道传输、多平台展示、多终端推送。

再次,考虑网络受众的层次性,促进网络传播的通俗化。要充分考虑网络文化环境和网络传播实际,在大众可接受且乐于接受的范围内实现中华优秀传统文化的创造性转化,把艰深难懂变为通俗易懂、把枯燥无味变为生动有趣,让中华优秀传统文化真正"活起来"。

(三)运用中华优秀传统文化滋养网络空间

一个健康、有序、和谐、清朗的网络空间,不仅有赖于制度、法规的外在监督和管理,更有赖于每个网络空间使用者的自我约束和自我管理。如果说,制度法规对网络空间的管理和监督是发挥"看得见的手"的硬约束,那么,道德教化、人类文明对网络空间的净化和滋养,则是发挥"看不见的手"的软作用。网络空间不是法外之地,虚拟世界只是现实世界的延伸。加强网络空间的治理,除了客观上要不断推进网络空间法治化进程之外,还必然要求每个网民强化自我约束、自我管理。习近平说:"要加强网络伦理、网络文明建设,发挥道德教化引导作用,用人类文明优秀成果滋养网络空间、修复网络生态。"[①]中华优秀传统文化作为人类文明优秀成果的重要组成部分,是中华民族的精神家园,包含着许多人类文明的智慧。在网络空间的安全、稳定、繁荣日益成为广大网民集体诉求的时代,

---

① 习近平:《在第二届世界互联网大会开幕式上的讲话》(2015年12月16日),《人民日报》2015年12月17日。

必须高度重视中华优秀传统文化对网络空间的滋养。

1.发挥中华优秀传统文化的"净网"功能

网络空间的治理，关乎国计民生，关乎社会稳定，关乎道德和法治建设。习近平指出："互联网是一个社会信息大平台，亿万网民在上面获得信息、交流信息，这会对他们的求知途径、思维方式、价值观念产生重要影响，特别是会对他们对国家、对社会、对工作、对人生的看法产生重要影响"，"网络空间是亿万民众共同的精神家园。网络空间天朗气清、生态良好，符合人民利益。网络空间乌烟瘴气、生态恶化，不符合人民利益。谁都不愿生活在一个充斥着虚假、诈骗、攻击、谩骂、恐怖、色情、暴力的空间"。①

强化网络空间治理，维护网络秩序，已经成为广大网民的普遍诉求。近年来，《汉字风云会》《中国诗词大会》《国家宝藏》等文化综艺节目走红网络，受到网民的一致叫好和热烈追捧。这股清流让我们看到，加强网络空间治理，构建良好网络生态，离不开中华优秀传统文化的"补位"，让中华优秀传统文化成为网络空间治理的"净化器"。一方面，要积极推动中华优秀传统文化资源上网，让中华优秀传统文化充实网络空间。网络空间阵地，中华优秀传统文化不去占领，其他劣质文化就会去占领。只有让深邃厚重、丰富多样的传统文化充盈网络空间，其他劣质文化才会无所依存。另一方面，要全力打造网络精品文化品牌，提升中华优秀传统文化的水准和引导力。网络空间不仅需要中华优秀传统文化去充实，更需要精品文化品牌去引领。打造网络精品文化品牌，就要多一些有深度、有内涵、有创意的文化精品节目，在传承和弘扬中华优秀传统文化的过程中提升网民的审美和素养，消除不良信息传播的土壤。

2.发挥中华优秀传统文化的"润网"功能

互联网就像是一把双刃剑，用得好它就像阿里巴巴的宝库，里面有取

---

① 习近平：《在网络安全和信息化工作座谈会上的讲话》（2016年4月19日），《人民日报》2016年4月26日。

之不尽的宝物；用不好它就像潘多拉的魔盒，就会给人类自己带来无尽伤害。显然，用得"好"与"不好"全在于网络空间的内容质量和品质。高质量、高品质的网络空间，必然是健康有序和谐之所，让人类社会受益无穷；低质量、低品质的网络空间，必然是无益无序混乱之地，给人类社会带来无尽的危害。中国7亿多网民的海量规模充分说明，网络空间已经成为亿万民众的精神家园，建设高品质的网络空间也已成为新时代人民对美好生活向往的迫切要求。

发挥中华优秀传统文化的"润网"功能，让中华优秀传统文化成为提升网络空间品质、加强网络文明建设的"助推器"，成为新时代网络空间建设重要课题。中华传统美德是中国传统文化的精髓，蕴含着丰富的哲学思想、人文精神和道德资源，是新时代培育健康网络生态的源头活水，在滋养网络空间、修复网络生态中具有不可替代的重要作用。发挥好中华优秀传统文化道德教化、浸润人心的功能，提升网民的道德素养，精心维护这片精神家园，不断改善网络环境，提升网络空间品质，既合乎现代社会的发展要求，也契合人民群众的根本利益。

3. 发挥优秀传统文化的"导网"功能

当今时代，网络空间早已成为信息传播的主要渠道，民意表达的重要载体，舆论斗争的主战场。加强网络舆论的引导，事关党的前途命运、国家的长治久安、社会的稳定繁荣。习近平指出："做好网上舆论工作是一项长期任务，要创新改进网上宣传，运用网络传播规律，弘扬主旋律，激发正能量，大力培育和践行社会主义核心价值观，把握好网上舆论引导的时、度、效，使网络空间清朗起来。"[①]

中华优秀传统文化对网络空间具有重要的"导网"功能，是网络舆论导向的重要"调节器"。一方面，要运用中华优秀传统文化引导网民传播正能量。中华优秀传统文化所蕴含的讲仁爱、重民本、守诚信、崇正义、

---

① 习近平：《在中央网络安全和信息化领导小组第一次会议上的讲话》（2014年2月27日），《人民日报》2014年2月28日。

尚和合、求大同等思想观念、价值理念和道德精髓，不仅是中华民族千百年来的精神支柱，也是新时代明辨是非、判断正恶、识别美丑的重要准则。要积极把网络舆论引导到中华优秀传统文化和核心价值观的传播上来，提倡理性的舆论表达。另一方面，要运用中华优秀传统文化的关键时间节点引领网络舆论的走向。要善于在传统节日、历史文化名人纪念日等关键时间节点主动设置网络议题，提前宣传策划，掀起网络舆论高潮，占领网络舆论制高点，用博大精深、丰富多样的中华优秀传统文化使网络空间清朗起来。

五 重视家庭家教家风的传承作用

中国古代宗法制的家庭结构，使家庭成为中国古代社会的重要组成单位，集生产、生育、教育等各种社会功能于一体，"齐家"成为"治国、平天下"的重要基础，是国家道德教育、社会伦理教育、家庭伦理教育和个人品德教育的重要场所。因此，中华民族自古以来就十分重视家庭教育，注重家教家风。中华优秀传统文化中蕴含了深厚的"齐家"思想和"治家"智慧，形成了以儒家经义和传统美德为基础，以家训家规、家教家风等为载体的家庭教育体系，成为具有中国特色、中国风格和中国气派的文化形态。适应新时代新要求，高度重视家庭家教家风的优良文化传统，充分发挥新时代家庭家教家风对传承发展中华优秀传统文化的重要作用，是新时代传承弘扬中华优秀传统文化、培育和践行社会主义核心价值观的重要途径。

（一）家庭家教家风是传承弘扬中国传统核心价值观的重要载体

中华民族在形成发展的过程中，历来把家庭看作是中国社会的细胞[1]，

---

[1] 费孝通：《费孝通选集》，天津人民出版社，1998，第457页。

是连接个体与社会、国家的中介,是从个人迈向社会、连接国家的重要桥梁。"身"与"国"之间离不开"家"的连接与过渡。中国传统文化一向注重家庭,甚至把国家也看作是一个大家庭。古语说,家乃国之本,本固则邦宁。《大学》有言:欲治其国者,先齐其家,无以治其国。所谓"家齐而后治国",家庭和睦了,社会才会和谐,天下才会太平。家庭在中国社会中的重要地位与作用,不仅体现在中国优秀传统文化的传承与弘扬上,而且突出体现在对子女的道德教育和人格塑造上。

家庭是人生的第一所学校,是教育子女成人、立德树人的第一所学校,是传承民族文化基因、培育社会核心价值观的学校。在中国古代,与学校教育、社会教育相比,家庭教育对人的影响更具有基础性、长远性,甚至是决定性作用。习近平说:"中华民族自古以来就重视家庭、重视亲情。……不论时代发生多大变化,不论生活格局发生多大变化,我们都要重视家庭建设,注重家庭、注重家教、注重家风,紧密结合培育和弘扬社会主义核心价值观,发扬光大中华民族传统家庭美德,促进家庭和睦,促进亲人相亲相爱,促进下一代健康成长,促进老年人老有所养,使千千万万个家庭成为国家发展、民族进步、社会和谐的重要基点。"[①]

我国传统家庭教育最直接的体现就是家教家风。我国古代常常把"教育"与"家庭"联系在一起。《说文解字》对"教育"解释说:"教,上所施,下所效也";"育,养子使作善也"。孟子推崇"君子三乐",一为乐家庭平安、二为乐心地坦然、三为乐教书育人,都与家庭、教育密切相关。他说:"君子有三乐,而王天下不与存焉。父母俱存,兄弟无故,一乐也;仰不愧于天,俯不怍于人,二乐也;得天下英才而教育之,三乐也。"(《孟子·尽心上》)所谓"家教",一般指长辈以耳濡目染、言传身教的方式,教育家庭下一代成人成才的过程。"家教"是有声的训导,"家风"是无言的教育。按照儒家伦理思想,只有先"修身、齐家"才能"治国、

---

① 习近平:《在2015年春节团拜会上的讲话》(2015年2月17日),《人民日报》2015年2月18日。

平天下",个人和家庭建设好了,国家和社会才能繁荣稳定、长治久安。

受我国古代儒家思想影响,我国古代十分重视家庭教育,在子女走向社会之前,家长要把道德准则、社会规范、价值观念以及承担社会角色所需要的知识经验传授给他们,教其如何修德、守分、进学、处世、立业等。仁爱孝悌、崇礼贵和、诚信知报、家国情怀、勤俭廉正、修身以道等儒家伦理规范,是家庭教育的主要内容[①],也是以"仁义礼智信"为主要内容的传统核心价值观的具体要求和体现。例如曾国藩以"勤"为人生第一要义,认为"勤而有恒,事无不成","勤"为曾家之家风;林则徐勤俭持家、生活简朴,认为"贤而多财,则损其志;愚而多财,则益其过","俭"为林家之家风;岳母为儿刺字"精忠报国","忠"为岳家之家风。虽然每个家庭都有自己独特的规矩和传统,但彼此之间却能找到共同的契合点。这个契合点就是一直延续至今的中华优秀道德观念、价值理念和行为准则,它们构成了社会的最大公约数,也就是中国传统社会的核心价值观。

我国传统社会的核心价值观,正是通过具体化为家庭美德的具体内容,通过家庭教育的方式,一代代延续和传承下来,就成为中华优秀传统文化的思想精华和道德精髓。正所谓"积善之家,必有余庆;积不善之家,必有余殃",家风是社会风气的细胞,家风好则民风好,家风正则国风正,好的家教家风对社会发展至关重要。一个人在家里受到良好家教家风的熏陶,具备了较高的道德修养和品行,自然会以平等、公正的态度去对待他人,自觉遵守社会规范、维护社会秩序。按照儒家的"孝"道观念:"其为人也孝悌,而好犯上者鲜矣。"从在家孝亲,推导至忠于国家、忠于人民。通过家教家风这个小切口,实现了个人与社会核心价值观的有效连接,不仅把宏大凝练的核心价值观阐释得具象化、具体化、生动化,而且使中国传统社会的核心价值观得以薪火不断、代代相传。

---

① 俞庆家:《儒学齐家之道与当代家庭建设》,华文出版社,2015,第365—372页。

(二）家教家训家风是中国传统文化的重要组成部分

在我国古代社会，家教家风家训不仅是我国传统文化的组成部分，也是家庭教育的重要内容，还是中华优秀传统文化传承的重要方式，在中华民族漫长的岁月中形成了根深蒂固的传统。

首先，从文化角度看，家教家训家风是中华优秀传统文化的重要特色。回望人类历史，我们会发现没有哪个国家或民族像我国这样高度强调家庭的地位作用，在社会结构中将家庭视为社会的细胞和基本单位，在教育中把家教家训家风提升到关乎"国家兴亡"和社会安定的高度来看待，历史上关于家训家教家风的各种典故佳话、名言警句以及关于家训家规等的文献记载不仅多如繁星，而且大多数内容都直接与中华优秀传统文化所蕴含的人文精神、价值理念和道德规范密切关联，以至到今天依然具有指导价值和借鉴意义。从孟母三迁的典故，到诸葛亮《诫子书》中倡导"夫君子之行，静以修身，俭以养德"，再到清代安徽桐城张氏家教家风的传承，无不为人们所津津乐道。

从便于流传的家训来看，我国古代出了不少有名的家训，如诸葛亮的《诫子书》《诫外甥书》，以及《颜氏家训》《包拯家训》《袁氏世范》《朱子家训》《章氏家训》《钱氏家训》等，它们都是我国古代家庭、家族文化的杰出代表，也是我国古代社会文明的重要组成部分。其中，北齐颜之推所作的《颜氏家训》，是中华民族历史上第一部内容丰富、体系宏大的家训，其训诫分修身、治家、处世、为学等部分，颜之推也被后人称为家训之祖。可以说，中国传统家教家训家风文化是中国传统文化庞大体系中璀璨的瑰宝，这也构成了中国传统文化区别于其他异质文化的鲜明特色之一。

其次，从教育角度看，家训家教家风是我国传统家庭教育的重要内容。我国古代教育把家庭看作是人生的第一所学校，把父母看作是孩子的第一任教师，认为没有好的家庭教育也就不会有真正意义上的好教育。培育良好家风，重视家庭教育，自古以来就是中国的优良传统。习近平说："家庭教育涉及很多方面，但最重要的是品德教育，是如何做人的教育。

也就是古人说的'爱子，教之以义方'，'爱之不以道，适所以害之也'。"①我国古代传统家庭教育的核心就是家教家训家风的教育和熏陶，通过"家和"，达到"万事兴"，达到家族的世代繁盛。从《孔子家语》到《颜氏家训》再到《朱子家训》，无不体现家教家训家风的重要。

家教家训家风本为一体，家教养成家训，家训形成家风。良好的家教家训家风是中华传统家庭教育的重要内容，内含丰富的道德素质教育、价值准则培育和教育方法本身的内容，对个人的修身、齐家、立业发挥着重要的作用。历史上"孟母三迁"和"断织教子"的故事广为流传，由于孟母的悉心教导、以身作则，最终使孟子幡然悔悟，勤学不息，成为天下名儒。在家教家训家风的浸润下，传统家庭教育使子女踏出了人生教育的第一步，也开启了社会教育的起点。

再次，从历史角度看，家教家训家风是中华优秀传统文化传承的重要方式。纵观古今，但凡文化家庭无不讲究家教家训家风的传承，在中华五千年历史长河中随时可见、处处可闻。家教家训家风凝聚着祖宗先人的智慧，浓缩着人类文明的精华，承载着人类文化的历史记忆，是中华优秀传统文化传承的重要方式。可以说，中华传统文化能够绵延至今而不断绝，与传统家教家训家风的传承密不可分。相反，其他三大古国文明——古希腊文明、古埃及文明、古印度文明之所以渐渐衰落乃至最后消失，一个重要的原因就是由这些文明所创造的灿烂文化缺乏可以永续承载、流传后世的载体，或者说其历史文化传承的传统方式不具有长远性和稳定性。

而在中国，作为古代社会最基本的生产和教育单位，家庭在整个社会系统中的地位非常突出。任凭社会如何变幻、朝代如何更替，历朝历代的统治者总是一再强调要重视家庭建设，注重家庭、注重家教、注重家风，把家庭看成是教化百姓、管理社会、统治国家的重要细胞和基本组织。人是一种道德存在、精神存在和文化存在，人类历史是一部道德发展史、精

---

① 习近平：《在会见第一届全国文明家庭代表时的讲话》（2016年12月12日），《人民日报》2016年12月16日。

神发展史、文化发展史，家教家训家风是整个人类文化的亚文化之一。在中国传统社会，正是在一个个家庭的家教家训家风的历史传承中，通过言传身教、以身示范、环境熏陶、以文化人，以家庭为纽带实现了个体的道德化、社会化。同时，家教家训家风又使社会文化寻到个体归依，最终使中国传统文化得以生生不息、薪火相传。

（三）形成与新时代相适应的家庭家教家风

不忘历史才能开辟未来，善于继承才能善于创新。建设现代化的家庭家教家风，必须把中华文化的传统与新时代的要求结合起来。在中国特色社会主义新时代，要把家庭家教家风建设作为社会主义精神文明建设的重要任务和主要内容，坚持典型引领，坚持领导干部带头，着力培育新时代的家风文化，形成社会主义家庭文明新风尚。这就要求在注重家教家训家风的传统与建设社会主义现代化家庭之间，要积极传承中华民族的优良传统，继承优秀家教家训家风，同时又要对传统家教家训家风进行创造性转化和创新性发展，形成与现代社会相适应的家庭家教家风。

1.大力挖掘中国传统文化中优秀家教家训家风的文化资源

对于传统家教家训家风的继承，不能囫囵吞枣、拿来主义，要结合新时代要求，有鉴别、有甄选、有剔除。这就是说，要辨清其中的精华和糟粕、过时的部分和尚有价值的部分、实质的部分和表面的部分，对于不合时宜的糟粕要正确看待其缺陷与不足，对于有价值的精华则要积极地予以传承弘扬。当然，传统家教家训家风作为一种客观存在的文化现象，很难绝对地划分为精华或糟粕，因为它们本身就是一种不可分割的历史文化现象。我们今天之所以提出取其精华、去其糟粕，是站在当今时代的价值和意义的角度考量的，肯定其客观存在同时发挥其积极作用、在正视历史的同时也对未来负责。

例如，中国古代社会流传甚广的"二十四孝"和《弟子规》，其中不少内容是不宜在今天拿来模仿照搬的，但是"二十四孝"和《弟子规》所体现出来的教人尽孝的精神，却是值得当代人借鉴和继承的。

2.积极赋予传统家教家训家风文化以新的时代内涵

当中国古代社会家教家训家风文化的传统解读对时代发展、社会进步和个人价值实现再无或少有积极作用时，所谓文化的"精神动力"便成了精神负担。继承和发扬传统家教家训家风文化的关键，即是结合时代要求赋予其以新的时代内涵，并使之能继续推动文化的进步与个人的成长，做到"推陈出新""古为今用"。一方面，要重新定义传统家教家训家风文化的精神实质，提升其对现代生活的适应性、转化性和发展性。文化由人所创造，最终也是服务于人的。传统家教家训家风文化要服务于现代社会，必须根据时代要求和社会发展的进步要求作出新的诠释和新的阐释，使中华民族蕴藏于传统家教家训家风中的精神基因和文化血脉适应新时代的发展要求。另一方面要汲取传统家教家训家风文化的精神滋养，培育新时代家庭家教家风。每个时代都有每个时代的精神，每个时代都有每个时代的家庭家教家风。建设新时代的家庭家教家风文化，不仅要充分吸收中国传统文化的思想精华，而且要紧密结合培育和弘扬社会主义核心价值观的具体要求，形成社会主义家庭文明的新风尚。

3.不断创新优秀传统家教家训家风文化的表现形式

要使传统家教家训家风真正活起来、传下去，就需要不断创新其传承载体与表现形式，把优秀家教家训家风的精神实质与时代要求和特点紧密结合起来。首先，组织开展优秀传统家教家训家风的传承弘扬活动。充分运用诗词、曲艺、书画、舞蹈、音乐等文艺形式弘扬优秀传统家教家训家风文化，把弘扬家风与弘扬社区风气、社会风气结合起来，引导更多的家庭、更多的人参与到重家教传家训扬家风的行动中来。其次，创新传统家教家训家风的传播方式。加强网络与新媒体技术的运用，变革传统著书立说、言传身教的单一表现形式，综合运用综艺节目、微电影、视频对话、公益广告、网络文艺作品等多种形式，推动传统家教家训家风的网络传播。最后，运用重要传统节日涵养家教家训家风文化。充分利用春节、元宵、清明、端午、中秋、重阳等传统节日开展家文化宣传教育活动，挖掘各民族传统节日蕴藏的丰富资源，把具有浓郁亲情的传统节日作为家庭家教家风建设的重要节点，引导广大家庭成员加强家庭教育，培育优良家风。

六　发挥传统节日和历史文物的载体作用

对于一个国家和民族而言，传统节日和历史文物是其传统文化的深厚积淀和重要载体，集中反映了一个国家和民族最鲜明的文化特色，构成了涵养民族精神力量的不竭动力。其中，传统节日是传统文化的重要精神载体，历史文物是传统文化的重要物质载体。节日寄托着民族情感、凝聚着文化血脉，文物承载着灿烂文明的记忆、传承着历史文化的基因，都是老祖宗留给我们的宝贵遗产和财富，是社会主义精神文明建设的深厚滋养。中华优秀传统文化是我们的生存之根、立世之本，传承弘扬中华优秀传统文化，必须发挥传统节日和历史文物的载体作用。

（一）传统节日和历史文物是中国传统文化的重要载体

早在2005年，中共中央宣传部、中央文明办、教育部、民政部、文化部等五部委就联合印发了《关于运用传统节日弘扬民族文化的优秀传统的意见》，指出我国的传统节日凝结着中华民族的民族精神和民族情感，承载着中华民族的文化血脉和思想精华，是维系我国国家统一和民族团结的精神纽带和建设社会主义先进文化的宝贵资源。历史文物作为民族历史不可替代的象征与见证，同样刻写着中华民族最深沉的文化记忆，是中华民族的历史根脉和精神归宿。从传统节日和历史文物中，我们可以解码一个时代、一个社会、一个民族的物质生产和精神生产等历史信息。

我国的传统节日，感自然节律而成，蕴人文精神而丰。随着岁月流转、民族交流和文化融合，多种社会历史因素在传统节日上打下了深深的文化烙印，其中既有民间传说的嵌入，民族情感、智慧的融合，又有宗教故事的渗透、历史文化的积淀，传统节庆的内涵和外延得以不断丰富和发展。如起源于中国殷商时期的年头岁末祭神祭祖活动，如今演变为中国民间最隆重最热闹的传统节日——春节；源自介之推居功不受赏的传说，如今形成在这天寒食扫墓风俗的寒食节；发端于纪念爱国诗人屈原，如今形成吃粽子、赛龙舟等习俗以寄托人们对美好生活无限向往的端午节；象征着对大团圆的美好追求，在边赏月边吃月饼中共享家人团圆时刻的中秋节。

中国传统节日以博大的包容性和顽强的生命力，在历史长河中不断交汇、融合、积淀，成为蕴含丰富文化形态、最能折射民族文化特色的"七彩镜"。它折射出的民俗习惯、饮食服饰、伦理观念、文化艺术、时令节气等人文符号，凝聚着古老中华民族的智慧、技艺和品德，承载着中华民族对真善美的不懈追求，是中华民族生生不息、始终保有旺盛生命力和创造力的"根"和"魂"。尤其是传统节日所包含的民俗活动，以其丰富的娱乐和饮食文化，带给人们物质和精神的双重享受，吸引着世世代代的中国人。

在历史长河中保留下来的历史文物，代表着中华民族流动的过往，是历史银河中的璀璨星光。文物作为记录历史文化的无声载体，真实地反映了各个历史时期人民群众的精神追求，默默刻写着一个民族国家的兴衰荣辱、沧海桑田的历史记忆，从不同侧面展现了人们利用自然、改造自然、与自然和谐相处的奋斗历程，反映了人们多姿多彩、推陈出新的社会生活，是人类宝贵的历史文化遗产。

中华民族上下五千年的文明史，创造了博大精深、蔚为壮观的中华文化，留下了极其丰厚、气象万千的历史文化遗产。按照《中华人民共和国文物保护法》的规定，中国的历史文物涵盖了一切反映当时政治、经济、文化和科技面貌，具有历史、科学、文化、艺术、教育价值的实物遗产，包括建筑、墓葬、寺庙、艺术品、文献资料等。

在中华文明五千年历史进程中，56个民族共同在中华大地上创造了大量的历史文物遗产,它们不仅是科研工作者开展科学、文化、历史研究的基础和依据,也是人民大众精神文化生活的重要来源。作为不可再生的珍贵文化资源,历史文物是中华民族发展壮大的实物见证,是传承和弘扬中华优秀传统文化的历史根脉,是承载中华文明的古老载体。

(二) 大力挖掘传统节日和历史文物的文化内涵

文化内涵是传统节日区别于普通假日、历史文物区别于一般事物的关键所在,也是我们围绕传统节日和历史文物开展传统文化活动的意义所在。当前,我们以传统节日和历史文物为载体弘扬中华优秀传统文化,不仅要提倡文明、节俭、时尚、喜庆的过节理念,对历史文物常怀敬畏、保护、传承、弘扬之心,更重要的是要深入挖掘传统节日和历史文物所蕴含的人文精神、价值理念和传统美德等文化内涵,使人民群众了解传统节日和历史文物所蕴含的文化价值和精神实质,唤起内心的文化自信和守护精神家园的文化自觉。

1.重视对传统节日和历史文物的保护研究

保护传统节日和历史文物,传承发展中华优秀传统文化,是巩固民族团结、维护国家统一的重要文化基础,也是维系世界文化多样性和创造性的前提。根据国务院公布的国家级非物质文化遗产代表性项目名录,我国已经形成了涵盖我国古代五大传统节日春节、元宵节、清明节、端午节、中秋节和重要节日七夕节、重阳节、中元节等,囊括多个少数民族的民族节日的国家级民族节日名录[1]。加强对我国传统节日的挖掘、保护和研究,强化传统节日与现代社会的连接,巩固各民族共同创造的节日传统,已经成为社会的广泛共识。《国务院关于加强文化遗产保护的通知》则强调了文化遗产作为不可再生的珍贵资源,对传承弘扬中华优秀传统文化、发展社会主义先进文化的重要意义。但是不可否认,社会上仍然存在对传统节日不够重视、崇尚过"洋节",对历史文物的保护不到位、认识不深刻的

---

[1] 国务院:《国务院关于公布第一批国家级非物质文化遗产名录的通知》,国发〔2006〕18号。

现象，需要我们继续加强对传统节日和历史文物的保护研究，坚持把法治化轨道和日常生活轨道结合起来，鼓励开展对节日习俗传统和历史文物的研究。

2.提升传统节日活动的文化内涵

传统节日活动，融时令性、纪念性、故事性、文化性与艺术性于一体，寄托着民族的独特情感，是人们参与文化体验、弘扬传统文化的重要渠道。在传统节日活动中，人们感受到的不仅仅是物质载体烘托出来的节日氛围，更重要的是体会节日赋予的独特情感和节日文化本身的魅力。这就要求，在开展传统节庆活动时不能仅仅立足于物质上的享受，更要着力突出传统节日的文化内涵，提升活动的文化品位，给予人们精神的享受和文化的熏陶。

比如在万家团聚的春节期间，要重点强调家人团团圆圆、共同辞旧迎新的主题，烘托出和和美美、平安喜乐的喜庆氛围。在春雨潇潇的清明时节，要重点强调祭祀祖先、追忆亲人、缅怀革命先辈的主题，引导人们正确理解和把握中华传统和革命传统，感受今天幸福生活来之不易。在龙舟竞渡的端午期间，要重点开展群众性的文化娱乐、体育健身活动，提高人们的集体意识与爱国情怀。在人月两圆的中秋节期间，要重点强调团圆、团结、和谐的主题，营造出家庭亲情和睦、家和万事兴和国家团结统一、繁荣昌盛的节庆氛围。通过提高节日活动的文化内涵，增强人们对传统节日的归属感和认同感，使他们自觉融入传统节日的守护、传承和弘扬中来。

3.促进历史文物资源的合理开发

从历史深处保存下来的文物，承载着灿烂的中华文明，蕴含着珍贵的历史文化线索，不仅是老祖宗留给我们的珍贵遗产，也是我们今天传承弘扬中华优秀传统文化的重要载体。在保护先行的原则下，加强对历史文物的开发利用，把它们蕴含的历史文化价值和时代意义呈现在人民大众面前，让古老文物在现代中华大地上"活起来"，对增强全民族的文化自信和文化自觉，培育和弘扬社会主义核心价值观，建设社会主义先进文化，推动经济社会健康发展具有十分重要的意义。

在新的历史条件下，我国文物事业发展较快，文物保护工作取得较大进展，历史文物在传承文化、服务社会、推动发展方面的作用愈加凸显。与此同时，在文物利用上也客观存在着文物资源开放程度不高、利用手段不多、社会参与不够以及过度利用、不当利用等问题[①]。这启示我们：文物开发利用必须建立在文物安全的前提下，确保文物不受破坏、损坏，原始风貌不被改变，在可控、可承载的范围内实现对文物资源的适度开发。同时，必须优先考虑历史文物的社会价值，使它们服务社会和教育社会的功能得到有效发挥。

（三）不断激活传统节日和历史文物的时代活力

"民俗既迁，风气亦随。"运用传统节日和历史文物弘扬中华优秀传统文化，既要注重把握传统节日和历史文物的"根"，又要具有时代精神和社会风气的"神"，要不断赋予传统节日和历史文物以新的时代要求、时代特色、时代内容和时代形式，使其与民众鲜活的现实生活韵律相一致、与进步的精神需求相协调，形成既有传统特色又有现代气息的文化传承体系。

1.赋予传统节日和历史文物以新的时代内涵

所谓新的时代内涵，就是在保护优先的原则下，系统梳理与深入挖掘传统节日和历史文物的源流发展、历史价值与思想文化内涵，并结合新时代新要求对传统节日和历史文物的时代价值作出通俗易懂的现代表达，不断赋予其以新的时代内涵和新的阐释，使之与中国特色社会主义相适应，让优秀传统文化在新的时代条件下不断发扬光大[②]。对于传统节日而言，就是要使蕴含悠久历史传统和深厚文化内涵的传统节日融入社会主义精神

---

① 国家文物局：《关于促进文物合理利用的若干意见》，文物政发〔2016〕21号。
② 中共中央办公厅：《关于培育和践行社会主义核心价值观的意见》，中办发〔2013〕24号。

文明建设、融入现代社会生活，充分展现时代气息与时代特征，担当起引领时代风气、反映时代风貌的重任，不断适应现代社会发展的要求。对于历史文物而言，就是要把历史文物的历史价值、科学价值和文化价值进一步发展为时代价值，把历史的痕迹和现代的气息有机结合起来，使之在建设社会主义先进文化中发挥应有的作用，始终焕发生命力。

2.坚持创新传统节日和历史文物的表现形式

当前，传统节日之所以逐渐失去吸引力，成为简单的"端午节吃粽子、中秋节吃月饼"，一方面是因为其包含的那些陈旧、落后和不合时宜的观念已不适应当今社会发展需要，另一方面则是因为仪式感缺失和表现形式落后。创新传统节日和历史文物的表现形式，一方面要增强和重新强化人们文化记忆中的仪式感和敬畏之心，触发文化意义上的深层感悟，满足人们文化追寻和情感慰藉的需求；另一方面，要深入发掘文化文物单位馆藏文化资源，创设出各具特色的传统节日和历史文物的表现形式，推动文化创意产品开发，让沉淀在文化文物单位中的文化资源真正活起来。

3.积极推动传统节日和历史文物的国际传播

继承弘扬中华优秀传统文化，除了加强国内宣传，还要积极推动以传统节日和历史文物为代表的中华优秀传统文化走出去，在文明交流互鉴中展示中华文化的独特魅力。根据《中国国家形象全球调查报告2016—2017》显示，海外受众了解中国的渠道主要为：当地的传统媒体（61%）、新媒体（43%），有37%的海外受众期望通过中国媒体来了解中国文化[①]。这说明，中国传媒的影响力还有限，传统文化的国际传播尚处于大有可为的机遇期。在中国传统文化走出去的过程中，现有的技术手段与渠道平台或多或少地还存在形式单一、技术落后、内容乏味、作品平庸等问题，难以吸引海外受众特别是青少年受众的现实需求。在互联网日渐成为信息传播主渠道的时代背景下，必须善用新媒体与新平台，贴近海外市场和受

---

① 当代中国与世界研究院（原中国外文局对外传播研究中心）：《中国国家形象全球调查报告2016—2017》，2018年1月5日。

众，强化中国传统文化的现代包装。通过打造更多精品力作，增强传播的覆盖面和影响力，讲好中国文化故事，唱响"中国好声音"。

七　依靠法治推进社会主义核心价值观培育

我国古代封建王朝确立的"三纲五常"的伦理纲常和核心价值观，往往通过融入国家法律、家谱族规、乡规民约、礼俗、礼制、礼教等社会制度来强化规范和践行，使伦理纲常和核心价值观的"软约束"，总是与国家法律和社会制度的"硬约束"联系在一起。"法律""礼制""礼法""家法"等刚性制度，把伦理纲常和核心价值观寓于具体行为要求之中，使之具体化、可操作化、日常化，从而使之能够付诸于行。中国古代社会虽然是一个以"人治"为主导、"德主刑辅"的社会，但它提示我们，一个社会的核心价值观，既是一个社会要求全体成员践行的价值追求，更是一个国家法律制度的顶层设计所需要体现的价值取向。只有将两者有机结合起来，核心价值观的培育和践行才能达到事半功倍的效果。

（一）将社会主义核心价值观融入法治体系

在现代社会，如果一个国家的公民没有形成遵守法律的价值理念和道德观念，没有形成通过法律手段来解决各种纠纷的行为习惯，那么，只有坚持"法治"，才能使人们逐渐形成"守法"的道德信念。现代法治是维持现代社会公共秩序、调节社会的政治经济冲突、调节人际冲突等的最一般和最基本的手段，也是培育和践行社会主义核心价值观最为有效的途径和手段。虽然法律并不是简单地从道德当中抽离出来的，但法律与道德在一定程度上具有"同体而异用"的性质。

在社会控制和社会治理的意义上，法律是对道德规范不足的补救，确切地说，"私法"是对道德规范的补助。有了"私法"，人们在交往和交易过程中就必须信守道德，不信守道德就违反了法律，这就比仅仅依靠道德来维持信用更加可靠。"公法"是对"私法"不足的补救，有了"公法"，就能够消除人们在相互交往过程中的强制行为。法律一经形成，就具有道德所不具有的普适性和可共同操作性的特点。

从法律与道德的关系看，法治并不排斥道德，法治本身就蕴涵着道德的基本要求。但由于法律具有国家强制性，具有统一性、稳定性和系统性，因而具有使全体公民必须遵守的效力，任何人都不能超越于法律之上，也不能游离于法律之外，不会因个别人或某些人的意志而改变，也不受各种偶然性因素的左右。法律作用的折中特性，也使法律能够成为社会主义核心价值观培育和价值体系建设的有效手段。

1.社会主义核心价值观通过法律才能起作用

在现代社会主义社会，核心价值观的培育和践行既需要个体的自觉，更需要外部的强制，离不开法律的保障作用。没有法律，就无法在全社会推行社会主义核心价值观。法律有助于维护社会秩序，为培育和践行社会主义核心价值观创造良好的环境。中国封建社会长期把"三纲五常"的传统核心价值观列为法律条款，国外的《汉谟拉比法典》《摩奴法典》以及《拿破仑法典》也都集中地反映了统治阶级的思想道德观念，使之在整个社会得以有效推行。在构建近现代价值文化的过程中，西方资本主义国家的一个关键步骤，也是使所设计的核心价值体系制度化、法律化，把资本主义核心价值观融入宪法或宪法性文件，通过宪法的权威性使核心价值观及其要求贯彻到政治生活以及其他社会生活的各个方面，任何人包括政治家在内，都不能随意改变核心价值观的内容，不能违背核心价值观和核心价值体系的原则。例如美国非常重视通过《独立宣言》、联邦宪法等重要法律进行政治观教育，宣言资本主义基本政治制度、基本经济制度和美国的核心价值观。

2.社会主义核心价值观需要通过法律得到明确的规范

传统价值观念在现实生活中往往没有自己特定的规范形式，而体现在风俗、舆论、道德当中，表现在人的言行之中，深藏于人的品格、习性之中，靠人们自己体验、感受和概括。在现代社会，价值理念不仅可以蕴涵在法律规范中，而且可以直接借助于法律的形式来表达。例如，党的十八大以来，以习近平同志为核心的党中央坚持一手抓法治、一手抓德治，既重视发挥法律的规范作用，又重视发挥道德的教化作用，实现法律和道德相辅相成、法治和德治相得益彰。我们党和国家先后印发了《关于培育和践行社会主义核心价值观的意见》《关于推进诚信建设制度化的意见》《关于进一步把社会主义核心价值观融入法治建设的指导意见》和《社会主义核心价值观融入法治建设立法修法规划》等文件，中国共产党的十九大把"积极培育和践行社会主义核心价值观"写入新修改的《中国共产党章程》，第十三届全国人民代表大会明把"国家倡导社会主义核心价值观"写入新修改的《中华人民共和国宪法》等。所有这些，都为把社会主义核心价值观贯彻到依法治国、依法执政、依法行政实践中，落实到立法、执法、司法、普法，为依法治理社会提供了制度依据。

3.法律有助于形成培育和践行社会主义核心价值观的社会风尚

法律内在地包含着支持什么、反对什么的价值取向，制裁违法行为，保护合法行为，支持和奖励高尚的行为，不仅对当事人，而且对社会上所有的人都具有价值观教育的功效。人们法治观念和法律意识的增强，也是价值观念的践行、道德水准的提高；法治教育是灌输价值观念的有效方法，人们的行为受法律制约，不断地重复守法行为，会把一些含有价值内容的法律规范内化为自律行为，逐渐形成行为习惯。积极培育和践行社会主义核心价值观，是在人们的头脑中搞建设的一项灵魂工程，是一项"百年树人"的系统工程和长远工程，不仅需要从基本内容、理论诠释、宣传教育、语言形式等方面系统推进，更需要从法理支撑、制度设计、实践转化等方面逐步确立。通过法治与德治相结合的刚柔相济守护社会主义核心价值，让社会主义核心价值观像空气一样弥漫在全社会，有利于推动社会主义核心价值观真正深入人心、外化于行。

在当今时代，一个国家和社会的核心价值观要转化为社会的主流价值观和主流文化，一个根本途径就是法治化。这是培育核心价值观的一项非常重要的工作。2016年，习近平在中央政治局第三十七次集体学习时深刻指出，以法治承载道德理念，道德才有可靠制度支撑。法律法规要树立鲜明道德导向，弘扬美德义行，立法、执法、司法都要体现社会主义道德要求，都要把社会主义核心价值观贯穿其中，使社会主义法治成为良法善治。一个国家和社会的核心价值观，不是单纯依靠社会自发形成的，而是要在科学揭示、正确认识其内在生成和发展规律的基础上，通过法律、制度、政策设计把社会主义核心价值观固化下来，十年二十年不能变，五十年一百年不能变，甚至更长久都不能变。把社会主义核心价值观的具体要求真正体现到国家宪法和各项法律之中，依赖于国家法律和制度的长期灌输、强化和引导，持之以恒地推进，做到日积月累，久久为功，才能逐步进入到人们的思想和意识深处，形成人们自觉的价值取向、价值追求、价值尺度和价值原则。

当然，相对于传统社会，现代社会更需要法治。社会主义核心价值观如何既凝结中华传统核心价值观的精髓，体现社会主义的价值本质，又吸收借鉴人类文明的优秀成果，既成为国家制度安排和运行机制的灵魂，又有与之相适应的制度机制作支撑，是社会主义核心价值观与现代法治之间制度融合不可避免的难题。

（二）将社会主义核心价值观融入国家制度设计

核心价值观只有真正体现在国家的制度设计之中，才会引导人们逐渐形成对核心价值观的信念，对制度的忠诚；如果制度与核心价值观相背离，就会导致人们对核心价值观的质疑，甚至对制度的否定。也就是说，要将核心价值观的目标、理念和原则，都具体化、细化为社会制度和国家法律的条文，这是落细落小落实的基础性工作。只有制度化、法治化、条文化了，才能真正进入社会生活的具体领域，才能转化为人们的行为操守和行为准则。否则，如果社会制度、国家法律与核心价值观的具体要求相背离，则会导致人们行为的二难选择、无所适从和价值观焦虑，甚至对核心价值观产生怀疑，对社会制度和国家法律的信念发生动摇。例如我们倡导平等、公正的价值观，如果我们的各种制度和法律又体现出不平等、不公正，那么，人们就不可能真正信仰平等、公正的价值观，也不可能真正忠诚于既有的制度和法律。

积极培育和践行社会主义核心价值观，要始终坚持贴近实际、贴近生活、贴近群众，真正做到把社会主义核心价值观的基本要求体现到国家的制度设计之中，体现到人民群众的现实生活之中。我国的基本经济制度、基本政治制度与公共政策设计，包括经济制度、政治制度、行政体制、人才制度、教育制度、医疗制度、社会福利制度、婚姻制度、就业制度、住房制度等，都要努力做到与社会主义核心价值观的基本要求相符合。凡与社会主义核心价值观不相符合的既定经济制度、政治制度和公共政策，要下大力气修改，或逐步取缔；新制度新政策的制定，要经过广泛讨论、充分论证，做到基本符合核心价值观的起码要求才予以实施。只有与人们的日常生活紧密联系，扎根于现实生活，并通过制度固化下来，循序渐进，才会真正被广大人民群众所认同、所信服，逐渐转化为人民群众的内在信念和自觉行为，才能保持旺盛的生机与活力。

当然，核心价值观本身要正确、科学、合理，否则即使把它制度化、法治化、条文化了，最终也不能深入社会生活，不能入脑入心，不可能为人们所接受。当前，我国社会主义核心价值观体系已经基本成型，要在进一步使社会主义核心价值观科学化、具体化的同时，使其中得到论证和共识的核心价值观转化为各种不同层次、不同领域、不同方面的国家法律和社会制度，建立与社会主义核心价值观相符合的、完整的法律制度体系、党内规章体系和社会制度体系，使党与国家机关的领导干部和社会成员的一切活动都纳入法治、制度和党内规章的范围和轨道，真正做到法律治理国家，党规规范全党，制度管理社会。这不仅可以大大加快我国社会主义核心价值观建构的进程，确保我国社会主导价值观主流地位的稳定性、持久性和实践性，而且可以促进我国社会主义法治国家、法治政府、法治社会的建设和全面从严治党，做到相辅相成、相得益彰。

（三）将社会主义核心价值观融入社会各领域

当一个国家和社会的核心价值观确立以后，只有将它社会化、大众化、日常化，转化为人们的工作价值观、日常价值观和生活实践，才能逐步成为人们共同遵循和维护的价值取向、价值追求、价值尺度和价值原则，植根于人们的观念深处、思想深处和灵魂深处。要将社会主义核心价值观具体化为不同层面、不同领域的价值体系，构建系统完整、内在一致的社会主义价值体系，并使之制度化、具体化。这样，核心价值观才能够真正落地、生根、开花、结果，渗透到社会生活各领域，成为国家的主流文化。如果核心价值观始终停留在观念层面，停留在一般性的、抽象性的层面上，它就不可能真正成为国家的主流价值观，形成主流文化，更不可能转化为人们身体力行的价值标准和价值取向。

要在全社会推动培育和践行社会主义核心价值观，就要把它同实际工作和实际生活融为一体、相互促进。这就必然要求我们根据社会生活的各个领域、各个行业、各个地域、各个单位、各个人群的实际情况，提出具体可行的价值观；要求我们必须把社会主义核心价值观的基本要求具体化到经济建设、政治建设、文化建设、社会建设、生态文明建设和党的建设各领域。要将社会主义核心价值观转化为社会公德、职业道德、家庭美德和个人品德，转化为机关准则、企业规章、社区公约、乡规民约和学生守则等等，渗透到社会生活的方方面面；要以群众性实践活动和文化活动等多种形式为载体，引导人人参与、人人体验，达到人人知晓、逐步认同、形成信仰。

如果这些具体价值观和具体的制度不明确，核心价值观就不可能真正落到实处。这是更加具体、更加细致的工作，是真正落细、落小、落实的工作，需要在深化、细化、可操作化研究的基础上，推进实践。

把社会主义核心价值观融入法治建设，关键在于一个"融"字。这个"融"字，既体现出社会主义核心价值观与法治建设应有的内在"默契"

关系，更体现出德治与法治相结合达到的高度，体现出内在与外在、自律与他律、观念与行为的统一。奥地利法学家埃利希说："法律发展的中心不在立法，不在法学，也不在司法判断，而在社会本身。"法治的意义在于给人们的行为提供有效的指引，法治的核心价值理念是吸引、充分调动全体公民的主动参与精神。这就要求将社会主义核心价值观融入法治建设应当是全体人民的事业，应该是全民参与的法治。法治化的过程，实际上就内蕴着确立核心价值观，并确立神圣信仰和树立忠诚的过程。

参考文献

［1］马克思恩格斯选集：第1—4卷［M］.北京：人民出版社，1995.

［2］毛泽东选集：第1—4卷［M］.北京：人民出版社，1991.

［3］邓小平文选：第1—3卷［M］.北京：人民出版社，1993.

［4］习近平.习近平谈治国理政：第1卷［M］.北京：外文出版社，2018.

［5］习近平.习近平谈治国理政：第2卷［M］.北京：外文出版社，2017.

［6］习近平.习近平谈治国理政：第3卷［M］.北京：外文出版社，2020.

［7］习近平.习近平谈治国理政：第4卷［M］.北京：外文出版社，2022.

［8］习近平.决胜全面建成小康社会　夺取新时代中国特色社会主义伟大胜利——在中国共产党第十九次全国代表大会上的报告［M］.北京：人民出版社，2017.

［9］习近平.高举中国特色社会主义伟大旗帜　为全面建设社会主义现代化国家而团结奋斗——在中国共产党第二十次全国代表大会上的报告［M］.北京：人民出版社，2022.

［10］习近平关于社会主义文化建设论述摘编［M］.北京：中央文献出版社，2017.

［11］习近平总书记系列重要讲话读本（修订本）［M］.北京：学习出版社，人

民出版社，2016.

[12] 习近平关于实现中华民族伟大复兴的中国梦论述摘编[M].北京：中央文献出版社，2013.

[13] 中共中央办公厅，国务院办公厅.关于实施中国传统文化传承发展工程的意见[R]，2017-01-25.

[14] 中共中央办公厅.关于培育和践行社会主义核心价值观的意见[R]，2013-12-23.

[15] 中共中央办公厅，国务院办公厅.关于进一步把社会主义核心价值观融入法治建设的指导意见[R]，2016-12-25.

[16] 中华人民共和国教育部.完善中国优秀传统文化教育指导纲要[R]，2014-3-26.

[17] 黄延敏.中国共产党传承弘扬中国传统文化的理论与实践[M].北京：学习出版社，2016.

[18] 许嘉璐.中华文化的前途和使命[M].北京：中华书局，2017.

[19] 楼宇烈.中国文化的根本精神[M].北京：中华书局，2016.

[20] 牟钟鉴.中国文化的当下精神[M].北京：中华书局，2016.

[21] 张岂之.中华文化的会通精神[M].长春：长春出版社，2016.

[22] 陈 来.中华文明的核心价值[M].北京：三联书店，2015.

[23] 姜广辉.中国文化的根与魂[M].沈阳：辽宁教育出版社，2014.

[24] 郭齐勇，吴根友.近世哲学的发展与中国哲学的创造转化[M].北京：中国社会科学出版社，2014.

[25] 陈先达.马克思主义与中国传统文化[M].北京：人民出版社，2015.

[26] 张允熠.中国文化与马克思主义[M].北京：人民出版社，2015.

[27] 金元浦.文化复兴：传统文化的现代价值[M].北京：中国人民大学出版社，2014.

[28] 王霁等.中国传统文化[M].北京：清华大学出版社，2014.

［29］张岱年.中国伦理思想研究［M］.南京：江苏教育出版社，2005.

［30］罗国杰.中国伦理思想史［M］.北京：中国人民大学出版社，2008.

［31］罗国杰.中国传统道德［M］.北京：中国人民大学出版社，1997.

［32］罗国杰.中国革命道德［M］.北京：中国人民大学出版社，2013.

［33］温克勤.中国伦理思想简史［M］.北京：社会科学文献出版社，2013.

［34］朱贻庭.中国传统伦理思想史［M］.上海：华东师范大学出版社，1989.

［35］唐凯麟.中华民族道德生活史（8卷本）［M］.北京：东方出版中心，2014.

［36］陈　瑛.中国传统伦理与社会主义先进文化［M］.北京：中国社会科学出版社，2012.

［37］陈　瑛.中国古代道德生活史［M］.北京：中国社会科学出版社，2012.

［38］荆惠民.中国人的美德：仁义礼智信［M］.北京：中国人民大学出版社，2006.

［39］戴木才.中国特色核心价值观的传统、现实与前景［M］.南宁：广西人民出版社，2011.

［40］戴木才.兴国之魂：积极培育和践行社会主义核心价值观十讲［M］.长沙：湖南教育出版社，2013.

［41］戴木才.中国人的美德与核心价值观［M］.北京：中国人民大学出版社，2015.

［42］戴木才.铸就人民的信仰［M］.北京：人民出版社，2017.

［43］戴木才.中国传统核心价值观的创新性发展［M］.长沙：湖南教育出版社，2021.

［44］赵馥洁.价值的历程：中国传统价值观的历史演变［M］.北京：中国社会科学出版社，2006.

［45］刘晓成.仁：为人为政之道［M］.南宁：广西人民出版社，1996.

［46］程继松.义：照亮历史的道德之光［M］.南宁：广西人民出版社，1996.

［47］姚炜钧.礼：传统道德核心谈［M］.南宁：广西人民出版社，1996.

［48］沈继成.智：千古闪烁的心灵之光［M］.南宁：广西人民出版社，1996.

［49］康志杰.信：立身处世的支撑点［M］.南宁：广西人民出版社，1996.

［50］戴茂堂.传统价值观念与当代中国［M］.武汉：湖北人民出版社，2001.

［51］方朝晖."三纲"与秩序重建［M］.北京：中央编译出版社，2012.

［52］何兆武.中国印象：外国名人论中国文化［M］.北京：中国人民大学出版社，2011.

［53］孙伟平.创建"中国价值"［M］.北京：社会科学文献出版社，2015.

［54］张怀承.中国传统道德文化的现代转型与创新研究［M］.长沙：湖南师范大学出版社，2013.

［55］韩　震.中国的价值观［M］.北京：中国社会科学出版社，2016.

［56］程凯华.中国传统美德［M］.武汉：长江文艺出版社，2002.

［57］夏瑞春.德国思想界论中国［M］.南京：江苏人民出版社，1995.

［58］忻剑飞.世界的中国观［M］.北京：学林出版社，1997.

［59］杨知勇.家族主义与中国文化［M］.昆明：云南大学出版社，2000.

［60］詹石窗.身国共治与中国传统文化［M］.厦门：厦门大学出版社，2003.

［61］李瑞兰.修身齐家治国平天下新论［M］.天津：天津社会科学出版社，2001.

［62］郭洪纪.儒家伦理与中国文化转型［M］.西宁：青海人民出版社，1996.

［63］罗　军.中国人的文化仰望［M］.北京：中央编译出版社，2016.

［64］张　国.中国治国思想史［M］.北京：新华出版社，2002.

［65］高德步.中国价值的革命［M］.北京：人民出版社，2016.

［66］张曙光.价值与秩序的重建［M］.北京：人民出版社，2016.

［67］刘　翔.中国传统价值观诠释学［M］.上海：上海三联书店1996.

［68］孙隆基.中国文化的深层结构［M］.北京：中信出版社，2015.

［69］费正清.中国：传统与变革［M］.南京.江苏人民出版社，1995.

［70］余英时.中国思想传统的现代诠释［M］.南京：江苏人民出版社，1995.

[71] 杜维明.儒家思想绪论：创造性转换的自我［M］.南京：江苏人民出版社，1995.

[72] 韦伯.新教伦理与资本主义精神［M］.北京：北京大学出版社，2017.

[73] 贝尔.资本主义文化矛盾［M］.北京：人民出版社，2010.

[74] 亨廷顿.文化的重要作用：价值观如何影响人类进步［M］.北京：新华出版社，2010.

后　记

这套书系是我作为首席专家主持的教育部人文社会科学重点研究基地湖南师范大学道德文化研究中心重大项目"中华伦理文明新形态的内容体系研究"的阶段性研究成果和我作为首席专家主持的国家社科基金重大项目"结合时代要求继承创新中华优秀传统文化中的核心理念研究"〔批准号18VSJ081〕的研究成果。

党的十九大报告提出，培育和践行社会主义核心价值观，要深入挖掘中国传统文化蕴含的思想观念、人文精神、道德规范，结合时代要求传承弘扬，让中华文化展现出永久魅力和时代风采；党的二十大报告提出了要坚持马克思主义基本原理与中国具体实际相结合、马克思主义基本原理与中华优秀传统文化相结合。结合时代要求传承弘扬中国传统文化及其核心价值理念，是新时代广泛践行社会主义核心价值观、发展繁荣中国特色社会主义文化、建设社会主义文化强国的一个重大课题。

发展繁荣中国特色社会主义文化、建设社会主义文化强国、广泛践行社会主义核心价值观，必须立足于中国的历史文化传统，把中国传统文化及其核心价值理念作为重要源泉、历史根基，既与中国传统文化及其核心价值观相传承，为中华儿女所普遍认同和遵循，又与社会主义先进文化的发展方向和价值本质相一致、与人类文明发展趋势相承接，充分展现新时代中国特色社会主义文化和社会主义核心价值观的基础性、民族性、传承性，充分展现其中国特色、中国风格、中国气派的时代风采和永久魅力。

课题研究成果紧密结合中国特色社会主义进入新时代的新要求新任务，紧密结合党的十八大以来以习近平同志为核心的党中央关于传承弘扬中国传统文化、积极培育和践行社会主义核心价值观的一系列重要论述，深入系统阐发了结合时代要求传承弘扬中国传统文化、传承弘扬中国传统价值观的一系列理论与实践问题。

参加课题研究申报的人员有：

子课题负责人：丁威、田海舰、张一。

参加申报课题研究的主要成员有：任健东、柏路、陈志兴、郑翔瑜、鹿林、谢葵、王琦煜、曹刚、袁文华、赵同良、陈越等。

参加本书初稿撰写的主要人员是：

第一章：赵同良、戴木才

第二章：赵同良、戴木才

第三章：戴木才、王琦煜

第四章：谢葵、陈越、熊欣

第五章：戴木才、袁文华

最后，戴木才对全书进行了修改和统稿工作，谢葵负责对全书的文字做了校对、勘误等工作。

在研究成果的撰写过程中，除了已列出的主要参考资料外，还参考、吸收了一些专家发表在网络上的研究成果，没有一一列出，在此予以特别说明和表示感谢，敬请相关著作权所有者谅解。

本书的出版，得到广西人民出版社社长韦鸿学、总编辑赵彦红、副总编辑白竹林、理论读物出版中心主任吴小龙和原社长温六零的大力支持，在此一并表示诚挚的感谢。

由于水平有限，书中难免存在疏漏和不当之处，敬请读者批评指正。

戴木才

2023年初于北京

图书在版编目（CIP）数据

中国传统价值观的传承 / 戴木才等著 . — 南宁：广西人民出版社，2024.1
（中国传统价值观的传承弘扬研究书系）
ISBN 978-7-219-11544-2

Ⅰ . ①中⋯　Ⅱ . ①戴⋯　Ⅲ . ①价值论（哲学）—研究—中国 ②中华文化—研究—中国　Ⅳ . ① B018 ② K203

中国国家版本馆 CIP 数据核字（2023）第 042065 号

出 版 人	韦鸿学	策　　划	温六零　白竹林
执行策划	吴小龙	责任编辑	许晓琰
责任校对	梁小琪		
封面设计	刘瑞锋（广大迅风艺术）		

出版发行	广西人民出版社
社　　址	广西南宁市桂春路 6 号
邮　　编	530021
印　　刷	广西民族印刷包装集团有限公司
开　　本	787mm×1092mm　1/16
印　　张	19
字　　数	246 千字
版　　次	2024 年 1 月　第 1 版
印　　次	2024 年 1 月　第 1 次印刷
书　　号	ISBN 978-7-219-11544-2
定　　价	59.80 元

版权所有　翻印必究